"十四五"职业教育国家规划教材

会计基础（第4版）

信息化教学资源版

于家臻　主　编

陈洪法　田晓静　副主编

电子工业出版社

Publishing House of Electronics Industry

北京·BEIJING

内 容 简 介

本书是职业院校会计专业的核心课程教材，是根据国家新一轮职业教育教学改革精神和现代职业教育体系建设的要求、为满足职业教育人才培养和企业会计岗位人才需求而编写的。

本书包括会计概述、账户与复式记账、主要经济业务的账务处理、会计凭证、会计账簿、财产清查、财务报表、账务处理程序，共8个项目。全书将理论知识和实训内容有机结合，突出了"做中学，做中教"理实一体的职业教育教学特色。在完成会计基础理论学习的同时，通过大量的例题、实训案例和实践活动，让学生进行业务训练和实践操作，注重培养学生的实践操作能力。

为突出信息化教学特色，本书全面引入了中华会计网校优质的信息化教学资源，教师和学生可以扫描教材封面二维码，注册账号后观看；也可以直接扫描书中的二维码观看。

本书还配有教学指南和电子教案等网上资源；同时为方便教师布置作业和学生课下练习，本书还配有同步训练教材《会计基础（第4版）同步习题》《会计基础模拟实训（第2版）》。

本书既可以作为职业院校会计专业及相关专业基础教材，也可以作为企业在职会计人员培训和自学用书。

图书在版编目（CIP）数据

会计基础（第4版）信息化教学资源版 / 于家臻主编 . — 北京：电子工业出版社，2019.4
ISBN 978-7-121-35617-9

Ⅰ.①会… Ⅱ.①于… Ⅲ.①会计学 – 中等专业学校 – 教材 Ⅳ.① F230

中国版本图书馆 CIP 数据核字 (2018) 第 263656 号

策划编辑：徐　玲
责任编辑：靳　平
印　　刷：三河市良远印务有限公司
装　　订：三河市良远印务有限公司
出版发行：电子工业出版社
　　　　　北京市海淀区万寿路 173 信箱　邮编：100036
开　　本：787×1 092　1/16　印张：14　字数：441.2 千字
版　　次：2011 年 8 月第 1 版
　　　　　2019 年 4 月第 4 版
印　　次：2025 年 4 月第 14 次印刷
定　　价：45.00 元

凡所购买电子工业出版社图书有缺损问题，请向购买书店调换。若书店售缺，请与本社发行部联系，联系及邮购电话：（010）88254888，88258888。

质量投诉请发邮件至 zlts@phei.com.cn，盗版侵权举报请发邮件至 dbqq@phei.com.cn。

本书咨询联系方式：xuling@phei.com.cn。

前 言

本书自第1、2、3版出版发行以来，得到了全国职业院校财经类及相关专业广大师生的普遍欢迎和好评，每年都多次印刷发行，很好地满足了广大师生的需求。为了更好地贯彻《国家职业教育改革实施方案》精神，满足职业教育人才培养和企业会计岗位用人需求，我们在广泛调查研究的基础上，结合国家税费改革和职业教育信息化教学的最新要求，对本书进行了全面、系统的完善和修订。

本书是产教融合、校企合作开发的理实一体化教材，很好地体现了"做中学、学中做"的职业教育特色，是省级精品资源共享课程配套教材；同时，教材内容与职业院校会计技能大赛相融合。

修订后的教材具有以下特色。

1. 基于"互联网＋职业教育"理念开发教材，数字化资源配套丰富，突出全书信息化教学特色。为更好地贯彻落实"教育部关于进一步推进职业教育信息化发展的指导意见（教职成[2017]4号）"，本书全面引入中华会计网校优质的信息化教学资源，联合中华会计网校共同打造信息化教学资源版的会计教材。中华会计网校是大型会计远程教育基地，专注会计培训20年，师资力量雄厚，信息技术领先，教材的信息化程度高，方便会计专业教师日常教学使用，同时也极大地方便了学生线上线下自学使用。新修订的教材不仅大大提升了信息化程度，更加方便了会计专业教师日常教学使用，同时也极大地方便了学生线上线下自学使用。

2. 体现现代职业教育发展精神，贯彻"以能力为本位"的职业教育理念。本书有针对性地确立学生学习的知识目标和能力目标，将理论知识和实训内容有机结合，突出"做中学，做中教"理实一体的职业教育教学特色。在完成会计基础理论学习的同时，通过大量的例题和实训案例，让学生进行业务训练和实践操作，实现了理论与实践的有机结合，从而达到了本书编写"立足理论，突出实践，学以致用"的目的。

3. 采用"项目＋模块"的结构设计，使教材结构和教学内容更加科学合理。每个项目均设置"学习导入"栏目，模拟企业实际经济活动，将本项目的学习内容巧妙地融入案例当中。在每个模块中设置了"相关链接""重要提示""知识拓展"等栏目；在每个项目后面设置了"项目小结"和"实践活动"，使教材丰富多彩地呈现在学生面前，提高了教材的趣味性和实用性。

4. 采用案例教学设计，选用的案例紧扣教材内容，具有典型性、时效性和可操作性。每个项目选用的案例都来源于企业实际的经济活动，但又不完全是企业的实际经济活动，其中有作者根据编写项目的需要，人为设置的一些情景，目的是使案例更贴近所学的项目内容，增加其时效性和可操作性，从而起到激发学生兴趣的作用，使学生带着问题去探究知识。

5. 突出教师教学和学生自学的便利性和实用性。本书在内容编排上，大量运用账表、例题、实践活动等形式，通过理论讲解、例题解析、案例分析等丰富的教学内容，活跃教学气氛；不仅为教师教学和学生自学提供了方便，而且有利于理论与实践相结合，学习知识与开发智力相结合，动脑思考和动手操作相结合，从而提高学生的综合分析能力和解决问题的能力。本书还配有同步训练教材《会计基础（第 4 版）同步习题》《会计基础模拟实训（第 2 版）》。这些都为教师教学和学生学习使用提供了极大便利。

本书由山东省教育科学研究院正高级讲师于家臻担任主编，陈洪法、田晓静担任副主编。参与本书编写有于家臻、陈洪法、田晓静、郭继英、王希军、王述新 6 位教研和教学人员，还有鲁商传媒集团有限公司财务管理部部长刘勇、济南精合医药科技有限公司财务总监王继祥 2 位企业财务人员。全书由陈洪法统稿，于家臻总纂并定稿。

本书配有丰富的信息化教学资源，教师和学生可以扫描教材封面二维码，注册账号后观看；也可以直接扫描书中的二维码进行观看。为了方便教师教学，本书还配有教学指南、电子教案等，请有此需要的教师登录华信教育资源网免费注册后再进行下载，有问题时请在网站留言板留言或与电子工业出版社联系（E-mail: hxedu@phei.com.cn）。

本书在编写过程中得到了中华会计网校的大力支持；同时参考了部分同类教材和相关网站的资料，在此一并表示感谢！

由于编写人员的阅历、水平所限，加之编写时间仓促，书中的疏漏与错误之处在所难免，敬请专家、同人及读者批评指正。

编　者
2019 年 4 月

目　录

项目一

会计概述

模块一　会计的含义

学习导入

晓菲今年中考，全家人根据晓菲的性格特点和兴趣爱好，报考了本市一所比较理想的财经类职业学校，选报了会计专业。可是晓菲对这个专业感到很陌生，不了解什么是会计、会计有什么用途、学了会计将来能做什么。其父母认为："会计就是一项工作，为单位职工报销各种费用，然后记记账、算算账什么的。"还有人认为："会计就是一种职业，毕业后在单位当会计，就跟在学校当老师一样，只是职业不同而已。"可见，大家和晓菲及其父母一样，对会计的认识都是一知半解。那么，就让同学们和晓菲一起走进会计课程，一起来学习会计的含义吧。

学习内容

1.1.1 会计的概念

1. 会计的概念

会计是以货币为主要计量单位，运用专门的方法，核算和监督一个单位经济活动的一种经济管理工作。

单位是国家机关、社会团体、公司、企业、事业单位和其他组织的统称。

会计已经成为现代企业一项重要的管理工作。企业的会计工作主要是通过一系列会计程序，对企业的经济活动和财务收支进行核算和监督，反映企业财务状况、经营成果、现金流量及企业管理层受托责任履行情况，为财务会计报告使用者提供对决策有用的信息，并积极参与经营管理决策，以提高企业经济效益、促进市场经济健康有序发展。

2. 会计的产生和发展

1）会计的产生

会计是人类社会生产发展到一定阶段的产物。在我国，会计有着悠久的历史，原始社会末期就有了"结绳记事"和"刻契记数"等记录、计算的方法，这便是会计的萌芽阶段。从会计的萌芽阶段发展到现代的复式记账，从生产的附带部分发展为有专门人员从事的特殊、独立的职能，会计已经成为一项记录、计算和考核收支的单独工作，并逐渐产生了专门从事这项工作的专职人员。

会计的演变
与发展

2）会计的发展

从会计命名、会计机构的出现，发展到今天完整的会计科学体系，其间经历了一个漫长的历史过程。会计的发展可划分为古代会计、近代会计和现代会计3个阶段。

（1）古代会计阶段

文明古国如古代中国、古代巴比伦、古代埃及、古代印度与希腊都曾留下了对会计活动的记载。据史籍记载，早在我国西周时期，就设有专门核算官方财赋收支的官职——司会，并对财物收支采取了"月计岁会"的方法。在西汉时期，还出现了名为"计簿"或"簿书"的账册，用以登记会计事项。在宋代官厅中，形成了"四柱清册"，通过"旧管（期初结存）＋新收（本期收入）＝开除（本期支出）＋实在（期末结存）"的平衡公式进行结账，结算本期财产物资增减变化及其结果。古代巴比伦人精于组织管理，设置了"专门记录官"。古代埃及首先出现了"内部控制思想"。古代印度与希腊出现了铸币，并记录在账簿中。在这一阶段，主要涉及原始计量记录法、单式账簿法和初创时期的复式记账法等。

（2）近代会计阶段

近代会计以复式记账法的产生和"簿记论"的问世为开始标志，直至20世纪30年代。1494年，意大利数学家卢卡·帕乔利在《算术、几何、比及比例概要》中的《簿记论》一章中，阐述了复式记账的基本原理，被公认为是最早形成文字的复式记账法，也是会计发展史上的一个重要里程碑。从15世纪末到18世纪，随着商业在欧洲其他城市的发展，意大利记账法不断传播并不断得到完善。18世纪末和19世纪初的产业革命时期，产生了大机器生产的资本主义工厂制度。此时，会计的服务对象从企业内部扩展到企业外部的投资者、债权人和政府部门，会计的内容也从记账、算账发展到编制系统的财务报表。这一阶段，在会计的方法技术与内容上有两个重大发展，其一是复式记账法的不断完善和推广，其二是成本会计的产生和迅速发展，继而成为会计学中管理会计分支的重要基础。

（3）现代会计阶段

20世纪30年代至今，成本会计的出现和不断完善，以及在此基础上形成的与财务会计相分离并单独成科的管理会计，是现代会计的开端。自20世纪50年代开始，特别是第二次世界大战结束后，社会经济的发展和管理要求不断提高，丰富了会计的内容，提高了其地位和作用，促使比较完善的现代会计逐步形成，从而进入了现代会计阶段。这一阶段的会计有两个主要变化：一是为适应经济发展对会计的要求，会计分化为两个领域，即财务会计和管理会计；二是电子计算机在会计上的应用，使会计由传统的手工操作逐步发展为电子数据处理系统。

由此可见，会计的产生和发展经历了一个由简单到复杂、由低级到高级的过程。随着现代社会经济的发展，会计在服务社会经济、进行经济管理方面的作用越来越明显，逐步成为经济管理的重要组成部分。可以说，任何社会经济活动都离不开会计，经济越发展，会计越重要。

1.1.2 会计的职能

会计管理是通过会计的职能来实现的。会计的职能是指会计在经济管理过程中所具有的功能，会计具有会计核算和会计监督两项基本职能和预测经济前景、参与经济决策、评价经营业绩等拓展职能。

1. 会计的基本职能

1）会计核算职能

会计核算职能又称会计反映职能，是指会计以货币为主要计量单位，对特定主体的经济活动进行确认、计量和报告。

会计核算贯穿于经济活动的全过程，是会计最基本的职能。从核算的时间来看，它既包括事后核算，也包括事前、事中的核算；从核算的内容来看，它既包括记账、算账、报账，又包括预测、分析和考核。从会计工作的现状来看，会计的事后核算是会计工作的基础，通过记账、算账、报账、分析、考核等事后核算职能的主要形式，对经济业务活动进行记录、分类、计算、汇总，转化为一系列的经济信息，使其正确、综合地反映单位的经济活动过程和结果，为经营者提供数据资料。

2）会计监督职能

会计监督职能又称会计控制职能，是指对特定主体经济活动和相关会计核算的真实性、合法性和合理性进行监督检查。

进行真实性审查是指检查各项会计核算是否根据实际发生的经济业务进行。进行合法性审查是指检查各项经济业务是否符合国家的法律法规，是否遵守财经纪律，是否执行国家的各项方针政策等。进行合理性审查是指从企业自身在经营管理方面的要求及提高经济效益出发，对经济活动的全过程进行合理性监督，以评价各项经济活动是否有效，能否提高经济效益。

会计监督是一个过程，分为事前监督、事中监督和事后监督。事前监督是对将要发生的经济活动进行会计监督；事中监督是对正在发生的经济活动进行会计监督；事后监督是对已经发生的经济活动进行会计监督。事前监督与事中监督有利于及时发现问题、及时采取补救措施，防患于未然；事后监督便于全面、真实、准确地检查经济活动的全过程，提高会计监督的准确性。

3）会计核算和会计监督两项职能的关系

会计核算和会计监督两项职能的关系十分密切，两者相辅相成、辩证统一。会计核算职能是会计监督职能的基础，只有正确地进行核算，监督才有真实可靠的依据；会计监督职能是会计核算职能的延续和核算质量的保证，只有严格地进行监督，核算所提供的数据资料才能在经济管理中发挥最大的作用。

2. 会计的拓展职能

1）预测经济前景

预测经济前景是指根据财务报表等所提供的信息，定量或定性判断、推测和规划经济活动的发展变化规律，并对其做出评价，以指导和调节经济活动，谋求最佳经济效益。

2）参与经济决策

参与经济决策是指根据财务报表等所提供的信息，运用定量或定性分析方法，对各个备选方案进行经济可行性研究，为企业生产经营管理提供与决策有关的信息。

3）评价经营业绩

评价经营业绩是指根据财务报表所提供的信息，采用适当的方法，对企业一定经营期间的资产运营、经济效益等经营成果，对照相应的评价标准进行定量及定性分析，做出真实、客观、公正的综合评判。

1.1.3 会计的特征

会计的特征是指会计和其他经济核算的不同点，主要有以下 5 个基本特征。

1. 会计是一种经济管理活动

会计是一种经济管理活动，为企业经济管理活动提供各种数据资料，通过各种方式直接参与经济管理，对企业的经济活动进行核算和监督。传统意义上的会计主要是指账务处理，仅限于事后的记账、算账、报账等工作内容，实质上就是簿记。随着社会经济的发展，会计的职能、方法、内涵与外延都发生了很大变化，会计不再局限于记账、算账、报账，还参与经济管理、进行经营决策，形成了现代意义上的会计，具有更完善的功能、更深刻的内涵和更广泛的服务领域。

2. 会计是一个经济信息系统

会计是一个经济信息系统，它将企业分散的经营活动数据转化成货币化的会计信息，这些信息可为企业管理部门进行最优管理、决策和有效经营提供所需要的数据。可见，会计是以提供财务信息为主的经济信息系统，是企业经营的计分牌，因而会计又被人称为"企业语言"。

3. 会计以货币作为主要计量单位

企业的经济活动须要运用多种计量单位，包括实物单位（千克、吨、米、台、件等）、劳动单位（劳动日、工时等）和货币单位（元、角、分等）3 种计量单位。由于实物单位和劳动单位只能反映某一方面的内容，都不能综合反映会计所要求的内容，而货币单位具有综合性，能全面、综合地反映一个单位的综合实力和经济能力，因此，必须以货币作为综合计量单位。利用货币单位，通过会计记录，可以全面而系统地反映和监督企业、行政和事业单位财产物资的财务收支，生产过程中的劳动消耗和成果，并计算出最终财务成果。所以，在会计核算过程中除了运用实物单位和劳动单位进行必要的记录外，还必须以货币单位综合地加以反映。

4. 会计具有核算和监督的基本职能

会计的职能是指会计在经济管理过程中所具有的功能。会计一方面要按照会计法规制度的要求，对经济活动进行确认、计量和报告，另一方面要对业务活动的真实性、合法性、合理性进行审查，因此，会计核算是会计工作的基础，会计监督是会计工作质量的保证。会计核算和监督贯穿于会计工作的全过程，是会计工作最基本的职能，也是会计管理活动的重要表现形式。

5. 会计采用一系列专门的方法

会计方法是指用来核算和监督会计对象，执行会计职能，实现会计目标的手段。随着社会经济的发展和会计工作的进步，会计方法不断发展和完善，已形成一套完整、科学的方法体系，具体包括会计核算方法、会计分析方法和会计检查方法。其中，会计核算方法是最基本、最主要的方法。这些方法相互依存、相辅相成，形成一个完整的方法体系。

知识拓展

会 计 准 则

会计准则是反映经济活动、确认产权关系、规范收益分配的会计技术标准，是生成和提供会计信息的重要依据，也是政府调控经济活动、规范经济秩序和开展国际经济交往等的重要手段。会计准则具有严密和完整的体系。我国已颁布的会计准则有《企业会计准则》（新会计准则体系已于 2007 年 1 月 1 日起在上市公司范围内施行）、《小企业会计准则》（符合适用条件的小企业自 2013 年 1 月 1 日起执行）、《事业单位会计准则》（2013 年 1 月 1 日起在各级各类事业单位施行）和《政府会计准则——基本准则》（2017 年 1 月 1 日起在各级政府、各部门、各单位施行）。

我国的企业会计准则体系包括基本准则、具体准则、应用指南和解释公告等。

基本准则是企业进行会计核算工作必须遵守的基本要求，是企业会计准则体系的概念基础，是制定具体准则、会计准则应用指南、会计准则解释的依据，也是解决新的会计问题的指南。

具体准则是根据基本准则的要求，主要就各种具体业务事项的确认、计量和报告做出的规定。我国企业会计具体准则到目前为止先后发布了固定资产、长期股权投资、职工薪酬等会计准则，共 41 个。

应用指南是根据基本准则、具体准则制定的，用以指导会计实务的操作性指南，是对具体准则相关条款的细化和对有关重点难点问题提供操作性规范，例如，它所包括的会计科目、主要账务处理、财务报表及其格式等，就为企业执行会计准则提供了操作性规范。

解释公告主要是针对企业会计准则实施中遇到的问题，做出的相关解释。

模块二　会计基本假设与会计基础

学习导入

会计是一种经济管理活动，为企业经济管理活动提供各种数据资料。为了保证企业经济管理活动正常进行，就必须对各种各样的经济业务从时间范围、空间范围和计量方式上做一些必要的、在会计上合乎推理的判断和规定，这些判断和规定就是会计的基本假设；对企业的收入、费用和支出的确认标准做出界定，这种界定就是会计的记账基础。

学习内容

1.2.1 会计基本假设

会计基本假设又称会计核算基本前提，是企业会计确认、计量和报告的前提，是对会计核算所处时间、空间环境等所做的合理假定。会计基本假设包括会计主体、持续经营、会计分期和货币计量。

会计基本假设之会计主体

1. 会计主体

会计主体是指企业会计确认、计量和报告的空间范围，即会计核算和监督的特定单位或组织。

这一前提的主要意义在于：一是将特定主体的经济活动与该主体所有者及职工个人的经济活动区别开来；二是将该主体的经济活动与其他单位的经济活动区别开来，从而界定从事会计工作和提供会计信息的空间范围，同时说明某会计主体的会计信息仅与该会计主体的整体活动和成果相关。

例如，一项商品购销业务，甲方是买方，乙方是卖方。按照会计主体的要求，会计人员应站在本企业的立场上处理业务，即甲方的会计应做商品购进的账务处理，而乙方的会计应做商品销售的账务处理。

法人可以作为会计主体，但会计主体不一定是法人。例如，由自然人所创办的独资或合伙企业不具有法人资格，这类企业的财产和债务在法律上被视为业主或合伙人的财产和债务，但在会计核算上必须将其作为会计主体，以便将企业的经济活动与其所有者的经济活动及其他实体的经济活动区分开来。

> **重要提示：**
> 会计主体与法律主体并非是对等的概念。

企业集团由若干个具有法人资格的企业组成，各个企业既是独立的会计主体，也是法律主体，但是为了反映整个集团的财务状况、经营成果及现金流量情况，还应编制该集团的合并财务报表，企业集团是会计主体，但通常不是一个独立法人。

2. 持续经营

会计基本假设之持续经营

持续经营是指在可以预见的未来，企业将会按当前的规模和状态继续经营下去，不会停业，也不会大规模削减业务。

在持续经营假设下，企业进行会计的确认、计量和报告应当以持续、正常的经济活动为前提。明确这一基本假设，就意味着会计主体将按照既定用途使用资产，按照既定的合约条件清偿债务，会计人员就可以在此基础上选择会计原则和会计方法。例如，企业固定资产计量应按购建时的历史成本入账，固定资产价值通过提取折旧的形式，在其使用年限内分期转作费用等，都是以持续经营为前提的。

3. 会计分期

会计基本假设之会计分期

会计分期是指将一个企业持续经营的经济活动划分为一个个连续的、长短相同的期间，以便分期结算账目和编制财务报告。

会计分期的目的在于通过会计期间的划分，将持续经营的生产经营活动划分成连续、相等的期间，据以结算盈亏，按期编报财务报表，从而及时向财务会计报告使用者提供有关企业财务状况、经营成果和现金流量的信息。

在会计分期假设下，企业应当划分会计期间、分期结算账目和编制财务报告。我国企业会计准则中将会计期间分为年度、半年度、季度和月度。年度、半年度、季度和月度的起讫日期采用公历日期，即会计年度与公历年度相同，从 1 月 1 日开始到 12 月 31 日止。半年度、季度和月度均称为会计中期。

4. 货币计量

货币计量是指会计主体在会计确认、计量和报告时以货币作为计量尺度，反映会计主体的经济活动。

我国会计核算以人民币为记账本位币。业务收支以外币为主的企业，也可以选择某种外币作为记账本位币，但编制财务报表时必须换算为人民币。

以上会计核算的 4 项基本假设，具有相互依存、相互补充的关系。会计主体确立了会计核算的空间范围，持续经营与会计分期确立了会计核算的时间长度，而货币计量为会计核算提供了必要的手段。没有会计主体，就没有持续经营；没有持续经营，就不会有会计分期；没有货币计量，就不会有现代会计。

1.2.2 会计基础

会计基础又称会计记账基础，是指会计确认、计量和报告的基础，包括权责发生制和收付实现制。

1. 权责发生制

权责发生制又称应计制或应收应付制，是指收入、费用的确认应当以收入和费用的实际发生作为确认的标准，合理确认当期损益的一种会计基础。

权责发生制以权利或责任的发生与否为标准，来确认收入和费用。无论是否已有现金的收付，都按其是否体现各个会计期间的经营成果和收益情况，确定其归属期。凡属本期的收入，无论其款项是否收到，都应作为本期的收入；凡属本期应当负担的费用，无论其款项是否付出，都应作为本期费用。反之，凡不应归属本期的收入，即使款项在本期收到，也不作为本期收入；凡不应归属本期负担的费用，即使款项已经付出，也不能作为本期费用。

例如，甲公司于 201× 年 10 月 21 日向乙公司销售一批货物，取得收入为 50 000 元，该款项于 11 月 16 日收到并存入银行。按照权责发生制，甲公司在本年的 10 月 21 日确认收入为 50 000 元。又如，甲公司于 201× 年 12 月 26 日预交下一年第一个季度的房租为 6 000 元（每月为 2 000 元）。按照权责发生制，甲公司应于下一年的 1、2、3 月份分别确认费用为 2 000 元。

在我国，《企业会计准则——基本准则》规定，企业应当以权责发生制为基础进行确认、计量和报告。

2. 收付实现制

收付实现制又称现金制，以收到或支付现金作为确认收入和费用的标准，是与权责发生制相对应的一种会计基础。

收付实现制是以款项的实际收付为标准来处理经济业务，确定本期收入和费用，计算本期盈亏的会计处理基础。凡是在本期收到款项的收入或付出款项的费用，无论是否归属本期，都应作为本期的收入和费用。反之，凡是在本期未收到款项的收入或未付出款项的费用，即使归属本期，也不能作为本期的收入和费用。

仍按上例，甲公司销售货物按照收付实现制应于当年的 11 月 16 日确认收入为 50 000 元。甲公司预交下一年第一季度的房租时，应于当年的 12 月 26 日确认费用为 6 000 元。

事业单位会计核算一般采用收付实现制；事业单位部分经济业务或事项，以及部分行业事业单位的会计核算是采用权责发生制核算的，由财政部在相关会计制度中具体规定。

《政府会计准则——基本准则》规定，政府会计由预算会计和财务会计构成。预算会计实行收付实现制（国务院另有规定的，依照其规定），财务会计实行权责发生制。

模块三　会计对象、目标与会计要素

学习导入

会计的基本职能是核算和监督，核算和监督的内容有哪些？这些内容应如何分类？它们的金额应怎样确定？同学们，让我们一起来学习会计对象的含义及内容，会计要素的概念及每个会计要素的含义、特征、确认条件及计量。

学习内容

1.3.1　会计对象

会计对象是指会计核算和监督的内容，具体是指社会再生产过程中能以货币表现的经济活动，即资金运动或价值运动。

在一般情况下，企业的各项经济活动都与会计工作相关，但相关的内容并不都是会计工作的内容。凡是能够以货币表现的特定对象（经济活动），都是会计核算和监督的内容。会计所要核算和监督的内容是会计的客体。对于不同的企业，其经济活动的内容虽各不相同，但会计所要核算和监督的只能是用货币表现的那些经济活动内容，即会计对象。而以货币表现的经济活动，通常又称价值运动或资金运动（经济业务）。

企业的资金运动包括特定对象的资金投入、资金运用、资金退出3个过程，具体到企业、事业、行政单位又有较大的差异。例如，制造业的资金运动过程示意图如图1-1所示。

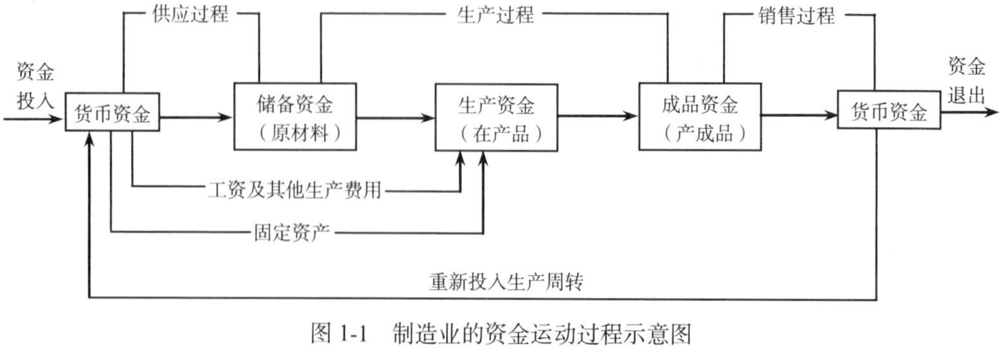

图 1-1　制造业的资金运动过程示意图

1. 资金投入

企业要进行生产经营活动，就必须拥有一定数量的资金。为了开展生产经营活动，各单位必须筹集与其规模相当的资金。资金是单位各种财产物资的货币表现，包括货币本身。这些资金的来源包括企业所有者投入的资金和债权人投入的资金。投入企业的资金一部分形成流动资产，另一部分形成企业固定资产等非流动资产。

2. 资金运用

企业对从各种渠道取得的资金，必须进行科学合理的投放，从而形成不同的资金运用形态，构成企业的各种资产，这就是资金运用过程。资金运用过程通常要经过供应、生产、销售3个过程。在供应过程中，企业为了给生产和销售做好各种准备，就要用货币购买机器设备、原材料等，发生材料买入价、运输费、装卸费等采购成本，与供应单位发生货款结算关系等，从而使货币资金转化为储备资金。在生产过程中，劳动者借助于劳动手段将劳动对象加工成特定的产品，同时发生原材料消耗、固定资产磨损的折旧费、生产工人劳动耗费的人工费，有关单位之间发生劳务结算关系等，从而使储备资金和一部分货币资金转化为生产资金，等产品完工达到销售状态时，生产资金又转化为成品资金。在销售过程中，企业将生产的产品销售出去，发生支付销售费用、收回货款等业务活动，并同购货单位发生货款结算关系等，从而使成品资金又转化为货币资金。

企业资金经过供应、生产、销售3个过程，从货币资金形态开始，依次转化为储备资金、生产资金、成品资金，最后又回到货币资金形态，从而形成一个资金的循环过程，简称资金循环。我们把企业资金周而复始的循环称为资金周转。企业就是在这种资金周转过程中实现资金增值的，进而达到企业财富最大化的目的。

3. 资金退出

资金退出包括偿还各种债务、缴纳各项税费、向所有者分配利润等，使得一部分资金离开本企业，退出企业的资金周转。

上述资金的运动过程是相互支持、相互制约的统一体，没有资金投入，就没有资金运用（资金周转），就不会有债务的偿还、税费的缴纳和利润的分配等；没有资金的退出，就不会有新一轮的资金投入，也就不会有企业的进步和发展。

1.3.2 会计目标

会计目标又称会计目的，是指会计工作所要完成的任务或达到的标准，即向财务会计报告使用者提供与企业财务状况、经营成果和现金流量等有关的会计信息，反映企业管理层受托责任履行情况，有助于财务会计报告使用者做出经济决策。

1. 反映企业受托责任的履行情况

现代化企业的所有权和经营权相分离，企业管理层受委托者的委托经营和管理企业。企业管理者作为受托者负有对委托者解释、说明其活动及结果的义务。而企业的财务状况、经营成果和现金流量等方面的信息是由会计提供的，因此，会计目标要求企业会计信息应能充分体现企业管理层受托责任的履行情况，帮助委托者评价企业经营管理和资源使用的有效性。

2. 向信息使用者提供对决策有用的会计信息

向信息使用者提供对决策有用的会计信息，强调会计信息的相关性，即有用性，要求会计提供企业财务状况、经营成果和现金流量等有关的会计信息。信息使用者在进行决策时需要大量可靠且相关的会计信息。因此，要求会计人员在工作中，应以提供对服务决策有用的会计信息为目标。若会计信息不能为信息使用者的决策提供帮助，则该会计信息将失去其价值。

1.3.3 会计要素

1. 会计要素的含义与分类

1）会计要素的含义

会计要素是指根据交易或事项的经济特征所确定的财务

> **重要提示：**
> 会计要素是学习会计的最基本的知识之一，是全书的重点内容之一。

会计对象的基本分类。会计要素是会计对象的第二层次划分，第一层次是资金运动，第三层次是会计科目。企业的资金运动是纷繁复杂的，会计对象涉及面广，因此，必须对会计对象按照一定的经济特征进行分类。

由于会计要素是会计对象的基本组成部分，是财务报表内容的基本框架，也是进行确认和计量的依据，所以只有对会计要素加以严格定义，才能为投资者等财务会计报告使用者提供更加有用的信息。

2）会计要素的分类

我国《企业会计准则》将会计要素按其性质划分为资产、负债、所有者权益、收入、费用和利润六类，其中，"资产、负债和所有者权益"属于反映财务状况的会计要素，在资产负债表中列示；"收入、费用和利润"属于反映经营成果的会计要素，在利润表中列示。

2. 会计要素的确认

1）资产

（1）资产的含义与特征

资产是指企业过去的交易或事项形成的、由企业拥有或控制的、预期能给企业带来经济利益的资源。

会计要素的确认（资产、负债、所有者权益）

企业要进行生产经营活动，必须具备一定的物质资源，这些物质资源通常表现为货币资金、厂房场地、机器设备，以及各种原料和材料等，统称为资产。并不是所有与企业生产经营活动有关的资源都是资产，作为企业的资产必须具有以下特征。

① 资产是企业过去的交易或事项形成的。也就是说，作为企业资产，它是企业过去已经发生的交易或事项所产生的结果，包括购买、生产、建造等行为或其他交易事项，如企业购买的机器设备、生产的产品等。预期在未来发生的交易或事项不形成资产，如计划购入的材料等。

② 资产是企业拥有或控制的资源。即企业享有某项资源的所有权，并可以由企业自行使用或控制；但在某些条件下，对于一些特殊方式形成的资产，企业虽然不享有所有权，但该资源能被企业所控制，也可以作为企业资产，如融资租入的固定资产。

③ 资产预期能给企业带来经济利益。这是资产最重要的特征。资产预期能给企业带来经济利益，是指直接或间接导致现金和现金等价物流入企业的潜力。若资产预期不能给企业带来经济利益，就不能确认为企业的资产。

（2）资产的确认条件

将一项资源确认为资产，必须符合资产的定义，还应同时满足以下两个条件。

① 与该资源有关的经济利益很可能流入企业。

② 该资源的成本或价值能够可靠地计量。

（3）资产的分类

资产按流动性进行分类，可以分为流动资产和非流动资产。

流动资产是指预计在一个正常营业周期中变现、出售或耗用，或者主要为交易目的而持有，或者预计自资产负债表日起一年内（含一年）变现的资产，以及自资产负债表日起一年内交换其他资产或清偿负债的能力不受限制的现金或现金等价物，如库存现金、银行存款、交易性金融资产、应收及预付款项、存货等。

一个正常营业周期是指企业从购买用于加工的资产起至实现现金或现金等价物的期间。正常营业周期通常短于一年，在一年内有几个营业周期。但是，也存在正常营业周期长于一年的情况，在这种情况下，与生产循环相关的产成品、应收账款、原材料尽管是超过一年才变现、出售或耗用的，但仍应作为流动资产。当正常营业周期不能确定时，应当以一年（12个月）作为正常营业周期。

非流动资产是指流动资产以外的资产，如长期股权投资、无形资产、固定资产等。

2）负债

（1）负债的含义与特征

负债是指企业过去的交易或事项形成的、预期能使经济利益流出企业的现时义务。

如果说资产是企业的权利，那么负债则是企业所承担的义务。

根据负债的含义，负债具有以下特征。

① 负债是由过去的交易或事项形成的，如购货时发生的应付款项、向金融机构借入的款项等。未来发生的承诺、签订的购货合同等交易事项，不形成负债。

② 负债是企业承担的现时义务，这是负债的一个基本特征。现时义务是指企业在现行条件下已承担的义务。未来发生的交易或事项形成的义务，不属于现时义务，不能确认为负债。

③ 负债预期能使经济利益流出企业。通常，企业履行偿还义务时，关系到企业付出有经济利益的资源，如支付现金、提供劳务、转让其他财产等，会导致经济利益流出企业。

（2）负债的确认条件

将一项现时义务确认为负债，须要符合负债的定义，还应当同时满足以下两个条件。

① 与该义务有关的经济利益很可能流出企业。

② 未来流出的经济利益的金额能够可靠地计量。

（3）负债的分类

按偿还期限的长短，负债可以分为流动负债和非流动负债。

流动负债是指预计在一个正常营业周期中偿还，或者主要为交易目的而持有，或者自资产负债表日起一年内（含一年）到期应予以清偿，或者企业无权自主地将清偿推迟至资产负债表日以后一年以上的负债，如短期借款、应付票据、应付及预收款项、应付职工薪酬、应交税费、应付利息、应付股利、其他应付款等。

非流动负债是指流动负债以外的负债，如长期借款、应付债券、长期应付款等。

3）所有者权益

（1）所有者权益的含义与特征

所有者权益是指企业资产扣除负债后由所有者享有的剩余权益。公司的所有者权益又称股东权益。

所有者权益具有以下特征。

① 除非发生减资、清算或分派现金股利，企业无须偿还。

② 企业清算时，只有在清偿所有的负债后，才返还给所有者。

③ 所有者凭借所有者权益能够参与企业利润的分配。所有者能按投资额的多少或合同章程规定，参加企业经营管理，享有参与利润分配的权益和分担风险或亏损的责任。

（2）所有者权益的确认条件

所有者权益的确认、计量主要取决于资产、负债、收入、费用等其他会计要素的确认和计量。所有者权益在数量上等于企业资产总额扣除债权人权益后的净额，即为企业的净资产，反映所有者（股东）在企业资产中享有的经济利益。

（3）所有者权益的分类

所有者权益的来源包括所有者投入的资本、直接计入所有者权益的利得和损失、留存收益等，具体表现为实收资本（或股本）、资本公积（含资本溢价或股本溢价、其他资本公积）、盈余公积和未分配利润。

所有者投入的资本是指所有者投入企业的资本部分，既包括构成企业注册资本（实收资本）或股本部分的金额，也包括投入资本超过注册资本或股本部分的金额，即资本溢价或股本溢价，这部分投入资本在我国《企业会计准则》体系中被计入资本公积，并被反映在资产负债表的资本公积项目中。

直接计入所有者权益的利得和损失是指不应计入当期损益、会导致所有者权益发生增减变动的、与所有者投入资本或向所有者分配利润无关的利得或损失。

盈余公积和未分配利润统称为留存收益。

4）收入

（1）收入的含义与特征

收入是指企业在日常活动中形成的、会导致所有者权益增加的、与所有者投入资本无关的经济利益的总流入。其中，日常活动是指企业为完成其经营目标所从事的经常性活动及与之相关的活动。收入只包括本企业经济利益的流入，而不包括为第三方或客户代收的款项，如增值税、代收利息等。

会计要素的确认（收入、费用、利润）

根据收入的含义，收入具有以下特征。

① 收入是企业在日常活动中形成的。工业企业制造并销售产品、商品流通企业销售商品、租赁公司出租资产等，均属于企业为完成其经营目标所从事的经常性活动，由此产生的经济利益的总流入构成收入。有些交易或事项也能为企业带来经济利益，但不属于企业的日常经营活动，其流入的经济利益是利得而不是收入，如处置固定资产所取得的净收益。

② 收入会导致所有者权益的增加。收入所产生的经济利益流入会导致所有者权益增加。并不是所有的经济利益都会导致所有者权益增加。例如，企业预收某单位货款，尽管导致经济利益流入企业，但该流入并不导致所有者权益的增加，而是企业承担了一项现时义务。

③ 收入是与所有者投入资本无关的经济利益的总流入。所有者投入资本也会使经济利益流入企业，但这一经济利益的流入与收入无关，不应确认为收入，而应将其直接确认为所有者权益。

（2）收入的确认条件

收入的确认除了应当符合其定义外，至少还应当符合以下条件。

① 与收入相关的经济利益很可能流入企业。

② 经济利益流入企业的结果会导致资产的增加或负债的减少。

③ 经济利益的流入额能够被可靠计量。

（3）收入的分类

收入按企业的经营业务主次可分为主营业务收入和其他业务收入。主营业务收入是指由企业的主营业务所带来的收入，如工业企业制造并销售产品、商业企业销售商品、咨询公司提供咨询服务、软件开发企业为客户开发软件、商业银行对外贷款、租赁公司出租资产等实现的收入。其他业务收入是指除主营业务活动以外的其他经营活动实现的收入，如工业企业销售原材料、出租固定资产、转让无形资产使用权等实现的收入。

收入按性质不同可分为销售商品收入、提供劳务收入、让渡资产使用权收入等。其中，销售商品收入是指企业通过销售商品实现的收入，如工业企业制造并销售产品、商业企业销售商品等实现的收入。提供劳务收入是指企业通过提供劳务实现的收入，如咨询公司提供咨询服务、软件开发企业为客户开发软件、安装公司提供安装服务等实现的收入。让渡资产使用权收入是指如商业银行对外贷款、租赁公司出租资产等实现的收入。

5）费用

（1）费用的含义与特征

费用是指企业在日常活动中发生的、会导致所有者权益减少的、与向所有者分配利润无关的经济利益的总流出。

根据费用的含义，费用具有以下特征。

① 费用是企业在日常活动中发生的。费用必须是企业在日常活动中所形成的，这些日常活动的界定与收入定义中涉及的日常活动的界定是一致的。例如，工业企业制造并销售产品、

商业企业购买并销售商品、租赁公司出租资产等活动中发生的经济利益的总流出构成费用，工业企业销售原材料结转的材料成本等也构成费用。

② 费用会导致所有者权益的减少。费用既可能表现为资产的减少，如减少银行存款、库存商品等；也可能表现为负债的增加，如增加应付职工薪酬、应交税费等。费用一定会导致企业所有者权益的减少，不会导致所有者权益减少的经济利益的流出不符合费用的定义，不应确认为费用。

③ 费用是与向所有者分配利润无关的经济利益的总流出。费用只有在经济利益很可能流出，从而导致企业资产减少或负债增加，且经济利益的流出额能够被可靠计量的情况下才能予以确认。向所有者分配利润或股利属于企业利润分配的内容，不构成企业的费用。

（2）费用的确认条件

费用的确认除了应当符合定义外，至少还应当符合以下条件。

① 与费用相关的经济利益很可能流出企业。

② 经济利益流出企业的结果会导致资产的减少或负债的增加。

③ 经济利益的流出额能够被可靠计量。

（3）费用的分类

费用包括生产费用和期间费用。

生产费用是指与企业日常生产经营活动有关的费用，按其经济用途可分为直接材料、直接人工和制造费用。生产费用应按其实际发生情况计入产品的生产成本；对于生产几种产品共同发生的生产费用，应当按照受益原则，采用适当的方法和程序分配计入相关产品的生产成本。

期间费用是指企业本期发生的、不能直接或间接归入产品生产成本，而应直接计入当期损益的各项费用，包括管理费用、销售费用和财务费用。

6）利润

（1）利润的含义与特征

利润是指企业在一定会计期间的经营成果。利润反映收入减去费用、直接计入当期损益的利得减去损失后的净额。利润如为正数，则表示盈利；利润如为负数，则表示亏损。

在通常情况下，如果企业实现了利润，表明企业的所有者权益将增加，业绩得到了提升；反之，如果企业发生了亏损（利润为负数），表明企业的所有者权益将减少，业绩下降。利润是评价企业管理层业绩的指标之一，也是投资者等财务会计报告使用者进行决策时的重要参考依据。

（2）利润的确认条件

利润的确认主要依赖于收入和费用，以及直接计入当期利润的利得和损失的确认，其金额的确定也主要取决于收入、费用、利得、损失金额的计量。

（3）利润的分类

利润包括收入减去费用后的净额、直接计入当期损益的利得和损失等。其中，收入减去费用后的净额反映企业日常活动的经营业绩；直接计入当期损益的利得和损失反映企业非日常活动的经营业绩。

直接计入当期损益的利得和损失是指应当计入当期损益、最终会引起所有者权益发生增减变动的、与所有者投入资本或向所有者分配利润无关的利得或损失。企业应当严格区分收入和利得、费用和损失，以便全面反映企业的经营业绩。

综上所述，会计要素的组成内容如表1-1所示。

表 1-1　会计要素的组成内容

会计要素	包括的内容	具体事项举例
资产	流动资产	库存现金、银行存款、交易性金融资产、应收及预付款项、存货等
	非流动资产	长期股权投资、无形资产、固定资产等
负债	流动负债	短期借款、应付及预收款项、应付职工薪酬、应交税费、应付利息、应付股利、其他应付款等
	非流动负债	长期借款、应付债券、长期应付款等
所有者权益	企业的净资产	实收资本、资本公积、盈余公积、未分配利润
收入	主营业务收入、其他业务收入	销售商品收入、咨询服务收入、开发软件收入、安装服务收入、出租资产收入、销售材料收入、转让无形资产使用权收入等
	销售商品收入、提供劳务收入、让渡资产使用权收入	
费用	生产费用	直接材料、直接人工和制造费用
	期间费用	管理费用、销售费用、财务费用
利润	在一定会计期间的经营成果	收入减去费用后的净额、直接计入当期损益的利得和损失等

3. 会计要素的计量

会计要素的计量是为了将符合确认条件的会计要素登记入账并列报于财务报表而确定其金额的过程。企业应当按照规定的会计计量属性进行计量，确定相关金额。

1）会计计量属性及其构成

会计计量属性是指会计要素的数量特征或外在表现形式，反映会计要素金额的确定基础，主要包括历史成本、重置成本、可变现净值、现值和公允价值等。

（1）历史成本

历史成本又称实际成本，是指为了取得或制造某项财产物资实际支付的现金或其他等价物。在历史成本计量下，资产按照购置时支付的现金或现金等价物的金额，或者按照购置资产时所付出代价的公允价值计量。负债按照因承担现时义务而实际收到的款项或资产的金额，或者承担现时义务的合同金额，或者按照日常活动中为偿还负债预期需要支付的现金或现金等价物的金额计量。例如，甲公司购入一台设备，价款为36万元，以银行存款支付，不考虑其他因素，该设备按历史成本计价，金额为36万元。

（2）重置成本

重置成本又称现行成本，是指按照当前市场条件，重新取得同样一项资产所需要支付的现金或现金等价物金额。在重置成本计量下，资产按照现在购买相同或相似资产所需支付的现金或现金等价物的金额计量。负债按照现在偿付该项债务所需支付的现金或现金等价物的金额计量。例如，甲公司年末发现一台尚未入账的设备，其他同类设备的市场价格是5万元。该设备按重置成本计价，金额为5万元。

（3）可变现净值

可变现净值是指在正常的生产经营过程中，以预计售价减去进一步加工成本和预计销售费用及相关税费后的净值。在可变现净值计量下，资产按照其正常对外销售所能收到的现金或现金等价物的金额扣减该资产至完工时估计将要发生的成本、估计的销售费用及相关税费后的金额计量。例如，甲公司期末某种库存商品的账面价值为120万元，同期市场销售价格为100万元。估计销售该种库存商品需要发生销售费用等相关税费为9万元。该种库存商品按可变现净值计价，金额为91万元。

（4）现值

现值是指对未来现金流量以恰当的折现率进行折现后的价值，是考虑货币时间价值的一种计量属性。在现值计量下，资产按照预计从其持续使用和最终处置中所产生的未来净现金流入量的折现金额计量。负债按照预计期限内要偿还的未来净现金流出量的折现金额计量。例如，甲公司一台设备的原值为12万元，累计折旧金额为5万元，预计未来现金流量的现值为4万元。该设备按现值计价，金额为4万元。

（5）公允价值

公允价值是指市场参与者在计量日发生的有序交易中，出售一项资产所能收到或转移一项负债所需支付的价格。在公允价值计量下，资产和负债按照在公平交易中的资产交换或债务清偿的金额计量。例如，甲公司于201×年9月16日购入A公司股票8万股作为交易性金融资产，201×年12月31日，该股票的收盘价为每股5元。该项交易性金融资产在201×年12月31日按公允价值计量，金额为40万元。

2）计量属性的运用原则

企业在对会计要素进行计量时，一般应当采用历史成本。采用重置成本、可变现净值、现值、公允价值计量的，应当保证所确定的会计要素金额能够被持续取得并可靠计量。

模块四　会计核算的方法、内容与基本要求

学习导入

会计的六大要素包括资产、负债、所有者权益、收入、费用和利润，会计应采用什么方法将这六大要素串联在一起为会计信息使用者提供有效信息呢？所有的经济业务都需要会计核算吗？有哪些具体要求？同学们，让我们一起来学习会计核算的方法、内容与基本要求。

学习内容

1.4.1　会计核算的方法

会计核算的方法是指对会计对象进行连续、系统、全面、综合的确认、计量和报告所采用的各种方法。

1. 会计核算的方法体系

会计核算的方法体系由填制和审核会计凭证、设置会计科目和账户、复式记账、登记会计账簿、成本计算、财产清查、编制财务会计报告等专门方法构成。

会计核算的方法体系

1）填制和审核会计凭证

会计凭证是记录经济业务发生或完成情况的书面证明，是登记账簿的依据。

通过填制和审核会计凭证，不但可以对各单位的经济活动实行经常、有效的会计监督，而且可以为账簿的记录提供可靠的依据；同时，正确地填制和审核会计凭证，还可以保证会计资料的真实性，从而提高会计核算的质量。填制和审核会计凭证是会计核算工作的起点。

2）设置会计科目和账户

会计科目是对会计要素的具体内容进行分类核算的项目。账户是根据会计科目设置的，具有一定的格式和结构，用于分类反映会计要素增减变动情况及其结果的载体。

由于会计对象的内容复杂多样，为了对它们进行系统、连续的核算和监督，就必须根据会计对象的具体内容进行科学的分类，事先将其划分为若干个会计科目，并根据规定的会计科目开设会计账户，分门别类地登记各项经济业务，从而取得所需要的各种不同性质的会计信息。例如，对于现金收支项目，必须设立一个"库存现金"科目，并开设"库存现金"账户分别进行登记，以便及时记录现金收支业务的情况。

3）复式记账

复式记账是指对于每一笔经济业务，都必须用相等的金额在两个或两个以上相互联系的账户中进行登记，全面系统地反映会计要素增减变化的一种记账方法。

在企业的经济活动中，任何一项经济业务的发生都会引起资金的双重（或多重）变化，如企业用银行存款购买原材料，这项经济业务一方面引起了银行存款的减少，另一方面又引起了原材料的增加。为了全面反映每一项经济业务所引起的这种双重（或多重）变化，就必须采用复式记账的方法，如实、完整地记录资金运动的来龙去脉，借以全面反映和监督各单位的经济活动。复式记账是会计核算方法体系的核心。

4）登记会计账簿

会计账簿是指由一定格式的账页组成的，以经过审核的会计凭证为依据，全面、系统、连续地记录各项经济业务的簿籍。

登记会计账簿能够对单位在一定时期内复杂的经济业务进行汇总、归纳和整理，连续、系统地反映每一项经济活动完整的信息资料。通过登记会计账簿，能及时、系统地反映会计单位的经济活动和财务收支状况，为编制财务报表和企业内部管理提供必要的、有用的信息。登记会计账簿是重要的会计核算基础工作，是连接会计凭证和财务报表的中间环节。

5）成本计算

成本计算是指将企业在生产过程中为制造产品所发生的各种费用，按照成本计算对象进行归集和分配，以便计算各种产品的总成本和单位成本。

通过成本计算，可以确定材料采购成本、产品生产成本、销售成本等，掌握成本的构成情况，更好地了解生产经营活动成果，促使企业加强经济核算，提高经济效益。成本计算是企业经济核算的中心环节。

6）财产清查

财产清查是指通过对货币资金、实物资产和往来款项等财产物资进行盘点或核对，确定其实存数，查明账存数与实存数是否相符的一种专门方法。

通过财产清查，可以查明各项财产物资和往来款项的实有情况，借以加强物资管理，监督财产是否完整，为企业正确核算损益提供正确的资料。

7）编制财务会计报告

财务会计报告是指单位会计部门根据经过审核的会计账簿记录和有关资料，编制并对外提供反映单位某一特定日期财务状况和某一会计期间经营成果、现金流量及所有者权益等会计信息的总结性书面文件。

通过编制财务会计报告，为企业及相关部门提供真实全面的财务会计资料和信息，改善企业的经营管理，促进社会资源的合理配置，为国家管理和社会公众服务。

以上会计核算方法相互联系、紧密结合，确保会计工作有序进行。为了科学地组织会计核算、实现日常的会计监督，必须全面、互相联系地应用这些专门方法。一般来说，在经济业务发生后,首先要根据业务内容取得或填制会计凭证,并加以审核;同时,按照规定的会计科目,在账簿中设置账户,并根据审核无误的记账凭证,运用复式记账法登记有关账簿;对生产经营过程中发生的各项费用进行成本计算;一定时期终了时,通过财产清查,将财产物资的实存数与账存数加以核对;最后,在账证相符、账账相符、账实相符的基础上编制财务会计报告。会计核算的方法体系示意图如图 1-2 所示。

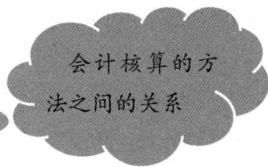

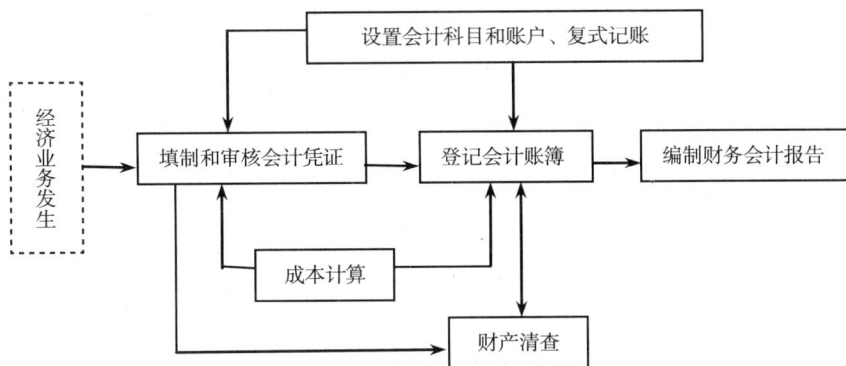

图 1-2　会计核算的方法体系示意图

2. 会计循环

会计循环是指按照一定的步骤反复运行的会计程序。从会计工作流程来看,会计循环由确认、计量和报告等环节组成;从会计核算的具体内容来看,会计循环由填制和审核会计凭证、设置会计科目和账户、复式记账、登记会计账簿、成本计算、财产清查、编制财务会计报告等内容组成。

1.4.2　会计核算的内容

如前所述,会计所要核算和监督的会计事项是以货币表现的经济活动,即经济业务。根据我国会计法的规定,会计核算的内容主要有以下 7 个方面。

1. 款项和有价证券的收付

款项即货币资金,主要包括现金、银行存款及其他视同现金、银行存款使用的银行汇票存款、银行本票存款、在途货币资金、信用证存款、保函押金和各种备用金等。有价证券是指代表一定财产拥有权或支配权的证券,包括国库券、股票、企业债券和其他债券等。款项和有价证券的收付直接影响单位资金的变化,因此,必须及时办理会计手续,进行会计核算。

2. 财物的收发、增减和使用

财物是指单位的财产物资,一般包括原材料、燃料、包装物、低值易耗品、在产品、商品等流动资产,以及房屋、建筑物、机器、设施、运输工具等固定资产。财物的收发、增减和使用是单位资金运动的重要形态,因而是会计核算的经常性业务。

3. 债权、债务的发生和结算

从会计意义上来讲,债权、债务是指由于过去的交易或事项所引起单位的现有权利或义务。其中,债权主要包括应收票据、应收账款、预付账款、其他应收款、长期股权投资等;债务主要包括短期借款、应付票据、应付账款、预收账款、应付职工薪酬、应交税费、应付股利、其他应付款、长期借款、应付债券、长期应付款等。债权、债务的发生和结算,反映了单位的资金周转情况，必须进行会计核算。

4. 资本、基金的增减

资本又称所有者权益，是指投资人对企业净资产的所有权，是企业全部资产减去全部负债后的余额，包括实收资本、资本公积、盈余公积和未分配利润。基金主要是指行政、事业单位某些特定用途的资金，如事业基金、职工福利基金、修购基金等。资本、基金的增减会引起单位资金的变化，因此，必须及时办理会计手续，进行会计核算。

5. 收入、支出、费用、成本的计算

收入是指企业在销售商品、提供劳务及让渡资产使用权等日常经济活动中所形成的经济利益的总流入。支出是指企业实际发生的各项开支，以及在正常生产经营活动以外的支出和损失。费用是指企业在生产和销售商品、提供劳务等日常经济活动中所产生的各种耗费。成本是指企业按一定的产品或劳务对象所归集的费用，是被对象化的费用，即以产品为对象计算分配的费用。收入、支出、费用、成本都是计算和判断企业经营成果及盈亏状况的主要依据。

6. 财务成果的计算和处理

财务成果是单位在一定时期内经济活动的最终成果，也就是单位所得与所耗费或支出的配额相抵后的差额，具体表现为盈利或亏损。财务成果是反映企业经营成果的最终要素，对它的计算和处理涉及有关方面的经济利益，因此，必须及时进行会计核算。

7. 要办理会计手续、进行会计核算的其他事项

要办理会计手续、进行会计核算的其他事项是指除了上述6项内容以外，要进行会计核算的内容。上述6项内容基本上涵盖了会计核算的主要内容，但由于会计环境纷繁复杂，经济活动及会计业务的发展也日新月异，仍有可能产生一些新的会计核算内容，如企业的终止清算、破产清算等，也是会计核算不可缺少的内容。为了适应经济发展对会计核算工作的要求，《中华人民共和国会计法》将可能产生的新的会计业务事项以"其他事项"来概括，以保证各种复杂的经济活动都能够得到及时的核算和反映。

1.4.3 会计核算的基本要求

会计核算应当遵循以下要求。

① 必须按照国家统一的会计制度的要求，填制和审核会计凭证、设置会计科目和账户、复式记账、登记会计账簿、进行成本计算、财产清查和编制财务会计报告。

② 必须根据实际发生的经济业务事项进行会计核算，编制财务报表。

③ 发生的各项经济业务事项应当在依法设置的会计账簿上统一登记、核算，不得违反《中华人民共和国会计法》和国家统一的会计制度的规定，私设会计账簿来进行登记、核算。

④ 对会计凭证、会计账簿、财务报表和其他会计资料应当建立档案，妥善保管。

⑤ 使用计算机进行会计核算的，其软件及其生成的会计凭证、会计账簿、财务报表和其他会计资料必须符合国家统一的会计制度的规定。

⑥ 会计记录的文字应当使用中文。在民族自治地方，会计记录可以同时使用当地通用的一种民族文字。在中华人民共和国境内的外商投资企业、外国企业和其他外国组织的会计记录可以同时使用一种外国文字。

模块五　会计信息的使用者与质量要求

学习导入

　　企业通过会计核算，提供了有用的会计信息。谁是会计信息的使用者？不同的会计信息使用者所需要的会计信息是否一致？他们对提供的会计信息在质量上又有哪些要求？同学们，让我们一起来学习不同会计信息的使用者及他们对信息的需求，以及有用的会计信息应具备的8个基本特征。

学习内容

1.5.1　会计信息的使用者

　　会计信息的使用者主要包括投资者、债权人、企业管理者、政府及其相关部门和社会公众等。

　　投资者是会计信息最主要的使用者之一。对投资者而言，关心的是企业的盈利能力、未来的获利能力和利润分配政策等，借助会计信息等相关信息可做出正确的投资决策、加强企业内部控制等。

　　债权人主要关注企业的偿债能力、提供的资金有无重大风险等，借助会计信息等相关信息可了解其债权的保障、利息的获取及债务人是否有足够的能力按期偿付债务的情况，从而做出正确的信贷决策。

　　企业管理者是会计信息的重要使用者，他们关注企业的生存和发展，可及时发现经营活动中存在的问题和薄弱环节，从而做出决策、采取措施、改善生产经营管理。

　　政府及其相关部门关心资源的配置。这些部门都要借助企业的相关会计信息来举行各项活动（税收政策、劳动法规、监管证券发行交易的法规、合并和收购的法规、银行及保险公司监督管理法规的贯彻和监督，以及国家政策等的制定）。

　　社会公众关心企业的生产经营活动，包括对其所在地经济发展的贡献，如增加就业、刺激消费、提供社区服务等。因此，会计信息中提供有关企业发展前景及其能力、经济效益及其效率等方面的信息，可以满足社会公众对信息的需求。

　　另外，会计信息的使用者还包括企业职工、供应商、客户等，如企业职工不仅关心薪酬、福利及企业为职工提供的各类保障信息，还关注企业的文化、企业的精神、企业给予个人的发展机会等。

1.5.2　会计信息的质量要求

　　会计信息的质量要求是对企业财务报告中所提供的会计信息的基本规范，是使财务报告中所提供的会计信息对投资者等使用者的决策有用而应具备的基本特征，主要包括可靠性、相关性、可理解性、可比性、实质重于形式、重要性、谨慎性和及时性等。

会计信息的
质量要求

1. 可靠性

　　可靠性又称客观性、真实性，企业应当以实际发生的交易或事项为依据进行确认、计量和报告，如实反映符合确认和计量要求的各项会计要素及其他相关信息，保证会计信息真实可靠、内容完整。

会计信息要有用，必须以可靠性为基础，如果财务报表所提供的会计信息不可靠，就会给投资者等使用者的决策造成误导甚至损失。为了贯彻可靠性要求，企业应当做到以下几点。

① 以实际发生的交易或事项为依据进行确认、计量和报告，将符合会计要素定义及其确认条件的资产、负债、所有者权益、收入、费用和利润等如实反映在财务报告中。

② 在符合重要性和成本效益原则的前提下，保证会计信息的完整性，其中包括应当编制的报表及其附注内容等应当保持完整，不能随意遗漏或减少应予披露的信息，与使用者决策相关的有用信息都应当进行充分披露。

③ 在财务报表中的会计信息应当是中立的、无偏的。如果企业在财务报告中为了达到事先设定的结果或效果，通过选择或列示有关会计信息以影响决策和判断，则财务报表信息就不是中立的。

2. 相关性

相关性又称有用性，要求企业提供的会计信息应当与财务会计报告使用者的经济决策需要相关，有助于财务会计报告使用者对企业过去和现在的情况做出评价，对未来的情况做出预测。

为了满足会计信息的相关性要求，企业在确认、计量和报告会计信息的过程中，必须充分考虑使用者的决策模式和信息需求。但是，相关性是以可靠性为基础的，两者并不矛盾，因此不应将两者对立起来。

3. 可理解性

可理解性又称明晰性，要求企业提供的会计信息应当清晰明了，便于财务会计报告使用者理解和使用。

企业编制财务报告、提供会计信息的目的在于使用，而要使使用者有效地使用会计信息，应当能让其了解会计信息的内涵，弄懂会计信息的内容，因此财务报告所提供的会计信息应当清晰明了、易于理解。只有这样，才能提高会计信息的有用性，实现财务报表的目标，满足向投资者等会计信息使用者提供对其决策有用信息的要求。

会计信息是一种专业性较强的信息产品，在强调会计信息的可理解性要求的同时，还应假定使用者具有一定的有关企业经营活动和会计方面的知识，并且愿意付出努力去研究这些信息。对于某些复杂的信息，如交易本身较为复杂或会计处理较为复杂，但其与使用者的经济决策是相关的，企业就应当在财务报表中予以充分披露。

4. 可比性

可比性又称一致性，要求企业提供的会计信息应当相互可比，保证同一企业不同时期可比、不同企业相同会计期间可比。这主要包括以下两层含义。

（1）同一企业不同时期可比

会计信息质量的可比性要求同一企业不同时期发生的相同或相似的交易或事项，应当采用一致的会计政策，不得随意变更。但是，会计信息的可比性，并非要求企业不得变更会计政策，如果按照规定或在会计政策变更后可以提供更可靠、更相关的会计信息，是可以变更会计政策的。有关会计政策变更的情况，应当在附注中予以说明。

（2）不同企业相同会计期间可比

会计信息的可比性要求不同企业同一会计期间发生的相同或相似的交易或事项，应当采用规定的会计政策，确保会计信息口径一致、相互可比，以使不同企业按照一致的确认、计量和报告要求提供有关的会计信息。

5. 实质重于形式

实质重于形式要求企业应当按照交易或事项的经济实质进行会计确认、计量和报告，不应仅以交易或事项的法律形式为依据。

在多数情况下，企业发生的交易或事项的经济实质和法律形式是一致的，但在有些情况下也可能会不一致。例如，以融资租赁方式租入的资产虽然从法律形式来讲企业并不拥有其所有权，但是由于租赁合同中规定的租赁期相当长，接近于该资产的使用寿命；租赁期结束时，承租企业有优先购买该资产的选择权；在租赁期内，承租企业有权支配资产并从中受益等，因此，从其经济实质来看，企业能够控制融资租入资产所创造的未来经济利益，在会计确认、计量和报告上就应当将以融资租赁方式租入的资产视为企业的资产，列入企业的资产负债表。

又如，企业按照销售合同销售商品，但又签订了售后回购协议，虽然从法律形式上实现了收入，但如果企业没有将商品所有权上的主要风险和报酬转移给购货方，没有满足收入确认的各项条件，即使签订了商品销售合同或已将商品交付给了购货方，也不应当将其确认为销售收入。

6. 重要性

重要性要求企业提供的会计信息应当反映与企业财务状况、经营成果和现金流量有关的所有重要交易或事项。

在实务中，如果会计信息的省略或错报会影响投资者等财务会计报告使用者据此做出决策的，该信息就具有重要性。重要性的应用要依赖职业判断，企业应当根据其所处环境和实际情况，从项目的性质和金额大小两方面加以判断。

例如，我国上市公司要求对外提供季度财务报表，考虑到季度财务报表披露的时间较短，从成本效益原则方面考虑，季度财务报表没有必要像年度财务报表那样披露详细的附注信息。但是，中期财务报告准则规定，公司季度财务报表附注应当以年初至本中期末为基础编制，而不应当仅仅披露本中期所发生的重要交易或事项；披露自上年度资产负债表日之后发生的、有助于理解企业财务状况、经营成果和现金流量变化情况的重要交易或事项。这种附注披露就体现了会计信息的重要性要求。

7. 谨慎性

谨慎性又称稳健性或审慎性，要求企业对交易或事项进行会计确认、计量和报告时保持应有的谨慎，不应高估资产或收益、低估负债或费用。

会计信息的谨慎性要求企业在面临不确定性因素的情况下做出职业判断时，应当保持应有的谨慎，充分估计到各种风险和损失，既不高估资产或收益，也不低估负债或费用。例如，要求企业对可能发生的资产减值损失计提资产减值准备、对售出商品可能发生的保修义务等确认预计负债等，就体现了会计信息的谨慎性要求。

谨慎性的应用不允许企业设置秘密准备，如果企业故意低估资产或收益、高估负债或费用，则不符合会计信息的可靠性和相关性要求，损害会计信息质量，扭曲企业实际的财务状况和经营成果，从而对使用者的决策造成误导，这是会计准则所不允许的。

8. 及时性

及时性要求企业对于已经发生的交易或事项，应当及时进行确认、计量和报告，不得提前或延后。

在会计确认、计量和报告过程中贯彻及时性，一是要求及时收集会计信息，即在经济交易或事项发生后，及时收集整理各种原始单据或凭证；二是要求及时处理会计信息，即按照会计准则的规定，及时对经济交易或事项进行确认或计量，并编制财务报表；三是要求及时传递会计信息，即按照国家规定的有关时限，及时地将编制的财务报表传递给财务会计报告使用者，以便于其及时使用和进行决策。

项目小结

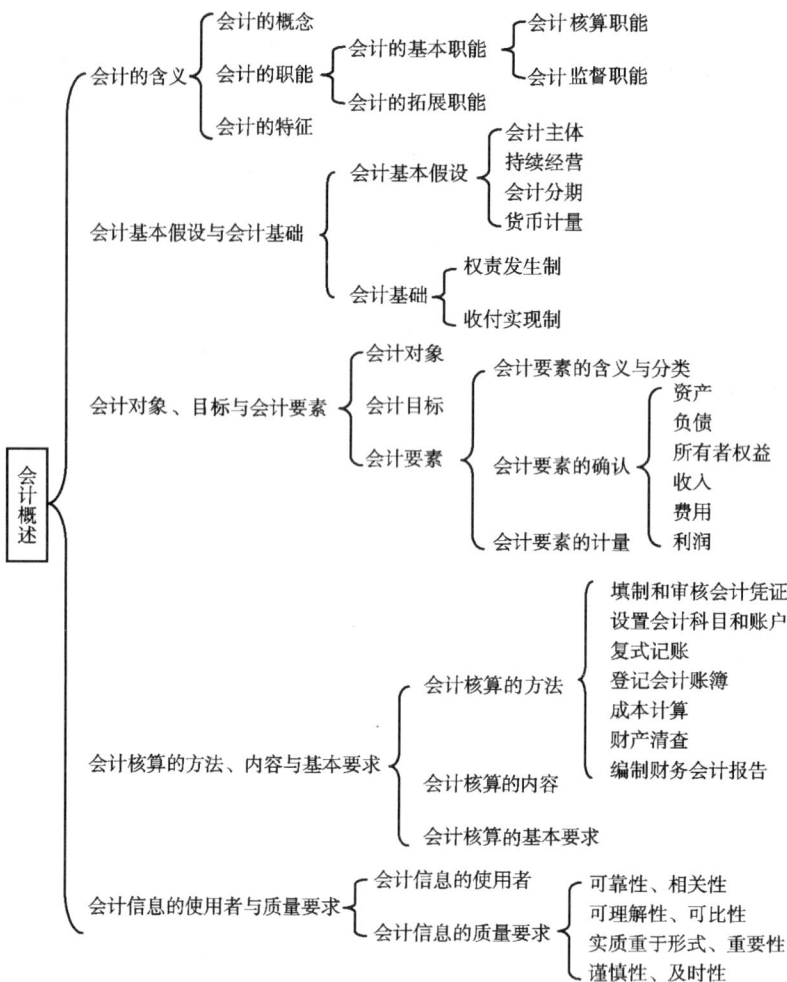

 **实践活动**

【活动目标】

学会区分权责发生制和收付实现制；学会判断企业的经济业务，并对会计对象要素进行正确分类。

【活动要求】

1. 根据表1-2中的经济业务，分别采用权责发生制和收付实现制确认当期的收入和费用，并将其金额填在相应的栏目中。

2. 根据表1-3中的经济内容，判断是否属于会计要素，并指明属于哪一类会计要素。

【活动过程】

【资料一】

表 1-2　经济业务

经济业务	权责发生制		收付实现制	
	收入	费用	收入	费用
用银行存款预付第二年财产保险费 1 200 元				
收到上月销货款 35 000 元，存入银行				
以银行存款支付上月房租 1 500 元				
销售产品 40 000 元，货款已存入银行				
以银行存款支付本月广告费 2 000 元				
销售产品 18 000 元，货款尚未收到				
预提本月应负担的银行借款利息 1 600 元				
收到购货单位预付货款 7 000 元，存入银行				

【资料二】

表 1-3　经济内容

经济内容	是否属于会计要素	指明会计要素种类
出纳员保管的现金		
生产车间使用的设备		
董事会做出的决议		
接受某单位的投资		
提取的法定盈余公积		
存放在金融机构的存款		
签订的购料合同		
应偿还的借款		
仓库存放的材料		
应缴纳的企业所得税		
下达的生产任务通知单		
支付的广告费		
销售商品尚未收到的货款		
设置账户		
向银行借入的借款		
准备销售的产成品		
填制和审核会计凭证		
利润分配后留存的利润		
建立会计档案		
预收某单位的货款		
应付给生产工人的工资		
购入的专利权		
记账本位币的变更		
尚未加工完毕的在产品		
应付给某单位的货款		

【活动评价】

本活动评价的主要内容包括会计工作的基础、会计核算的经济业务内容和会计要素的种类。通过本活动，能够区分权责发生制和收付实现制，判断经济业务的内容，正确区分会计要素。

活动评价表参见书后附录 A。

项目二

账户与复式记账

学习目标

知识目标

1. 理解会计科目的概念与分类，了解会计科目的设置；
2. 掌握账户的概念与分类，理解账户与会计科目的关系；
3. 掌握账户的功能与结构；
4. 掌握会计基本等式，掌握经济业务的发生对会计基本等式的影响；
5. 理解复式记账的基本原理；
6. 理解借贷记账法的理论基础与记账符号；
7. 掌握借贷记账法的账户结构；
8. 掌握借贷记账法的记账规则与会计分录；
9. 掌握借贷记账法的试算平衡。

能力目标

1. 能够正确区分会计科目的类别，会确定账户的对应关系和对应账户；
2. 能够根据记账规则熟练编制基本的会计分录；
3. 能够区分不同性质账户的结构；
4. 根据试算平衡理论，熟练编制试算平衡表。

模块一　会计科目

学习导入

宏达公司为一家生产家电的有限责任公司。202×年1月初，宏达公司资产、负债及所有者权益资料如表2-1所示。

表2-1　宏达公司资产、负债及所有者权益资料　　　　　　　　　　单位：元

顺序号	资　料	金　额	资　产	负　债	所有者权益	
1	财务部门存放在保险柜的现金	2 000				
2	存放在银行的款项	600 000				
3	仓库中为生产产品储备的材料	400 000				

（续表）

顺序号	资 料	金 额	资 产	负 债	所有者权益	
4	厂房、设备	1 200 000				
5	拥有的产品专利权	398 000				
6	尚未到期的6个月期的银行借款	100 000				
7	尚未到期的2年期的银行借款	500 000				
8	公司接受的投资	2 000 000				

思考问题：

① 根据表2-1的资料，用"√"标出各属于什么会计要素。

② 表2-1中的每一项资料，表达了不同的经济内容，那么在会计上应如何进行体现？

③ 资产、负债及所有者权益三要素之间在数量上存在什么关系？用数字、金额进行说明。

以上问题实际上揭示了该公司的基本财务状况，是会计对象要素的基本内容，仅用会计要素来反映，既不具体，也不现实。如何在会计上对会计要素做进一步的分类，揭示各会计要素之间的关系，进而在会计工作中应用，这是学习会计必须解决的问题。下面首先来认识会计科目。

学习内容

2.1.1 会计科目的概念

会计科目简称科目，是对会计要素的具体内容进一步分类的项目。会计的基本职能是会计核算和会计监督，而会计核算和监督的具体内容是会计对象，会计对象的具体化是会计要素，会计要素的具体内容就是会计科目。企业在生产经营过程中发生的各种各样的经济业务必定引起会计要素的增减变动。各项会计要素既有共同点，也有不同点，如企业的房屋、建筑物、机器设备、各种原材料、辅助材料、燃料等，都是企业的资产，但它们具有各自不同的特点，在生产中所起的作用也不同，因此，对它们的增减变动情况，会计上应当分别加以核算和监督。对房屋、建筑物、机器设备设置"固定资产"科目进行核算和监督；对原材料、辅助材料、燃料设置"原材料"科目进行核算和监督。对于各种不同的负债，按照债权人和偿还期限的不同，分别设置"短期借款""应付账款""长期借款"等科目进行核算和监督。对于所有者权益，按照其形成来源和性质的不同，也分别设置"实收资本""资本公积""盈余公积"等科目进行核算和监督。

会计科目是对会计对象的具体内容进行科学的归类，是会计核算和监督的重要手段。会计科目是设置账户、进行账务处理的依据，同时也是正确组织会计核算的一个重要条件。

2.1.2 会计科目的分类

为了在会计核算中正确地运用好会计科目，必须对会计科目进行科学分类。会计科目的分类标准一般有两个，即按反映的经济内容（所属会计要素）进行分类、按所提供信息的详细程度及其统驭关系进行分类。

1. 按经济内容分类

会计科目的经济内容就是会计对象所要核算和监督的具体内容。由于会计科目是对会计要素的具体内容进一步分类的项目，所以每个会计科目都有其特定的经济内容。例如，"银行存款"科目所核算的经济内容就是指企业存放在银行的货币；"库存现金"科目所核算的经济内容就是指存放在企业单位中的货币等。尽管它们所核算的经济内容有所不同，但反映的都是资产，所以它们同属于资产类。会计科目按经济内容分类就是把核算同一会计要素的会计科目归为一类。会计科目按经济内容分为资产类、负债类、共同类、所有者权益类、成本类和损益类。会计科目按经济内容分类如图 2-1 所示。

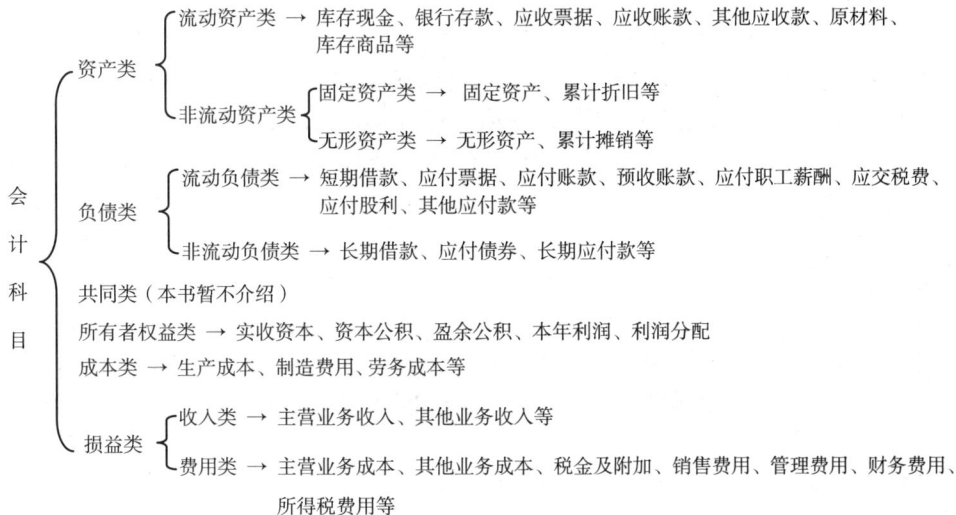

图 2-1　会计科目按经济内容分类

2. 按提供信息详细程度及其统驭关系分类

在生产经营过程中，会计科目不仅要按经济内容分门别类地反映会计要素的增减变动情况及其结果，而且要根据经济管理的要求、所需要的核算指标的详细程度不同，进一步按照提供信息的详细程度及其统驭关系进行分类。会计科目按照提供信息详细程度及其统驭关系分为总分类科目和明细分类科目。

1）总分类科目

总分类科目又称一级科目、总账科目或总目，是指对会计要素的具体内容进行总括分类的会计科目，是进行总分类核算的依据。会计科目按经济内容分类时所列举的会计科目都是总分类科目。为了满足国家宏观经济管理的需要，总分类科目原则上由国家统一规定。

> 一级科目是由国家统一规定的。

2）明细分类科目

明细分类科目又可设置为二级科目和三级科目。

① 二级科目又称子目，是指在一级科目的基础上，对一级科目所反映的经济内容进行较为详细分类的会计科目。有些二级科目原则上也是由国家统一规定的，例如，"应交税费"一级科目下应设"应交增值税""应交所得税"等二级科目。有些二级科目是企业根据经营管理需要自行设置的，例如，在"原材料"科目下，按材料类别开设"原料及主要材料""辅助材料""燃料"等二级科目。

② 三级科目又称细目，是指在二级科目的基础上，对二级科目所反映的经济内容进一步详细分类的会计科目，例如，在"原料及主要材料"二级科目下，按材料的品种、规格开设"甲材料""乙材料"等三级科目。大多数的明细科目是由企业根据经营管理的需要自行设置的，但也有些特殊明细科目是由国家统一规定的，例如，"应交税费"是一级科目，下设"应交增值税"

> **会计术语：**
>
> 会计科目的别称：总目、子目、细目；或称一级（总账）科目、二级科目、明细科目

二级科目，在"应交增值税"二级科目下设"进项税额""销项税额"等三级科目。

综上所述，一级科目是最高层次的会计科目，控制或统驭二级科目和三级科目；二级科目是对一级科目的补充说明，控制或统驭三级科目，是介于一级科目和三级科目之间起沟通作用的会计科目；三级科目是对二级科目或一级科目更为详细的补充说明。应当说明的是，并不是所有的一级科目都要分设二级和三级科目，根据信息使用者所需不同信息的详细程度，有些只要设置一级科目，有些则要设置一级和二级科目，而无须设置三级科目，还有些科目要设置四级科目或更详细的明细科目。

2.1.3 会计科目的设置

各单位由于经济业务活动的具体内容、规模大小与业务繁简程度等情况不尽相同，在具体设置会计科目时，应考虑其自身特点和具体情况。但设置会计科目时都应遵循以下原则。

① 合法性原则。设置和使用的会计科目，其核算的内容应当符合包括会计准则在内的国家统一会计制度的规定。

② 相关性原则。所使用的会计科目应当能够满足编制统一财务报表的要求，保证财务报表各项目的数据来源真实、准确、完整。

③ 实用性原则。允许基层单位自主设置和使用会计科目，会计科目的设置和使用应紧密结合各单位的会计工作和经营管理需要。当然，自主设置和使用会计科目，要求各单位会计人员的素质等条件必须与之相适应，因此，设置和使用会计科目应当符合国家的统一规定。

另外，行政、事业单位设置和使用会计科目应当符合国家统一的行政、事业单位会计准则的规定，以适应国家预算管理的要求。

根据《企业会计准则》中所列示的会计科目，编制了最常用的会计科目表（简表），如表2-2所示。

表2-2 会计科目表（简表）

编　号	名　　称	编　号	名　　称
	一、资产类		二、负债类
1001	库存现金	2001	短期借款
1002	银行存款	2201	应付票据
1012	其他货币资金	2202	应付账款
1101	交易性金融资产	2205	预收账款
1121	应收票据	2211	应付职工薪酬
1122	应收账款	2221	应交税费
1123	预付账款	2231	应付利息
1131	应收股利	2232	应付股利
1132	应收利息	2241	其他应付款
1221	其他应收款	2501	长期借款
1231	坏账准备	2502	应付债券
1401	材料采购	2701	长期应付款

（续表）

编号	名称	编号	名称
1402	在途物资	2711	专项应付款
1403	原材料	2901	递延所得税负债
1404	材料成本差异		三、共同类（略）
1405	库存商品		四、所有者权益类
1406	发出商品	4001	实收资本
1407	商品进销差价	4002	资本公积
1408	委托加工物资	4101	盈余公积
1411	周转材料	4103	本年利润
1471	存货跌价准备	4104	利润分配
1505	债权投资		五、成本类
1507	其他债权投资	5001	生产成本
1511	长期股权投资	5101	制造费用
1512	长期股权投资减值准备	5301	研发支出
1521	投资性房地产		六、损益类
1528	其他权益工具投资	6001	主营业务收入
1531	长期应收款	6051	其他业务收入
1601	固定资产	6101	公允价值变动损益
1602	累计折旧	6111	投资收益
1603	固定资产减值准备	6115	资产处置损益
1604	在建工程	6301	营业外收入
1605	工程物资	6401	主营业务成本
1606	固定资产清理	6402	其他业务成本
1701	无形资产	6403	税金及附加
1702	累计摊销	6601	销售费用
1703	无形资产减值准备	6602	管理费用
1711	商誉	6603	财务费用
1801	长期待摊费用	6701	资产减值损失
1811	递延所得税资产	6702	信用减值损失
1901	待处理财产损益	6711	营业外支出
		6801	所得税费用
		6901	以前年度损益调整

模块二 账 户

案例：餐饮企业的科目设置

学习导入

根据会计工作和经营管理的需要各单位设置了会计科目，那么如何使用会计科目呢？这就要求我们进一步学习账户的内容。

学习内容

2.2.1 账户的概念与分类

1. 账户的概念

为了能够分门别类地对各项经济业务的发生所引起的会计对象要素的增减变动情况及结果进行全面、连续、系统、准确的反映和监督，以便提供经营管理所需要的核算指标，必须根据会计科目开设账户。

账户

账户是根据会计科目设置的，具有一定的格式和结构，用于分类反映会计要素增减变动情况及其结果的载体。

账户是会计核算的具体表现形式，由账户的名称（会计科目）和账户的格式组成。

设置账户是会计核算的专门方法之一。运用账户，把各项经济业务的发生情况及由此而引起的会计要素的增减变化，系统、分门别类地进行核算，以提供所需要的各项信息指标，对于加强宏观、微观经济管理具有重要意义。

设置账户是会计核算的专门方法之一！

2. 账户的分类

账户可以根据其核算的经济内容、提供信息的详细程度及其统驭关系进行分类。

① 根据核算的经济内容，账户分为资产类账户、负债类账户、共同类账户、所有者权益类账户、成本类账户和损益类账户六类。其中，有些资产类账户、成本类账户和所有者权益类账户存在备抵账户。备抵账户又称抵减账户，是指用来抵减被调整账户实有数额而设置的独立账户。

② 根据提供信息的详细程度及其统驭关系，账户分为总分类账户和明细分类账户。

总分类账户和所属明细分类账户核算的内容相同，只是反映的详细程度有所不同，两者相互补充、相互制约、相互核对。总分类账户统驭和控制所属明细分类账户，明细分类账户从属于总分类账户。

2.2.2 账户与会计科目的关系

在会计工作中，人们往往把会计科目和账户混同起来，实际上，会计科目与账户既有联系，又有区别。

1. 会计科目与账户的联系

会计科目与账户都是在会计要素进一步分类的基础上设置的，会计科目是会计要素进一步分类的项目，是设置账户的依据，是账户的名称，而账户是会计科目的具体运用。没有会计科目，账户便失去了设置的依据；没有账户，会计科目就无法发挥作用。会计科目所要反映的经济内容，就是账户所要登记的内容。会计科目的分类也就是账户的分类。

2. 会计科目与账户的区别

会计科目作为会计要素的一个项目，规定了科目的核算内容和使用范围，不存在结构问题；而账户是记录经济业务的工具，反映其增减变化及其结果，所以必须具有一定的格式和结构。会计科目由国家财政部门统一制定，而账户是由企业根据会计科目和单位自身的需要来设置的，这体现了会计科目的设置权限和账户的使用权限问题。

2.2.3　账户的功能与结构

1. 账户的功能

账户的功能在于连续、系统、完整地提供企业经济活动中各会计要素增减变动及其结果的具体信息。其中，会计要素在特定会计期间增加和减少的金额，分别称为账户的"本期增加发生额"和"本期减少发生额"，两者统称为账户的"本期发生额"；会计要素在会计期末的增减变动结果，称为账户的"余额"，具体表现为期初余额和期末余额，账户上期的期末余额转入本期，即为本期的期初余额；账户本期的期末余额转入下期，即为下期的期初余额。

账户的期初余额、期末余额、本期增加发生额和本期减少发生额统称为账户的 4 个金额要素。对于同一账户而言，它们之间的基本关系为

$$期末余额 = 期初余额 + 本期增加发生额 - 本期减少发生额$$

这一恒等关系适用于任何性质的账户和任何形式的记账方法。

2. 账户的结构

设置账户作为会计核算的一种专门方法，是用来记录经济业务的，必须具有一定的结构和内容。记录经济业务，就势必反映会计对象要素发生在数量上的增减变化，并相应产生这种增减变化后的结果。虽然经济业务千差万别、复杂多样，但从数量上看，其变化也无非是增加和减少两种情况。反映在结构上，一方登记增加数，另一方登记减少数，以及增减变动后的结果。

无论采用何种记账方法，也无论是何种性质的账户，账户的基本结构总是相同的。

1）任何账户一般都可以划分为左、右两方

用左、右两方来分类登记经济业务及其会计要素的增加与减少，以及增减变动的结果。为了学习的方便和便于知识的理解，通常采用"┬"形账户结构，一方登记增加数，另一方登记减少数。账户的基本结构如图 2-2 所示。

左方（借方）	账户名称（会计科目）	右方（贷方）
增加数		减少数
余额		

或者

左方（借方）	账户名称（会计科目）	右方（贷方）
减少数		增加数
		余额

图 2-2　账户的基本结构

在通常情况下，账户的一般结构应包括以下内容（或栏次）。

① 账户名称，即会计科目。

② 日期，即所依据记账凭证中注明的日期。

③ 凭证字号，即所依据记账凭证的编号。

④ 摘要，即经济业务的简要说明。

⑤ 金额，即增加额、减少额和余额，说明经济业务发生后该账户变动多少和一定时期终

了时该账户变动的结果。

以借贷记账法下账户的一般结构为例，说明账户的一般结构，如图2-3所示。

账户名称（会计科目）

年		凭证字号	摘　要	借方（左方）金额	贷方（右方）金额	借或贷	余　额
月	日						

图2-3　账户的一般结构

2）账户的左、右两方按相反方向来记录增加额和减少额

如果规定在左方记录增加额，就应该在右方记录减少额；反之，如果在右方记录增加额，就应该在左方记录减少额。本期增加额合计数称为本期增加发生额，本期减少额合计数称为本期减少发生额；一定时期终了时，增减发生额相抵后的差额称为账户的余额。该时期终了时的余额称为期末余额，同时也是下一时期开始时的期初余额。

3）账户的余额方向一般与记录的增加额方向一致

根据以上表述，账户的基本结构由"增加栏""减少栏""余额栏"3部分构成。

模块三　复式记账原理

学习导入

项目一不但介绍了会计对象和会计要素，揭示了在资金运动中所涉及的资产、负债、所有者权益、收入、费用和利润六大会计要素；同时，又介绍了会计科目和账户，揭示了会计科目的设置和账户的结构。那么会计要素之间到底存在哪些关系？经济业务的发生对这些要素关系存在哪些影响？进行账户登记应采用什么记账方法？让我们带着这些问题来学习会计基本等式和复式记账法。

学习内容

2.3.1　会计等式

会计等式又称会计恒等式、会计方程式或会计平衡公式，它是表明各会计要素之间基本关系的等式。

1. 财务状况等式

在前面我们已经学习了会计要素的内容。任何一个企业为了实现其经营目标，首先要拥有一定数量的、预期能给企业带来经济利益的资源，这些资源就是资产。企业的资产最初进入企业的来源渠道不外乎两种：一种由所有者提供；另一种由债权人提供。无论所有者还是债权人，都对企业的资产拥有要求权，这种对企业资产的要求权称为权益。其中，属于债权人的部分，称为债权人权益；属于所有者的部分，称为所有者权益。

可见，资产与权益是同一资金的两个不同侧面。资产表明企业拥有什么资源和拥有多少资源，说明资金的分布形态；权益则表明谁提供了这些经济资源，谁对这些资源拥有要求权，说明资金的来源情况。没有无资产的权益，也没有无权益的资产。从数量上来看，有一定数额的资产，必然有一定数额的权益；反之亦然。两者在总额上是一种必然相等的关系，即

$$资产 = 权益 \qquad\qquad (2\text{-}1)$$

权益包括债权人权益和所有者权益。债权人权益从企业角度看，实际上就是承担的债务，即负债。所以式（2-1）也可以表示为

$$资产 = 负债 + 所有者权益 \qquad\qquad (2\text{-}2)$$

式（2-2）称为财务状况等式，又称基本会计等式或静态会计等式，是用以反映企业某一特定时点资产、负债、所有者权益三者之间平衡关系的会计等式。

> **重要提示：**
> 静态等式关系：
> 资产 = 负债 + 所有者权益

【例 2-1】 某企业 202× 年 1 月 1 日资产和权益各要素项目的期初余额表如表 2-3 所示。

表 2-3　期初余额表　　　　　　　　　　　　　　单位：元

资　产		权益（负债 + 所有者权益）	
库存现金	1 500	短期借款	80 000
银行存款	100 000	应付账款	60 000
应收账款	68 500	应交税费	5 400
原材料	140 000	长期借款	120 000
库存商品	60 000	实收资本	400 000
固定资产	400 000	盈余公积	104 600
资产合计	770 000	权益合计	770 000

表 2-3 表明，该企业的资产总额是 770 000 元，权益总额也是 770 000 元，两者平衡相等。

2. 经营成果等式

任何企业要想谋求生存和发展，就必须不间断地开展生产经营活动，以取得更多的收入；同时，还会发生因取得收入而负担相应的费用，收入与费用的差额就是企业的利润，如果发生的收入小于相应的费用，其差额就是亏损。收入、费用和利润的关系为

$$收入 - 费用 = 利润 \qquad\qquad (2\text{-}3)$$

式（2-3）称为经营成果等式，又称动态会计等式，是用以反映企业一定时期收入、费用和利润之间恒等关系的会计等式，揭示了企业在一定会计期间内因开展生产经营活动所取得的

经营成果。

这一等式反映了利润的实现过程，是编制利润表的依据。

3. 会计六要素必然关系等式

企业取得的收入，表明经济利益的流入，这会导致资产的增加或负债的减少；而发生的费用，表明经济利益的流出，这会导致资产的减少或负债的增加。收入的取得和费用的发生都影响利润，利润表现为所有者权益的增加，亏损表现为所有者权益的减少，进而影响着所有者权益。如果将式（2-2）和式（2-3）结合起来，可表示为

$$资产 = 负债 + 所有者权益 + （收入 - 费用） \tag{2-4}$$

还可以变形为

$$资产 = 负债 + 所有者权益 + 利润$$
$$资产 + 费用 = 负债 + 所有者权益 + 收入$$

式（2-4）揭示了资产、负债、所有者权益、收入、费用和利润六要素之间既存在相互联系，又存在相互依存的等式关系。

到年度末，企业根据实现的利润按照国家的有关规定进行利润分配，剩余的未分配利润归入所有者权益。公式"资产 = 负债 + 所有者权益 + 利润"又恢复到最基本的等式关系，即

$$资产 = 负债 + 所有者权益$$

会计六要素必然关系等式

2.3.2 经济业务的发生对基本会计等式的影响

在生产经营活动中，随着经济业务的发生，必然会引起资产、负债和所有者权益等会计要素的增减变动。但无论发生怎样的经济业务，也无论各会计要素怎样变动，都不会打破基本会计等式所反映的会计要素之间的平衡关系。

发生的经济业务会引起各个会计要素的增减变化。虽然经济业务的发生多种多样，但从资产与权益的关系来看，归结起来不外乎有以下4种类型。

经济业务的发生对会计基本等式的影响

① 资产和权益同时增加（资金进入企业）。
② 资产和权益同时减少（资金退出企业）。
③ 资产之间有增有减（资产形态的变化）。
④ 权益之间有增有减（权益类别的转化）。

现举例说明以上4种经济业务的发生对资产与权益（负债 + 所有者权益）平衡关系的影响。

1）资产和权益同时增加

资产和权益同时增加包括以下两种基本经济业务。

① 一项资产增加、一项负债等额增加的经济业务。
② 一项资产增加、一项所有者权益等额增加的经济业务。

【例2-2】 根据【例2-1】的内容，企业资产总额和权益总额都为770 000元，双方是相等的。这反映了期初会计要素之间的平衡关系，是一种静态关系。

业务① 1月5日，企业从银行取得期限为6个月的80 000元借款，现已办妥手续，款项已划入本企业存款账户。

这项经济业务的发生，使企业的资产（银行存款）增加了80 000元，同时也使权益（负债：

短期借款）增加了 80 000 元，企业的资产总额和权益总额都为 850 000 元，即

资产总额（770 000+80 000）= 权益总额（770 000+80 000）=850 000（元）

这项经济业务的发生，表明了资产和权益同时等额增加，双方总额仍然相等，不会打破基本会计等式的平衡关系。

2）资产和权益同时减少

资产和权益同时减少包括以下两种基本经济业务。

① 一项资产减少、一项负债等额减少的经济业务。

② 一项资产减少、一项所有者权益等额减少的经济业务。

【例2-3】 业务② 1月10日，企业偿还上年未还的应付账款，已从企业银行账户支付20 000元。

这项经济业务的发生，使企业的资产（银行存款）减少了 20 000 元，同时也使企业的权益（负债：应付账款）减少了 20 000 元，企业的资产总额和权益总额都为 830 000 元，即

资产总额（850 000–20 000）= 权益总额（850 000–20 000）=830 000（元）

这项经济业务的发生，表明了资产和权益同时等额减少，双方总额仍然相等，不会打破基本会计等式的平衡关系。

3）资产之间有增有减

资产之间有增有减包括一种基本经济业务，即一项资产增加、另一项资产等额减少的经济业务。

【例2-4】 业务③ 1月15日，企业以银行存款购入 60 000 元原材料，该原材料已验收入库。

这项经济业务的发生，使企业的资产（原材料）增加了 60 000 元，同时使另一项资产（银行存款）减少了 60 000 元，企业的资产总额和权益总额不变，都为 830 000 元，即

资产总额（830 000+60 000–60 000）= 权益总额（830 000）=830 000（元）

这项经济业务的发生，表明了资产之间各项目有增有减，增减金额相等，资产总额和权益总额不会发生变化，双方总额仍然相等，不会打破基本会计等式的平衡关系。

4）权益之间有增有减

权益之间有增有减包括以下 4 种基本经济业务。

① 一项负债增加、另一项负债等额减少的经济业务。

② 一项负债增加、一项所有者权益等额减少的经济业务。

③ 一项所有者权益增加、一项负债等额减少的经济业务。

④ 一项所有者权益增加、另一项所有者权益等额减少的经济业务。

【例2-5】 业务④ 1月20日，企业将应付给康泰公司的 40 000 元应付账款，经协商同意转作康泰公司对本企业的投资款。

这项经济业务的发生，使企业的权益（所有者权益：实收资本）增加了 40 000 元，同时使另一项权益（负债：应付账款）减少了 40 000 元，企业的资产总额和权益总额不变，都为 830 000 元，即

资产总额（830 000）= 权益总额（830 000+40 000–40 000）=830 000（元）

这项经济业务的发生，表明了权益之间各项目有增有减，增减金额相等，资产总额和权益总额不会发生变化，双方总额仍然相等，不会打破基本会计等式的平衡关系。

期末，经过上述变化后，资产、权益项目的余额如表 2-4 所示。

表 2-4　资产、权益项目的余额

单位：元

资　产		权益（负债＋所有者权益）	
库存现金	1 500	短期借款	80 000+80 000=160 000
银行存款	100 000+80 000−20 000−60 000=100 000	应付账款	60 000−20 000−40 000=0
应收账款	68 500	应交税费	5 400
原材料	140 000+60 000=200 000	长期借款	120 000
库存商品	60 000	实收资本	400 000+40 000=440 000
固定资产	400 000	盈余公积	104 600
资产合计	830 000	权益合计	830 000

经济业务对基本会计等式的影响如图 2-4 所示。

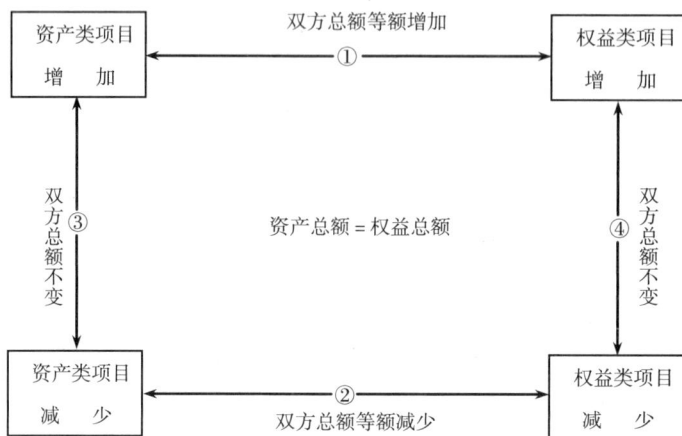

图 2-4　经济业务对基本会计等式的影响

通过以上举例表明，任何经济业务的发生都不会打破资产、负债和所有者权益的平衡关系。基本会计等式是复式记账、账户试算平衡及编制资产负债表的理论依据，也是会计方法体系的重要理论基础。

2.3.3　记账方法

开设账户只是解决了对每项经济业务如何在账户中反映的问题，账户仅仅是记录经济业务的工具，但如何相互联系地记录经济业务的增减变化及其结果，就要涉及记账方法的问题，即如何将每项经济业务的来龙去脉都记录到账户中去，须要记录几个账户，记录以后能否连续、系统、清晰地反映资金运动的过程及其结果。

记账方法就是利用会计账簿登记经济业务的方法，即根据一定的记账符号和记账规则，采用一定的计量单位，利用文字和数字把经济业务登记到有关账户中的一种专门方法。记账方法按记录方式不同，可分为单式记账法和复式记账法。

1. 单式记账法

单式记账法是一种比较古老、简单、不完整的记账方法，是指对发生的每一项经济业务，只在一个账户中加以登记的记账方法。例如，用现金购买办公用品的业务发生后，只在"库存现金"账户中记录现金的支出，而对购买的办公用品不在相关账户中进行记录。单式记账法仅凭感觉考虑自己重点需要的账

单式记账法

户，账户之间的记录没有直接的联系，不能形成账户的对应关系，所以不能全面、完整、系统地反映经济业务的来龙去脉，也不便于检查、核对账户记录的正确性。

2. 复式记账法

复式记账法是指对于每一笔经济业务，都必须用相等的金额在两个或两个以上相互联系的账户中进行登记，全面、系统地反映会计要素增减变化的一种记账方法。例如，"以银行存款2 000元购买原材料"，这项经济业务在记账时，不仅要记"银行存款"账户减少了2 000元，同时还要记"原材料"账户增加了2 000元。所以，在复式记账法下，能够相互联系地记录每笔经济业务所引起的资产和权益的增减变动情况，能够全面反映经济业务内容和资金运动的来龙去脉。同时，应用复式记账法，使有关账户之间形成清晰的对应关系，便于了解经济业务的内容，检查经济业务是否合理、合法；再者，应用复式记账法，使有关账户形成一个科学、完整的账户体系，通过账户的发生额和余额的相互关系，进行试算平衡，便于查账和对账。因此，复式记账法作为科学的记账方法一直被广泛地运用。

> 复式记账是会计核算的专门方法之一！

复式记账法的理论依据就是各会计要素之间客观存在的恒等关系。广泛地应用复式记账法成为现代会计的主要标志之一。

复式记账法根据记账符号、记账规则等不同，可分为借贷记账法、增减记账法和收付记账法等。其中，借贷记账法是世界各国普遍采用的一种记账方法，也是我国应用最广泛的一种记账方法。

模块四 借贷记账法

学习导入

我国《企业会计准则》明确规定，中国境内的所有企业进行会计核算时必须采用借贷记账法记账。我国行政、事业单位也采用借贷记账法记账。那么什么是借贷记账法？其理论基础是什么？作为记账符号赋予"借""贷"什么新的含义？借贷记账法的账户结构是怎样的？借贷记账法的记账规则是什么？如何进行借贷记账法的试算平衡？带着这些问题，让我们揭开借贷记账法的层层面纱吧。

学习内容

2.4.1 借贷记账法的理论基础

借贷记账法是以基本会计等式作为理论基础，以"借""贷"作为记账符号，记录会计要素增减变动情况的一种复式记账法。

> 我国会计核算必须采用借贷记账法。

借贷记账法的理论基础是基本会计等式。基本会计等式揭示了以下3方面内容。

1. 揭示了会计要素之间的数字平衡关系

如果把等式的"左""右"两方，用"借""贷"两方来表示的话，则每次记账的借方和贷方都是平衡的；一定时期账户的借方、贷方的金额是平衡的；所有账户的借方、贷方余额的合计数是平衡的。

2. 揭示了各会计要素增减变化的相互联系

任何经济业务（4类经济业务）都会引起两个或两个以上相关项目发生金额变动。因此，当经济业务发生后，在一个账户中记录的同时，必然要有另一个或两个以上账户的记录与之对应。

3. 揭示了等式有关要素之间是对立统一的

根据基本会计等式，资产在等式的左边，如果移到等式右边，就要以"－"表示，负债和所有者权益也是同样的情况。也就是说，当用左边（借方）表示资产类项目的增加时，就要用右边（贷方）来表示资产类项目的减少。与之相反，当用右方（贷方）记录负债和所有者权益的增加时，就要用左方（借方）来记录负债和所有者权益的减少。这揭示了会计要素是一个对立统一体。

基本会计等式作为借贷记账法的理论基础，决定了借贷记账法的账户结构、记账规则和试算平衡的基本理论。

2.4.2 借贷记账法的记账符号

借贷记账法以"借""贷"两字作为记账符号，已经失去了原有的字面含义，仅仅是单纯的记账符号而已。它表示了不同会计要素的增减变动情况和记账方向，具体的含义则取决于账户的不同属性。一般来讲，将会计基本等式作为借贷记账法的理论基础，以"借"表示资产和成本、费用的增加，负债、所有者权益和收入、利润的减少；以"贷"表示负债、所有者权益和收入、利润的增加，资产和成本、费用的减少。

借贷记账法的
记账符号

知识拓展

"借""贷"两字起源于中世纪的意大利。"借""贷"两字的含义最初是从借贷资本家的角度来解释的，即用来表示债权（应收款）和债务（应付款）的增减变动。为了记录吸收的存款和贷出的款项，分别按人名设户登记，并把账户分为两方，一方登记吸收的存款，称为贷主方，表示欠人（应付款）；另一方登记贷出的款项，称为借主方，表示人欠（应收款）。以后收回贷出的钱或偿还投资人的资本时，则在各自账户相反的一方进行登记。最初的"借""贷"具有借主（债权）、贷主（债务）的含义。这是借贷记账法的"借""贷"两字的由来。随着商品经济的发展，经济活动的范围日益扩大，经济活动内容日益复杂，记账内容也随之有所扩大，在账簿中不仅要登记往来结算的债权、债务，还要登记财产物资、经营损益的增减变化。这样，"借""贷"两字就逐渐失去了它们原来的含义而转为一种单纯的记账符号。

2.4.3 借贷记账法的账户结构

在借贷记账法下，账户的左方称为借方，右方称为贷方。所有账户的借方和贷方都要按相反的方向记录其增减变动，即一方登记增加额，另一方登记减少额。账户的期初、期末余额一般应与登记的增加额同

借贷记账法账
户的结构

重要提示：

账户属性：通过余额的方向进行判断。

一般而言，余额出现在借方的账户，属于资产类、成本类、费用（结转后无余额）类账户；余额出现在贷方的账户，属于负债类、所有者权益类、收入（结转后无余额）类账户。

一方向。登记在账户借方的数额称为借方金额，登记在贷方的数额称为贷方金额；一定时期终了时，将借方金额和贷方金额分别进行合计，其合计数分别称为借方发生额和贷方发生额。余额在借方称为借方期末余额，余额在贷方称为贷方期末余额。至于在账户的哪一方记增加额、哪一方记减少额，则取决于账户所要反映的经济内容（账户的经济性质）。通过对各类不同属性账户的具体结构及记录内容的分析，可以进行归纳，借贷记账法的账户结构 如表 2-5 所示。

表 2-5　借贷记账法的账户结构

借　方	贷　方	余　额
资产的增加	资产的减少	借方
负债的减少	负债的增加	贷方
所有者权益的减少	所有者权益的增加	贷方
成本的增加	成本的减少（或结转）	借方或无
收入的减少（或结转）	收入的增加	无
费用的增加	费用的减少（或结转）	无

1. 资产类账户结构

对于资产类账户，借方登记资产的增加额，贷方登记资产的减少额，期末余额一般为借方余额，表示期末资产的结存额。资产类账户结构如图 2-5 所示。

		资产类账户				
借方		（账户名称）			贷方	
期初余额	×××					
本期增加额	×××		本期减少额		×××	
	×××				×××	
	×××				×××	
本期发生额	×××		本期发生额		×××	
期末余额	×××					

图 2-5　资产类账户结构

一般说来，资产类账户的发生额和余额之间的关系可用下列公式表示：

$$期末借方余额 = 期初借方余额 + 本期借方发生额 - 本期贷方发生额$$

2. 权益类（负债和所有者权益）账户结构

对于权益类账户，贷方登记权益的增加额，借方登记权益的减少额，期末余额一般为贷方余额，表示期末权益的实际数额。权益类账户结构如图 2-6 所示。

		权益类账户			
借方		（账户名称）		贷方	
			期初余额	×××	
本期减少额	×××		本期增加额	×××	
	×××			×××	
	×××			×××	
本期发生额	×××		本期发生额	×××	
			期末余额	×××	

图 2-6　权益类账户结构

一般说来，权益类账户的发生额和余额之间的关系可用下列公式表示：

$$期末贷方余额 = 期初贷方余额 + 本期贷方发生额 - 本期借方发生额$$

3. 成本、费用类账户结构

根据动态会计等式"资产 + 费用 = 负债 + 所有者权益 + 收入"可以看出，成本、费用与资产同处于等式的左方，因此，其结构与资产类账户结构基本相同，只是由于借方记录的成本、费用的增加额一般都要在期末通过贷方转出，所以成本、费用类账户通常没有余额。如果因某种情况有余额，也表现为借方余额。例如，"生产成本"账户归集生产过程中某产品所发生的所有耗费，但在期末尚未完工结转入库，期末余额就反映在借方，表示企业期末在产品的金额。成本、费用类账户结构如图 2-7 所示。

借方		成本、费用类账户 （账户名称）	贷方	
成本、费用增加额	×××	成本、费用减少额	×××	
	×××	成本、费用结转额	×××	
本期发生额	×××	本期发生额	×××	

图 2-7　成本、费用类账户结构

4. 收入类账户的结构

根据动态会计等式"资产 + 费用 = 负债 + 所有者权益 + 收入"可以看出，收入与权益同处于等式的右方，因此其结构与权益类账户结构基本相同，只是由于贷方记录的收入增加额一般都要在期末通过借方转出，所以收入类账户通常没有余额。收入类账户结构如图 2-8 所示。

借方		收入类账户 （账户名称）	贷方	
收入减少额	×××	收入增加额	×××	
收入结转额	×××		×××	
本期发生额	×××	本期发生额	×××	

图 2-8　收入类账户结构

2.4.4　借贷记账法的记账规则与会计分录

1. 借贷记账法的记账规则

按照复式记账原理，对发生的每一项经济业务，都以相等的金额记入一个账户借方的同时，记入另一个或几个账户的贷方；或者在记入一个账户贷方的同时，记入另一个或几个账户的借方，任何经济业务都不例外。因此，在借贷记账法下，其记账规则为：有借必有贷，借贷必相等。

"有借必有贷"体现了涉及的账户及账户的方向，即登记账户时，是记录在借方，还是记录在贷方，并且有借方必然有贷方，方向相反。

"借贷必相等"体现了账户的借贷（增减）金额必须相等。

由于借贷记账法的理论基础是"资产 = 负债 + 所有者权益"，因此，反映因经济业务的发生而引起的各项目变动时，只有以相等的金额进行登记，才能保持会计等式两端要素之间的平衡关系。

下面根据模块三的【例 2-2】～【例 2-5】，说明借贷记账法的记账规则。

业务① 1 月 5 日，企业从银行取得期限为 6 个月的 80 000 元借款，现已办妥手续，款项已划入本企业存款账户。

该项经济业务涉及的"银行存款"账户是资产类账户，"短期借款"账户是负债类账户，该项经济业务类型是资产和权益同时增加，双方增加的金额应分别记入"银行存款"账户的借方和"短期借款"账户的贷方。资产和权益同时增加的记账如图2-9所示。

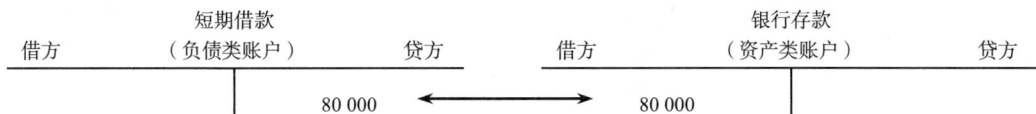

```
        短期借款                              银行存款
借方   （负债类账户）   贷方       借方     （资产类账户）     贷方
                 80 000  ◄──────────  80 000
```

图 2-9　资产和权益同时增加的记账

业务② 1月10日，企业偿还上年未还应付账款，已从企业的银行账户支付20 000元。

该项经济业务涉及的"银行存款"账户是资产类账户，"应付账款"账户是负债类账户，该项经济业务类型是资产和权益同时减少，双方减少的金额应分别记入"银行存款"账户的贷方和"应付账款"账户的借方。资产和权益同时减少的记账如图2-10所示。

```
        银行存款                              应付账款
借方   （资产类账户）   贷方       借方     （负债类账户）     贷方
                 20 000  ◄──────────  20 000
```

图 2-10　资产和权益同时减少的记账

业务③ 1月15日，企业以银行存款购入原材料金额为60 000元，该材料已验收入库。

该项经济业务涉及的"原材料"账户和"银行存款"账户都是资产类账户，该项经济业务类型是资产之间有增有减，资产增减的金额应分别记入"原材料"账户的借方和"银行存款"账户的贷方。资产之间有增有减的记账如图2-11所示。

```
        银行存款                              原材料
借方   （资产类账户）   贷方       借方     （资产类账户）     贷方
                 60 000  ◄──────────  60 000
```

图 2-11　资产之间有增有减的记账

业务④ 1月20日，企业将应付给康泰公司的40 000元账款，经协商同意转作康泰公司对本企业的投资款。

该项经济业务涉及的"应付账款"账户和"实收资本"账户都是权益类账户，该项经济业务类型是权益之间有增有减，权益增减的金额应分别记入"应付账款"账户的借方和"实收资本"账户的贷方。权益之间有增有减的记账如图2-12所示。

```
        实收资本                              应付账款
借方  （所有者权益类账户） 贷方      借方     （负债类账户）     贷方
                 40 000  ◄──────────  40 000
```

图 2-12　权益之间有增有减的记账

2. 借贷记账法的会计分录

1）会计分录的含义

按照借贷记账法的记账规则，要反映经济业务发生时各项目的增减变动，并及时登记到各有关账户中，就要确认会计分录。

借贷记账法的
会计分录

41

会计分录简称分录，就是按照借贷记账法的记账规则，分别列示出记录经济业务应借、应贷账户名称及其金额的一种记录形式。

2）会计分录的构成要素

会计分录的编制一般分为以下三步。

第一步：确定账户名称，分析确定经济业务涉及的账户类别及其名称。

第二步：确定记账方向，分析确定每个账户是增加还是减少，确定应记录的借贷方向。

第三步：确定应记金额，分析计算记入每个账户的金额。

> **重要提示：**
>
> 会计分录的书写格式：借方内容写在上面，贷方内容写在下面，上下错开一个字；如果要注明明细账账户，可在总账账户后面加一破折号，写上明细账账户；金额用阿拉伯数字书写，后面不写元，借方和贷方的金额也应错开、各自对齐。

这体现了会计分录的构成要素，即账户名称、记账方向和应记金额。

根据前面的业务①～业务④，用借贷记账法编制的会计分录如下：

业务① 借：银行存款	80 000	
贷：短期借款		80 000
业务② 借：应付账款	20 000	
贷：银行存款		20 000
业务③ 借：原材料	60 000	
贷：银行存款		60 000
业务④ 借：应付账款	40 000	
贷：实收资本		40 000

3）账户的对应关系和对应账户

借贷记账法的记账规则要求以相反的方向、相等的金额对发生的经济业务同时在两个或两个以上相互联系的账户中进行登记。有关账户之间应借、应贷的相互关系称为账户的对应关系，发生对应关系的账户称为对应账户。通过账户的对应关系，可以了解经济业务的内容。

> **会计术语：**
>
> 账户的对应关系、对应账户、简单会计分录（一借一贷）、复合会计分录（一借多贷、多借一贷、多借多贷）。

4）会计分录的种类

会计分录按其对应账户的多少分为简单会计分录和复合会计分录。简单会计分录是指只涉及一个借方账户和另一个贷方账户的会计分录，即一借一贷对应账户的会计分录；复合会计分录是指由两个以上（不含两个）对应账户组成的会计分录，即一借多贷、多借一贷或多借多贷对应账户的会计分录。复合会计分录可以分解为多个简单会计分录，但不能人为地对一笔完整的复合会计分录进行分解。切记，不能把不同的经济业务机械地合并在一起编制多借多贷的会计分录，因为不便于体现账户之间的对应关系。

【例2-6】业务⑤1月25日，购入一批原材料，金额为80 000元，用50 000元银行存款支付货款，余款暂欠。

在这项经济业务中，一方面使资产类存货（原材料）增加，另一方面支付货款使货币资金（银行存款）减少，同时，部分货款未付使企业负债（应付账款）增加，涉及的账户有资产类中的"原材料""银行存款"和负债类中的"应付账款"。原材料增加记入"原材料"账户的借方，银行存款减少记入"银行存款"账户的贷方，而未付账款的增加记入"应付账款"账户的贷。该业务中有两种对应关系，即"原材料"和"银行存款"、"原材料"和"应付账款"。而记入借方账户和贷方账户的金额是相等的，均为 80 000 元。经济业务登账如图 2-13 所示。

复合会计分录如下：

借：原材料   80 000

  贷：银行存款   50 000

    应付账款   30 000

也可以分解成简单会计分录：

借：原材料   50 000

  贷：银行存款   50 000

借：原材料   30 000

  贷：应付账款   30 000

借方	银行存款	贷方		借方	原材料	贷方
		50 000			80 000	

借方	应付账款	贷方
		30 000

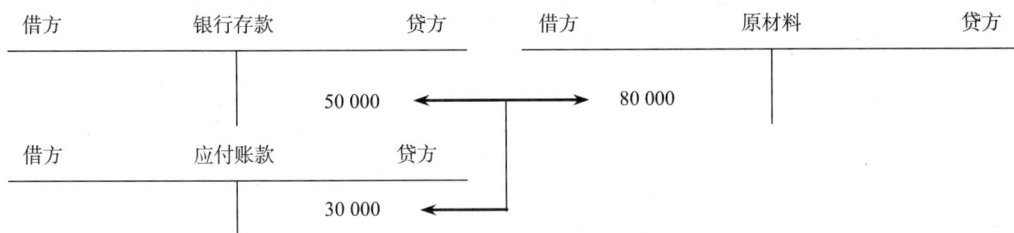

图 2-13 经济业务登账

在实际工作中，对这类经济业务一般都编制复合会计分录。复合会计分录有利于集中反映整个经济业务的全貌，简化记账工作，提高工作效率。如果把复合会计分录分解成多个简单会计分录，就人为地把一笔经济业务分解成多笔经济业务了，无法从整体上完整地体现经济业务内容。

另外，会计分录只是在学习过程中的一种形式，不是会计核算的一种专门方法，它是通过填制记账凭证来实现的，该知识将在项目四中进行学习。

3. 登记账户和结账

任何一个企业一旦开展了生产经营活动，就会产生千差万别、多种多样的经济业务。每笔会计分录只能反映每项经济业务的内容，还不能连续、系统、完整地反映一定会计期间内全部经济业务对各个账户的综合影响。为了实现这一目的，就要将会计分录的内容和数据过入各有关账户中，这个过程通常称为过账。过账后，还要在期末进行结账，即结出各账户本期发生额和期末余额。登记账户和结账的过程通常包括以下 3 个内容。

① 登记期初余额。

② 过账，即根据本期的会计分录登记到有关账户中。

③ 结账，即结出本期发生额和期末余额。

下面根据前述【例 2-1】～【例 2-6】的内容，说明登记账户和结账的过程。资产类账户登记账户和结账如图 2-14 所示。负债类账户登记账户和结账如图 2-15 所示。所有者权益类账户登记账户和结账如图 2-16 所示。

登记账户和结账的具体过程要在账簿中进行，其操作过程将在项目五中学习。

借方	库存现金	贷方
期初余额	1 500	
期末余额	1 500	

借方	银行存款		贷方
期初余额	100 000		
①	80 000	②	20 000
		③	60 000
		⑤	50 000
本期发生额	80 000	本期发生额	130 000
期末余额	50 000		

借方	应收账款	贷方
期初余额	68 500	
期末余额	68 500	

借方	原材料		贷方
期初余额	140 000		
③	60 000		
⑤	80 000		
本期发生额	140 000	本期发生额	
期末余额	280 000		

借方	库存商品	贷方
期初余额	60 000	
期末余额	60 000	

借方	固定资产	贷方
期初余额	400 000	
期末余额	400 000	

图 2-14　资产类账户登记账户和结账

借方	短期借款		贷方
		期初余额	80 000
		①	80 000
本期发生额		本期发生额	80 000
		期末余额	160 000

借方	应付账款		贷方
		期初余额	60 000
②	20 000	⑤	30 000
④	40 000		
本期发生额	60 000	本期发生额	30 000
		期末余额	30 000

借方	应交税费		贷方
		期初余额	5 400
		期末余额	5 400

借方	长期借款		贷方
		期初余额	120 000
		期末余额	120 000

图 2-15　负债类账户登记账户和结账

借方	实收资本		贷方
		期初余额	400 000
		④	40 000
本期发生额		本期发生额	40 000
		期末余额	440 000

借方	盈余公积		贷方
		期初余额	104 600
		期末余额	104 600

图 2-16　所有者权益类账户登记账户和结账

2.4.5   借贷记账法的试算平衡

借贷记账法的试算平衡是会计工作中经常使用的一种方法,是根据借贷记账法的记账规则和资产与权益的恒等关系,通过对所有账户的发生额和余额的汇总计算和比较,检查某一个会计期间内全部账户记账过程和记账结果是否正确、完整的一种方法,包括发生额试算平衡和余额试算平衡。

企业日常发生的所有经济业务都要登记到有关账户中,内容庞杂,千头万绪,记账稍有疏忽,便有可能发生差错。因此,对全部账户的记录过程和结果必须定期进行试算平衡,借以验证账户记录和记账结果是否正确。

试算平衡通常以表的形式呈现,即发生额试算平衡表和余额试算平衡表。

1. 发生额试算平衡表

理论基础:借贷记账法的记账规则。

编制公式:

$$全部账户的本期借方发生额合计 = 全部账户的本期贷方发生额合计$$

编制依据:一定期间所有账户的本期借、贷方发生额。

编制目的:检查本期经济业务登记过程是否有误。

编制发生额试算平衡表:根据前述"登记账户"的内容,编制发生额试算平衡表,如表 2-6 所示。

表 2-6   发生额试算平衡表   单位:元

账户名称	本期发生额	
	借方金额	贷方金额
库存现金		
银行存款	80 000	130 000
应收账款		
原 材 料	140 000	
库存商品		
固定资产		
短期借款		80 000
应付账款	60 000	30 000
应交税费		
长期借款		
实收资本		40 000
盈余公积		
合 计	280 000	280 000

2. 余额试算平衡表

理论基础:基本会计等式,即

$$资产 = 负债 + 所有者权益$$

编制公式:

$$全部账户的期初借方余额合计 = 全部账户的期初贷方余额合计$$
$$全部账户的期末借方余额合计 = 全部账户的期末贷方余额合计$$

编制依据:一定时期的期初、期末所有账户的余额。

编制目的：检查本期记账结果是否有误。

编制余额试算平衡表：根据前述"登记账户"的内容，编制余额试算平衡表，如表2-7所示。

表2-7 余额试算平衡表   单位：元

账户名称	期初余额		期末余额	
	借方金额	贷方金额	借方金额	贷方金额
库存现金	1 500		1 500	
银行存款	100 000		50 000	
应收账款	68 500		68 500	
原材料	140 000		280 000	
库存商品	60 000		60 000	
固定资产	400 000		400 000	
短期借款		80 000		160 000
应付账款		60 000		30 000
应交税费		5 400		5 400
长期借款		120 000		120 000
实收资本		400 000		440 000
盈余公积		104 600		104 600
合　计	770 000	770 000	860 000	860 000

如果编制目的是既要检查本期经济业务登记过程，又要检查本期的记账结果，就要将发生额试算平衡表和余额试算平衡表结合起来，编制试算平衡表，如表2-8所示。

表2-8 试算平衡表   单位：元

账户名称	期初余额		本期发生额		期末余额	
	借方金额	贷方金额	借方金额	贷方金额	借方金额	贷方金额
库存现金	1 500				1 500	
银行存款	100 000		80 000	130 000	50 000	
应收账款	68 500				68 500	
原材料	140 000		140 000		280 000	
库存商品	60 000				60 000	
固定资产	400 000				400 000	
短期借款		80 000		80 000		160 000
应付账款		60 000	60 000	30 000		30 000
应交税费		5 400				5 400
长期借款		120 000				120 000
实收资本		400 000		40 000		440 000
盈余公积		104 600				104 600
合　计	770 000	770 000	280 000	280 000	860 000	860 000

需要说明的是，试算平衡表只是通过借、贷金额是否平衡来检查账户记录过程和结果是否正确，如借、贷方合计数相等，则说明账务处理结果基本正确；如果不相等，则记账过程或结果肯定有错，就要采用一定的方法进一步查明原因，及时进行纠正。而有些错误对于借、贷双方的金额平衡并不产生影响，例如，漏记或重记一笔经济业务、借贷方向等额颠倒、对应账户同时多记或少记、账户名称错误等，通过试算平衡表是无法查找出来的，这就要采用其他方法查找错账。

案例：盛达公司试
算平衡表的编制

项目小结

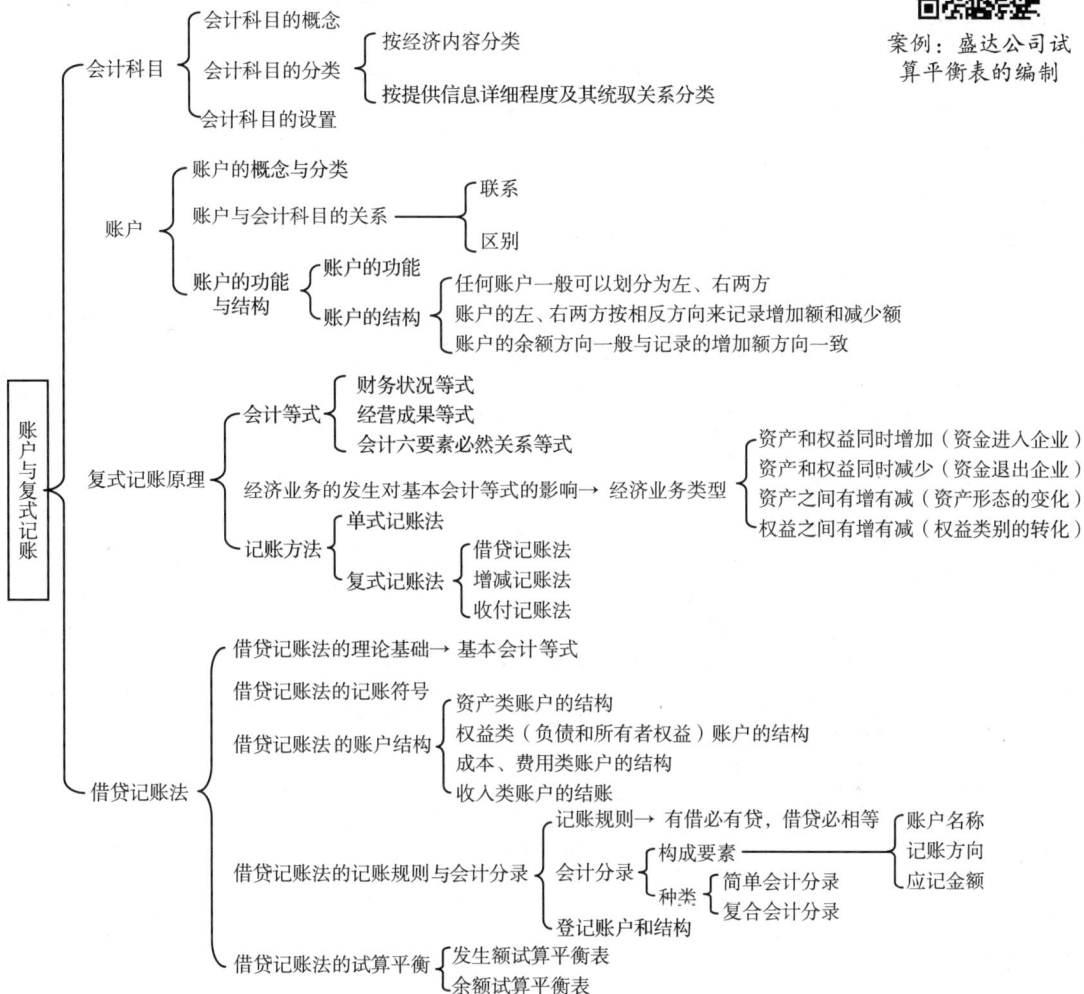

账户与复式记账
- 会计科目
  - 会计科目的概念
  - 会计科目的分类
    - 按经济内容分类
    - 按提供信息详细程度及其统驭关系分类
  - 会计科目的设置
- 账户
  - 账户的概念与分类
  - 账户与会计科目的关系
    - 联系
    - 区别
  - 账户的功能与结构
    - 账户的功能
    - 账户的结构
      - 任何账户一般可以划分为左、右两方
      - 账户的左、右两方按相反方向来记录增加额和减少额
      - 账户的余额方向一般与记录的增加额方向一致
- 复式记账原理
  - 会计等式
    - 财务状况等式
    - 经营成果等式
    - 会计六要素必然关系等式
  - 经济业务的发生对基本会计等式的影响 → 经济业务类型
    - 资产和权益同时增加（资金进入企业）
    - 资产和权益同时减少（资金退出企业）
    - 资产之间有增有减（资产形态的变化）
    - 权益之间有增有减（权益类别的转化）
  - 记账方法
    - 单式记账法
    - 复式记账法
      - 借贷记账法
      - 增减记账法
      - 收付记账法
- 借贷记账法
  - 借贷记账法的理论基础 → 基本会计等式
  - 借贷记账法的记账符号
  - 借贷记账法的账户结构
    - 资产类账户的结构
    - 权益类（负债和所有者权益）账户的结构
    - 成本、费用类账户的结构
    - 收入类账户的结构
  - 借贷记账法的记账规则与会计分录
    - 记账规则 → 有借必有贷，借贷必相等
    - 会计分录
      - 构成要素
        - 账户名称
        - 记账方向
        - 应记金额
      - 种类
        - 简单会计分录
        - 复合会计分录
    - 登记账户和结构
  - 借贷记账法的试算平衡
    - 发生额试算平衡表
    - 余额试算平衡表

实践活动

【活动目标】

学会计算借、贷各方的本期发生额和余额；学会根据记账规则编制会计分录；能够在借贷记账法下，根据会计分录登记"丁"型账户，并结出本期发生额和期末余额；能够根据试算平衡理论编制试算平衡表。

【活动要求】

① 根据资料一的相关数据，计算填列每个账户的有关数据。

② 根据资料二的经济业务，做出有关的会计分录。

③ 根据资料三的经济业务，做出有关的会计分录。

④ 根据资料三的账户期初余额和所做会计分录，登记"丁"型账户，并结出本期发生额和期末余额。

⑤ 根据资料三的相关内容，编制试算平衡表。

【活动过程】

【资料一】某企业部分账户发生额及余额表如表2-9所示。

表2-9　部分账户发生额及余额表　　　　　　　单位：元

账户名称	期初余额		本期发生额		期末余额	
	借方	贷方	借方	贷方	借方	贷方
预付账款			7 000	14 300	11 000	
固定资产			250 000	180 000	650 000	
累计折旧			60 000	11 000		90 000
短期借款		55 000		80 000		78 000
应付账款		12 000	35 000	37 000		
实收资本		800 000	200 000			980 000
盈余公积		80 000	30 000	45 000		

【资料二】某企业202×年9月份发生的部分经济业务如下。

① 1日，接受外单位20 000元捐赠，存入本企业银行账户。

② 5日，收到一台国家投入设备，价值为130 000元。

③ 10日，从银行取得期限为3个月的35 000元借款，存入企业账户。

④ 13日，购入90 000元材料，材料已验收入库，以银行存款支付60 000元，其余货款尚未支付。

⑤ 21日，收回56 000元前欠货款，存入企业账户。

⑥ 23日，从银行提取800元现金备用。

⑦ 26日，以银行存款偿还到期的3年期80 000元借款。

⑧ 27日，以现金发放36 000元职工工资。

⑨ 30日，经批准将49 000元资本公积转增资本。

⑩ 30日，从利润中提取20 000元盈余公积。

【资料三】某企业202×年1月1日账户期初余额表如表2-10所示。

表2-10　账户期初余额表　　　　　　　单位：元

资产	金额	负债及所有者权益	金额
库存现金	3 000	短期借款	200 000
银行存款	260 000	应付账款	20 000
应收账款	80 000	应交税费	15 000
库存商品	40 000	应付利息	5 000
长期待摊费用	1 500	实收资本	500 000
固定资产	400 000		
累计折旧	−44 500		
资产合计	740 000	负债及所有者权益合计	740 000

1月份发生部分经济业务如下。

① 向银行借入为期3个月的50 000元款项，存入银行。

② 购买1 000元办公用品，以银行存款支付。

③ 以银行存款购买30 000元原材料，验收入库。

④ 从银行提取600元现金备用。

⑤ 企业从银行取得6个月的20 000元借款，用于归还欠款。

⑥ 外单位以投资形式向企业投入价值为60 000元的商品。

根据以上资料编制的试算平衡表，如表2-11所示。

表 2-11　试算平衡表　　　　　　　　　　　　　　　　单位：元

账户名称	期初余额		本期发生额		期末余额	
	借　方	贷　方	借　方	贷　方	借　方	贷　方
库存现金						
银行存款						
应收账款						
原 材 料						
库存商品						
长期待摊费用						
固定资产						
累计折旧						
短期借款						
应付账款						
应付利息						
应交税费						
实收资本						
管理费用						
合　　计						

【活动评价】

　　本活动评价的主要内容包括借贷记账法下不同性质账户的发生额与余额的关系式，根据经济业务做出会计分录，根据会计分录登记相关账户，根据"┬"形账户结出本期发生额和期末余额，根据所有账户的本期发生额和余额编制试算平衡表。

　　活动评价表参见书后附录 A。

项目三

主要经济业务的账务处理

模块一　资金筹集业务的账务处理

学习导入

李刚、张丽、孙华毕业后自己创业，从一个食品加工小作坊做起，经过了 5 年的艰辛努力，终于积累了部分资金。于是，202× 年他们三人计划投资成立一家有限责任公司，李刚出资 35 万元，张丽出资 40 万元，孙华出资 25 万元。公司名称拟定为"凯诚食品有限责任公司"，注册资本为 100 万元，主营食品加工，董事长（法人代表）为李刚。202× 年 2 月 10 日，工商行政管理部门批准了他们的申请并签发了营业执照，"凯诚食品有限责任公司"正式成立，该公司为增值税一般纳税人（以下简称凯诚公司）。

企业要进行生产经营，首先必须有一定的资金投入，资金对企业的作用犹如血液对人体的作用一样重要。没有资金，一切都是空谈。在本模块里，我们将学习到凯诚公司筹集资金的相关业务及账务处理。

资金筹集业务

📖 学习内容

3.1.1　资金筹集方式

企业的资金筹集按其资金来源，通常分为所有者权益筹资和负债筹资。所有者权益筹资形成所有者的权益（通常称为权益资本），包括投资者的投资及其增值，这部分资本的所有者既享有企业的经营收益，又承担企业的经营风险；负债筹资形成债权人的权益（通常称为债务资本），主要包括企业向债权人借入的资金和结算形成的负债资金等，这部分资本的所有者享有按约收回本金和利息的权利。

3.1.2　账户设置

1. "银行存款" 账户

"银行存款"账户属于资产类账户，用以核算企业存入银行或其他金融机构的各种款项，但是银行汇票存款、银行本票存款、信用卡存款、信用证保证金存款、存出投资款、外埠存款等，通过"其他货币资金"账户进行核算。

该账户借方登记存入的款项，贷方登记提取或支出的存款。期末余额在借方，反映企业存入银行或其他金融机构的各种款项。

该账户应当按照开户银行、存款种类等分别进行明细核算。"银行存款"账户的基本结构如图 3-1 所示。

借	银行存款	贷
期初余额： 本期增加额：存入的款项		本期减少额：提取或支出的存款
期末余额：实际结存的银行存款		

图 3-1　"银行存款"账户的基本结构

2. "实收资本（或股本）" 账户

"实收资本"账户（股份有限公司一般设置"股本"账户）属于所有者权益类账户，用以核算企业接受投资者投入的实收资本。

该账户贷方登记所有者投入企业资本金的增加额，借方登记所有者投入企业资本金的减少额。期末余额在贷方，反映企业期末实收资本（或股本）总额。

> **重要提示：**
> 　法律规定，投资者投入企业的资金，除法律、法规另有规定外，不得随意抽回。因此，该账户平时一般没有借方发生额。

该账户可按投资者的不同设置明细账户，进行明细核算。"实收资本"账户的基本结构如图 3-2 所示。

借	实收资本	贷
		期初余额：
本期减少额：减少的企业资本金		本期增加额：投入的企业资本金
		期末余额：期末实收资本总额

图 3-2　"实收资本"账户的基本结构

3. "短期借款"账户

"短期借款"账户属于负债类账户，用以核算企业的短期借款。短期借款是指企业为了满足其生产经营对资金的临时性需要而向银行或其他金融机构等借入的偿还期限在一年以内（含一年）的各种借款。

该账户贷方登记短期借款本金的增加额，借方登记短期借款本金的减少额。期末余额在贷方，反映企业期末尚未归还的短期借款。

该账户可按借款种类、贷款人和币种进行明细核算。"短期借款"账户的基本结构如图3-3所示。

借	短期借款	贷
本期减少额：归还的借款本金	期初余额： 本期增加额：借入的借款本金	
	期末余额：尚未归还的短期借款	

图 3-3 "短期借款"账户的基本结构

4. "长期借款"账户

"长期借款"账户属于负债类账户，用以核算企业的长期借款。长期借款是指企业向银行或其他金融机构等借入的偿还期限在一年以上（不含一年）的各种借款。

该账户贷方登记企业借入的长期借款本金，借方登记归还长期借款的本金和利息等。期末余额在贷方，反映企业期末尚未偿还的长期借款。

该账户可按贷款单位和贷款种类设置"本金""利息调整""应计利息"等进行明细核算。"长期借款"账户的基本结构如图3-4所示。

借	长期借款	贷
本期减少额：归还长期借款的本金和利息等	期初余额： 本期增加额：借入的借款本金	
	期末余额：尚未偿还的长期借款	

图 3-4 "长期借款"账户的基本结构

3.1.3 账务处理

【例 3-1】 3月1日，将李刚、张丽、孙华三人投入的100万元资本存入银行。其中，李刚投入35万元资本，张丽投入40万元资本，孙华投入25万元资本。

【解析】 这笔经济业务的发生，一方面使投资者投入的资本增加，记入"实收资本"账户的贷方；另一方面使公司的银行存款增加，记入"银行存款"账户的借方。

会计分录如下：

借：银行存款　　　　　　　　　　　　　　　　　　　1 000 000
　　贷：实收资本——李刚　　　　　　　　　　　　　　　　　350 000
　　　　　　　——张丽　　　　　　　　　　　　　　　　　400 000
　　　　　　　——孙华　　　　　　　　　　　　　　　　　250 000

【例 3-2】 3月2日，向中国工商银行申请期限为9个月的400 000元贷款，存入银行。

【解析】 这笔经济业务的发生，一方面使公司的短期借款增加，记入"短期借款"账户的贷方；另一方面使公司的银行存款增加，记入"银行存款"账户的借方。

会计分录如下：

借：银行存款　　　　　　　　　　　　　　　　　　　400 000
　　贷：短期借款——中国工商银行　　　　　　　　　　　400 000

【例3-3】 3月3日，向中国工商银行借入期限为2年的200 000元款项，存入银行。

【解析】 这笔经济业务的发生，一方面使公司的长期借款增加，记入"长期借款"账户的贷方；另一方面使公司的银行存款增加，记入"银行存款"账户的借方。

会计分录如下：

借：银行存款　　　　　　　　　　　　　　　　　　　　　　200 000

　　贷：长期借款——中国工商银行　　　　　　　　　　　　　　　　200 000

【例3-4】 5月20日，何乐公司也向本公司进行追加投资，收到200 000元款项作为投入资本入账，该款项已存入银行。

【解析】 这笔经济业务的发生，一方面使公司的银行存款增加，记入"银行存款"账户的借方；另一方面使公司的实收资本增加，记入"实收资本"账户的贷方。

会计分录如下：

借：银行存款　　　　　　　　　　　　　　　　　　　　　　200 000

　　贷：实收资本——何乐公司　　　　　　　　　　　　　　　　　　200 000

模块二　固定资产业务的账务处理

学习导入

在模块一中，凯诚公司解决了生产经营资金的问题，接下来他们要用筹集到的资金租用厂房、购置生产设备等固定资产，为后面的生产经营做好准备。我们一起来学习本模块有关固定资产业务的账务处理。

学习内容

3.2.1　固定资产概述

固定资产概述

固定资产是指为生产商品、提供劳务、出租或经营管理而持有、使用寿命超过一个会计年度的有形资产。

固定资产同时具有以下特征。

① 属于一种有形资产。

② 为生产商品、提供劳务、出租或经营管理而持有。

③ 使用寿命超过一个会计年度。

3.2.2　固定资产折旧

固定资产折旧

固定资产折旧是指在固定资产使用寿命内，按照确定的方法对应计折旧额进行的系统分摊。其中，应计折旧额是指应当计提折旧的固定资产的原价扣除其预计净残值后的金额。已计提减值准备的固定资产，还应当扣除已计提的固定资产减值准备的累计金额。

预计净残值是指假定固定资产的预计使用寿命已满并处于使用寿命终了时的预期状态，企业目前从该项资产的处置中获得的扣除预计处置费用后的金额。企业应当根据固定资产的性质和使用情况，合理确定固定资产的预计净残值。预计净残值一经确定，不得随意变更。

企业应当按月对所有的固定资产计提折旧，但是，已提足折旧仍继续使用的固定资产、单独计价入账的土地和持有待售的固定资产除外。提足折旧是指已经提足该项固定资产的应计折旧额。当月增加的固定资产，当月不计提折旧，从下月起计提折旧；当月减少的固定资产，当月仍计提折旧，从下月起不计提折旧。提前报废的固定资产，不再补提折旧。

企业可选用的折旧方法有年限平均法、工作量法、双倍余额递减法和年数总和法等。本书重点介绍年限平均法和工作量法。

1. 年限平均法

年限平均法又称直线法，是指将固定资产的应计折旧额均匀地分摊到固定资产预计使用寿命内的一种方法，其计算公式如下：

年折旧额 =（固定资产原价 – 预计净残值）÷ 预计使用年限

＝ 固定资产原价 ×（1– 预计净残值率）÷ 预计使用年限

年折旧率 = 年折旧额 ÷ 固定资产原价

＝（1– 预计净残值率）÷ 预计使用年限

月折旧额 = 固定资产原价 × 月折旧率

月折旧率 = 年折旧率 ÷12

> **重要提示：**
> 预计净残值率是指固定资产预计净残值占其原价的比值。

2. 工作量法

工作量法是根据实际工作量计算每期应提折旧额的一种方法，其计算公式如下：

单位工作量折旧额 = 固定资产原价 ×（1– 预计净残值率）÷ 预计总工作量

某项固定资产月折旧额 = 该项固定资产当月工作量 × 单位工作量折旧额

知识拓展

不同的固定资产折旧方法，将影响固定资产使用寿命期间内不同时期的折旧费用。企业应当根据与固定资产有关的经济利益的预期实现方式合理选择折旧方法，固定资产的折旧方法一经确定，不得随意变更。

3.2.3 账户设置

1."固定资产"账户

"固定资产"账户属于资产类账户，用以核算企业持有的固定资产原价。

该账户的借方登记增加的固定资产原价，贷方登记减少的固定资产原价。期末余额在借方，反映企业期末固定资产的原价。

该账户可按固定资产类别和项目进行明细账核算。"固定资产"账户的基本结构如图3-5所示。

借	固定资产	贷
期初余额： 本期增加额：增加的固定资产原价		本期减少额：减少的固定资产原价
期末余额：期末固定资产的原价		

图 3-5 "固定资产"账户的基本结构

2."应交税费"账户

"应交税费"账户属于负债类账户，用以核算企业按照税法等规定计算应缴纳的各种税费，包括增值税、消费税、所得税、资源税、土地增值税、城市维护建设税、房产税、土地使用税、车船税、教育费附加等。

该账户贷方登记经计算应缴纳的各种税费，借方登记实际缴纳的各种税费。期末余额在贷方，反映企业尚未缴纳的税费；期末余额在借方，反映企业多交或尚未抵扣的税费。该账户可按应交的税费项目进行明细核算。"应交税费"账户的基本结构如图3-6所示。

借	应交税费	贷
本期减少额：实际缴纳的各种税费	期初余额： 本期增加额：经计算应缴纳的各种税费	
期末余额：企业多交或尚未抵扣的税费	期末余额：尚未缴纳的税费	

图3-6　"应交税费"账户的基本结构

其中，"应交税费——应交增值税"账户的核算内容在此仅介绍本书所涉及的内容，其借方登记企业向供应单位支付的进项税额和当月实际缴纳的增值税，贷方登记企业向购货单位收取的销项税额，纳税人从销项税额中抵扣进项税额后向税务部门缴纳增值税。"应交税费——应交增值税"账户的基本结构如图3-7所示。

借	应交税费——应交增值税	贷
支付的进项税额或当月实际缴纳的增值税	收取的销项税额	

图3-7　"应交税费——应交增值税"账户的基本结构

3. "累计折旧"账户

"累计折旧"账户属于资产类备抵账户，用以核算企业固定资产计提的累计折旧。

该账户贷方登记计提的折旧额，即累计折旧的增加额，借方登记因减少固定资产而转出的累计折旧。期末余额在贷方，反映期末固定资产的累计折旧额。该账户可按固定资产的类别或项目进行明细核算。"累计折旧"账户的基本结构如图3-8所示。

重要提示：
由于折旧额的增加即表示固定资产的价值减少，所以该账户是固定资产的抵减账户，记账方向与固定资产账户相反。

借	累计折旧	贷
本期减少额：因减少固定资产而转出的累计折旧	期初余额： 本期增加额：计提的折旧额	
	期末余额：期末固定资产的累计折旧额	

图3-8　"累计折旧"账户的基本结构

4. "管理费用"账户

"管理费用"账户属于损益类账户，用以核算企业为组织和管理企业生产经营所发生的各种费用，包括企业的董事会和行政管理部门在企业的经营管理中发生的或者应当由企业统一负担的公司经费、工会经费、待业保险费、劳动保险费、董事会费、咨询费、诉讼费、业务招待费、房产税、车船使用税、城镇土地使用税、印花税、技术转让费、职工教育经费、研究与开发经费、排污费等。

该账户借方登记实际发生的各项管理费用，贷方登记期末转入"本年利润"账户的管理费用。期末结转后，该账户无余额。

该账户可按费用项目设置明细账户，进行明细分类核算。"管理费用"账户的基本结构如图3-9所示。

借	管理费用	贷
本期增加额：实际发生的各项管理费用	本期减少额：期末转入"本年利润"账户的管理费用	

图3-9 "管理费用"账户的基本结构

5. "制造费用"账户

"制造费用"账户属于成本类账户，用以核算企业生产车间（部门）为生产产品和提供劳务而发生的各项间接费用，包括工资、职工福利费、折旧费、水电费、办公费等。

该账户借方登记实际发生的各项制造费用，贷方登记期末分配转入"生产成本"账户的制造费用。期末结转后，该账户一般无余额。

该账户可按不同的生产车间、部门和费用项目进行明细核算。"制造费用"账户的基本结构如图3-10所示。

借	制造费用	贷
本期增加额：实际发生的各项制造费用	本期减少额：期末分配转入"生产成本"账户的制造费用	

图3-10 "制造费用"账户的基本结构

3.2.4 账务处理

1.固定资产增加

【例3-5】 12月5日，公司购入一台生产用机床，增值税专用发票上注明价款为20 000元，增值税进项税额为2 600元，用银行存款支付款项。

【解析】 这笔经济业务的发生，一方面使公司的固定资产增加，记入"固定资产"账户的借方，增值税进项税额记入"应交税费——应交增值税"账户的借方；另一方面使公司的银行存款减少，记入"银行存款"账户的贷方。

会计分录如下：

借：固定资产——机床　　　　　　　　　　　　　　　20 000
　　应交税费——应交增值税（进项税额）　　　　　　 2 600
　　贷：银行存款　　　　　　　　　　　　　　　　　　　　22 600

【例3-6】 12月10日，收到顺昌公司投入的两辆全新运输卡车，顺昌公司开出的增值税专用发票上注明价款为200 000元，增值税进项税额为26 000元。

【解析】这笔经济业务的发生，一方面使公司的固定资产增加，记入"固定资产"账户的借方，增值税进项税额记入"应交税费——应交增值税"账户的借方；另一方面使公司实际收到投资者投入的资本增加，记入"实收资本"账户的贷方。

会计分录如下：

借：固定资产——卡车　　　　　　　　　　　　　　 200 000
　　应交税费——应交增值税（进项税额）　　　　　　 26 000
　　贷：实收资本——顺昌公司　　　　　　　　　　　　　226 000

固定资产
账务处理

2. 固定资产折旧

【例 3-7】 12 月 31 日，生产用设备按年限平均法计提折旧，原值为 625 000 元，预计使用年限为 10 年，预计净残值率为 4%。

【解析】 月末，要先根据年限平均法的公式计算出本月应计提折旧额，然后再做会计分录。生产用设备的折旧费应记入"制造费用"账户的借方；同时，已提折旧的累计数增加，记入"累计折旧"账户的贷方。

设备月折旧额 = 625 000 × （1-4%）÷ 10 ÷ 12 = 5 000（元）

会计分录如下：

借：制造费用 　　　　　　　　　　　　　　　　　　　　　　5 000

　　贷：累计折旧 　　　　　　　　　　　　　　　　　　　　　　5 000

【例 3-8】 12 月 31 日，管理部门的轿车采用工作量法计提折旧，原值为 500 000 元，预计总行驶里程数为 237 500 千米，预计净残值率为 5%。本月共行驶 500 千米。

【解析】 月末，要先根据工作量法的公式计算出本月应计提折旧额，然后再做会计分录。管理部门的折旧费应记入"管理费用"账户的借方；同时，已提折旧的累计数增加，记入"累计折旧"账户的贷方。

轿车单位工作量折旧额 = 500 000 × （1-5%）÷ 237 500 = 2（元/千米）

轿车月折旧额 = 500 × 2 = 1 000（元）

会计分录如下：

借：管理费用 　　　　　　　　　　　　　　　　　　　　　　1 000

　　贷：累计折旧 　　　　　　　　　　　　　　　　　　　　　　1 000

模块三　材料采购业务的账务处理

学习导入

要想进行正常的生产经营，只有厂房和设备是不够的，还要有生产用的原材料。所以，凯诚公司接下来的重点工作就是采购原材料。在采购过程中，企业根据生产经营的需要，向供货单位采购材料、支付购买价款和增值税，并发生相关采购费用，为生产产品做准备。因此，材料采购过程核算的主要内容是归集材料采购费用、计算材料采购成本、结转入库材料成本等。

学习内容

3.3.1 材料采购成本

1. 材料采购成本的内容

材料采购成本是指企业物资从采购到入库前所发生的全部支出，包括购买价款、相关税费、运输费、装卸费、保险费及其他可归属于采购成本的费用。

材料采购成本的内容如图 3-11 所示。

材料采购业务

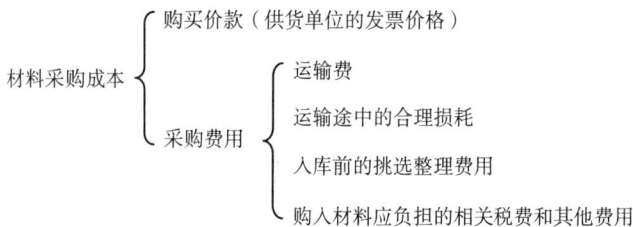

材料采购成本
- 购买价款（供货单位的发票价格）
- 采购费用
  - 运输费
  - 运输途中的合理损耗
  - 入库前的挑选整理费用
  - 购入材料应负担的相关税费和其他费用

图 3-11　材料采购成本的内容

2. 材料采购成本的计算

计算采购成本时，材料物资的购买价款和某种材料物资单独发生的采购费用，应直接记入该种材料物资的采购成本；几种材料物资共同发生的采购费用，应采用适当的分配标准记入各材料的采购成本。

某种材料物资采购成本=该种材料物资的购买价款+应负担的采购费用
材料物资单位成本=材料物资采购成本÷材料物资数量
采购费用分配率=采购费用总额÷各种材料物资的质量（或购买价款）之和
某种材料物资应负担的采购费用=该种采购物资的质量（或购买价款）×采购费用分配率

3.3.2　账户设置

1. "在途物资"账户

"在途物资"账户属于资产类账户，用以核算企业采用实际成本（或进价）进行材料、商品等物资的日常核算、货款已付尚未验收入库的在途物资的采购成本。

该账户借方登记购入材料、商品等物资的购买价款和采购费用（采购实际成本），贷方登记验收入库材料、商品等物资应结转的实际采购成本。期末余额在借方，反映企业期末在途材料、商品等物资的采购成本。

该账户可按供应单位和物资品种进行明细核算。"在途物资"账户的基本结构如图 3-12 所示。

借	在途物资	贷
期初余额：		
本期增加额：采购实际成本		本期减少额：验收入库的物资应结转的实际采购成本
期末余额：在途物资的采购成本		

图 3-12　"在途物资"账户的基本结构

2. "原材料"账户

"原材料"账户属于资产类账户，用以核算企业库存的各种材料，包括原料及主要材料、辅助材料、外购半成品（外购件）、修理用备件（备品、备件）、包装材料、燃料等的计划成本或实际成本。企业收到来料加工装配业务的原料、零件等，应当设置备查簿进行登记。

该账户借方登记验收入库材料的成本，贷方登记发出材料的成本。期末余额在借方，反映企业库存材料的计划成本或实际成本。

该账户可按材料的保管地点（仓库）、材料的类别、品种和规格等进行明细核算。"原材料"账户的基本结构如图3-13所示。

借	原材料	贷
期初余额：		
本期增加额：验收入库材料的成本	本期减少额：发出材料的成本	
期末余额：库存材料的成本		

图3-13 "原材料"账户的基本结构

3. "应付账款"账户

"应付账款"账户属于负债类账户，用以核算企业因购买材料、商品和接受劳务等经营活动应支付的款项。

该账户贷方登记企业因购入材料、商品和接受劳务等应支付而未支付的款项，借方登记偿还的应付账款。期末余额一般在贷方，反映企业期末尚未支付的应付账款余额；如果在借方，则反映企业期末预付账款余额。

该账户可按债权人进行明细核算。"应付账款"账户的基本结构如图3-14所示。

借	应付账款	贷
	期初余额：	
本期减少额：实际偿还的款项	本期增加额：应支付而未支付的款项	
期末余额：预付账款余额	期末余额：尚未支付的应付账款余额	

图3-14 "应付账款"账户的基本结构

4. "其他应收款"账户

"其他应收款"账户属于资产类账户，用以核算企业应收及暂付其他单位或个人的款项。该账户借方登记增加的其他应收款，贷方登记收回的其他应收款，期末余额在借方，表示尚未收回的其他应收款。该账户可按单位或个人设置明细分类账户，进行明细分类核算。"其他应收款"账户的基本结构如图3-15所示。

借	其他应收款	贷
期初余额：		
本期增加额：增加的其他应收款	本期减少额：收回的其他应收款	
期末余额：尚未收回的其他应收款		

图3-15 "其他应收款"账户的基本结构

3.3.3　账务处理

1. 材料采购的核算

【例3-9】 12月10日，采购员王玲出差采购原材料，预借差旅费为1 500元，以现金支付。

【解析】 在这笔经济业务中，采购员预借差旅费使企业其他应收款项增加，记入"其他应收款"账户的借方；同时现金减少，记入"库存现金"账户的贷方。

会计分录如下：

借：其他应收款——王玲　　　　　　　　　　　　　　　　　　1 500

　　贷：库存现金　　　　　　　　　　　　　　　　　　　　　　　1 500

【例3-10】 12月21日，从万达公司购入一批钢材，共4 000千克，单价为20元/千克，增值税进项税额为 10 400 元。材料已运到，并验收入库，货款用银行存款支付。

【解析】这笔经济业务的发生，一方面反映验收入库材料的增加，记入"原材料"账户的借方，增值税进项税额为 10 400 元记入"应交税费"账户的借方；另一方面反映银行存款的减少，记入"银行存款"账户的贷方。

会计分录如下：

借：原材料——钢材 80 000
　　应交税费——应交增值税（进项税额） 10 400
　　贷：银行存款 90 400

【例 3-11】12 月 21 日，从天地公司购入 2 000 吨甲材料，单价为 48.5 元 / 吨，增值税进项税额为 12 610 元。材料尚未运到，款项尚未支付。

【解析】这笔经济业务的发生，一方面反映材料尚未运到，在途物资增加，记入"在途物资"账户的借方，同时，增值税进项税额为 12 610 元，记入"应交税费——应交增值税"账户的借方；另一方面反映应付给天地公司款项的增加，记入"应付账款"账户的贷方。

会计分录如下：

借：在途物资——甲材料 97 000
　　应交税费——应交增值税（进项税额） 12 610
　　贷：应付账款——天地公司 109 610

【例 3-12】12 月 22 日，从天地公司购入的 2 000 吨甲材料到达，并已验收入库。

【解析】这笔经济业务的发生，一方面反映验收入库材料的增加，记入"原材料"账户的借方；另一方面反映在途物资的减少，记入"在途物资"账户的贷方。

会计分录如下：

借：原材料——甲材料 97 000
　　贷：在途物资——甲材料 97 000

【例 3-13】12 月 24 日，用银行存款支付前欠天地公司购料款为 109 610 元。

【解析】这笔经济业务的发生，一方面反映应付天地公司的款项减少，记入"应付账款"账户的借方；另一方面反映用银行存款偿还欠款，本公司银行存款减少，记入"银行存款"账户的贷方。

会计分录如下：

借：应付账款——天地公司 109 610
　　贷：银行存款 109 610

【例 3-14】12 月 28 日，采购员王玲出差回来，报销差旅费为 1 000 元，退回现金为 500 元。

【解析】在这笔经济业务中，报销差旅费使管理费用增加，记入"管理费用"账户的借方；其他应收款减少，记入"其他应收款"账户的贷方；退回现金，现金增加记入"库存现金"账户的借方。

会计分录如下：

借：管理费用 1 000
　　库存现金 500
　　贷：其他应收款——王玲 1 500

2. 材料采购成本的核算

材料采购成本的核算就是将材料采购过程中所发生的材料购买价款和有关采购费用，按一定种类的材料进行归集和分配，确定该种材料的实际成本。

成本核算是会计核算的专门方法之一！

1）一次采购一种材料

【例 3-15】 12 月 5 日，从长城公司购入 2 000 千克 A 材料，买价为 40 000 元，增值税进项税额为 5 200 元，另取得增值税专用发票上注明的运费金额为 300 元、增值税进项税额为 27 元。材料尚未入库，款项已用银行存款支付。

【解析】 在这笔经济业务中，300 元运费属于材料采购费用，应与 40 000 元购买价款一同记入"在途物资"账户的借方，A 材料的采购成本 =40 000+300 =40 300（元）；应交增值税进项税额为 5 200+27=5 227（元）。

会计分录如下：

借：在途物资——A 材料   40 300
  应交税费——应交增值税（进项税额）   5 227
   贷：银行存款   45 527

【例 3-16】 12 月 8 日，从长城公司购入的 2 000 千克 A 材料全部验收入库。

会计分录如下：

借：原材料——A 材料   40 300
  贷：在途物资——A 材料   40 300

    A 材料的单位成本 =（40 000+300）/2 000=20.15（元 / 千克）

2）一次采购两种及以上材料

【例 3-17】 12 月 10 日，从开源公司购入 1 000 千克甲材料，单价为 20 元 / 千克；购入 2 000 千克乙材料，单价为 10 元 / 千克；购入 3 000 千克丙材料，单价为 30 元 / 千克。增值税进项税额共计 16 900 元。款项用银行存款支付，材料尚未到达。

会计分录如下：

借：在途物资——甲材料   20 000
     ——乙材料   20 000
     ——丙材料   90 000
  应交税费——应交增值税（进项税额）   16 900
   贷：银行存款   146 900

【例 3-18】 12 月 10 日，用银行存款支付上述 3 种材料的运费为 6 000 元，增值税进项税额为 540 元。（以 3 种材料的采购质量作为分配标准）

$$运杂费分配率 = \frac{6\,000}{1\,000 + 2\,000 + 3\,000} = 1（元 / 千克）$$

甲材料应负担的运费 =1 000×1=1 000（元）

乙材料应负担的运费 =2 000×1=2 000（元）

丙材料应负担的运费 =3 000×1=3 000（元）

会计分录如下：

借：在途物资——甲材料   1 000
     ——乙材料   2 000
     ——丙材料   3 000
  应交税费——应交增值税（进项税额）   540
   贷：银行存款   6 540

【例3-19】12月11日，甲、乙、丙3种材料到达并验收入库。

【解析】甲材料采购成本=20 000+1 000=21 000（元）

乙材料采购成本=20 000+2 000=22 000（元）

丙材料采购成本=90 000+3 000=93 000（元）

会计分录如下：

借：原材料——甲材料	21 000	
——乙材料	22 000	
——丙材料	93 000	
贷：在途物资——甲材料		21 000
——乙材料		22 000
——丙材料		93 000

模块四　生产业务的账务处理

学习导入

在模块三中，凯诚公司已经准备好生产所需的各种材料物资，形成了储备资金。接下来的任务就是将这些材料物资生产成各种各样适销对路的产品，以满足社会的需要。本模块让我们一起来学习凯诚公司产品的生产过程。

企业的生产过程既是产品的制造过程，也是产品成本的形成过程。在这个过程中，除发生材料的耗费外，还将发生很多费用，如支付给工人的职工薪酬、固定资产的磨损、借款利息、水电费等。以上所有的耗费，与生产产品有直接关系的应归集到产品成本中，构成产品成本。与生产无直接关系的计入当期损益，不计入产品成本。因此，生产过程核算的主要内容是生产费用的归集和分配、产品成本的计算及完工产品成本的结转。

学习内容

3.4.1　生产费用的构成

生产费用是指与企业日常生产经营活动有关的费用，按其经济用途可分为直接材料、直接人工和制造费用。

1. 直接材料

直接材料是指构成产品实体的原材料，以及有助于产品形成的主要材料和辅助材料。

2. 直接人工

直接人工是指直接从事产品生产的职工的薪酬。

3. 制造费用

制造费用是指企业为生产产品和提供劳务而发生的各项间接费用。

3.4.2　账户设置

1. "生产成本"账户

"生产成本"账户属于成本类账户，用以核算企业生产各种产品（产成品、自制半成品等）、自制材料、自制工具、自制设备等发生的各项生产成本。

该账户借方登记应计入产品生产成本的各项费用，包括直接计入产品生产成本的直接材料费、直接人工费和其他直接支出，以及期末按照一定的方法分配计入产品生产成本的制造费用；贷方登记完工入库产品应结转的生产成本。期末余额在借方，反映企业期末尚未加工完成的在产品成本。

该账户可按基本生产成本和辅助生产成本进行明细分类核算。基本生产成本应当分别按照基本生产车间和成本核算对象（如产品的品种、类别、订单、批别、生产阶段等）设置明细账（或成本计算单），并按照规定的成本项目设置专栏。"生产成本"账户的基本结构如图3-16所示。

借	生产成本	贷
期初余额： 本期增加额：应计入产品生产成本的各项费用		本期减少额：完工入库产品应结转的生产成本
期末余额：尚未加工完成的在产品成本		

图3-16 "生产成本"账户的基本结构

2. "库存商品"账户

"库存商品"账户属于资产类账户，用以核算企业库存的各种商品的实际成本（或进价）或计划成本（或售价），包括库存商品、外购商品、存放在门市部准备出售的商品、发出展览的商品及寄存在外的商品等。

该账户借方登记验收入库的库存商品成本，贷方登记发出的库存商品成本。期末余额在借方，反映企业期末库存商品的实际成本（或进价）或计划成本（或售价）。

该账户可按库存商品的种类、品种和规格等进行明细核算。"库存商品"账户的基本结构如图3-17所示。

借	库存商品	贷
期初余额： 本期增加额：验收入库的库存商品成本		本期减少额：发出的库存商品成本
期末余额：库存商品的实际成本		

图3-17 "库存商品"账户的基本结构

3. "应付职工薪酬"账户

"应付职工薪酬"账户属于负债类账户，用以核算企业根据有关规定应付给职工的各种薪酬。

该账户借方登记实际支付的职工薪酬；贷方登记应付职工薪酬，包括短期薪酬、离职后福利、辞退福利、其他长期职工薪酬。期末余额在贷方，反映企业应付未付的职工薪酬。

短期薪酬是指企业在职工提供相关服务的年度报告期间结束后的12个月内，必须全部予以支付的职工薪酬，因解除与职工的劳动关系给予的补偿除外。短期薪酬具体包括职工工资、奖金、津贴和补贴、职工福利费、医疗保险费、工伤保险费和生育保险费等社会保险费、住房公积金、工会经费和职工教育经费、短期带薪缺勤、短期利润分享计划、非货币性福利及其他短期薪酬。

该账户可按"短期薪酬""离职后福利""辞退福利""其他长期职工薪酬"等进行明细核算。"应付职工薪酬"账户的基本结构如图3-18所示。

借	应付职工薪酬	贷
		期初余额：
本期减少额：实际支付的职工薪酬		本期增加额：应付职工薪酬
		期末余额：应付未付的职工薪酬

图3-18 "应付职工薪酬"账户的基本结构

4."财务费用"账户

"财务费用"账户属于损益类账户，用以核算企业为筹集生产经营所需资金等而发生的筹资费用，包括利息支出（减利息收入）、汇兑损益，以及相关的手续费、企业发生的现金折扣或收到的现金折扣等。为购建或生产满足资本化条件的资产而发生的应予资本化的借款费用，通过"在建工程""制造费用"等账户进行核算。

该账户借方登记手续费、利息费用等发生的各项财务费用，贷方登记应冲减财务费用的利息收入或期末转入"本年利润"账户的财务费用净额等。期末结转后，该账户无余额。

该账户可按费用项目进行明细核算。"财务费用"账户的基本结构如图 3-19 所示。

借	财务费用	贷
本期增加额：发生的各项财务费用		本期减少额：应冲减财务费用的利息收入或期末转入"本年利润"账户的财务费用净额等

图 3-19 "财务费用"账户的基本结构

5."销售费用"账户

"销售费用"账户属于损益类账户，用以核算企业发生的各项销售费用，包括广告费、展览费、包装费、运输费、装卸费等。。

该账户借方登记发生的各项销售费用，贷方登记期末转入"本年利润"账户的销售费用。期末结转后，该账户无余额。

该账户可按费用项目设置明细账户，进行明细分类核算。"销售费用"账户的基本结构如图 3-20 所示。

借	销售费用	贷
本期增加额：发生的各项销售费用		本期减少额：期末转入"本年利润"账户的销售费用

图 3-20 "销售费用"账户的基本结构

3.4.3 账务处理

1.归集分配各项费用

【例 3-20】 12 月 12 日，为生产 A、B 两种产品，各部门要领用材料，发出材料汇总表如表 3-1 所示。

表 3-1 发出材料汇总表

201×年 12 月 12 日   单位：元

领用部门及用途		甲材料	乙材料	合计
生产产品	A 产品	40 000	60 000	100 000
	B 产品	60 000	80 000	140 000
车间一般耗用			10 000	10 000
管理部门耗用			4 000	4 000
合 计		100 000	154 000	254 000

【解析】 在该笔经济业务中，领用原材料时，按耗用材料所生产的产品及耗用材料的受益

64

部门分别记入"生产成本""制造费用""管理费用"账户的借方；同时，记入"原材料"账户的贷方。

会计分录如下：

借：生产成本——A 产品   100 000

        ——B 产品   140 000

   制造费用   10 000

   管理费用   4 000

  贷：原材料——甲材料   100 000

         ——乙材料   154 000

【例 3-21】 12 月 14 日，购买办公用品，取得增值税普通发票金额为 500 元，其中生产车间耗用 300 元，管理部门耗用 200 元，款项以现金支付。

> 该笔业务，取得的是增值税普通发票，没有增值税抵扣联，所以，不允许抵扣增值税进项税额。

【解析】 该笔经济业务的发生，使生产车间和管理部门费用增加，应分别记入"制造费用"和"管理费用"账户的借方；同时现金减少，记入"库存现金"账户的贷方。

会计分录如下：

借：制造费用   300

   管理费用   200

  贷：库存现金   500

【例 3-22】 12 月 20 日，支付中国农业银行当月的短期借款利息为 3 200 元，款项已划转。

【解析】 在该笔经济业务中，支付短期借款利息使公司的财务费用增加，记入"财务费用"账户的借方；同时，银行存款减少，记入"银行存款"账户的贷方。

会计分录如下：

借：财务费用   3 200

  贷：银行存款   3 200

【例 3-23】 12 月 25 日，本月耗用电费为 50 000 元，其中生产车间耗用电费为 40 000 元，管理部门耗用电费为 10 000 元。增值税专用发票上注明的电费为 50 000 元，增值税税额为 6 500 元，公司开出转账支票支付。

【解析】 在该笔经济业务中，计算本月应支付的电费时，按耗用部门分别记入相应的成本费用，生产车间的电费记入"制造费用"账户的借方，管理部门的电费记入"管理费用"账户的借方；应付未付的电费记入"应付账款"账户的贷方；实际支付电费时，应付账款减少，记入"应付账款"账户的借方，因购买电费支付的增值税进项税额记入"应交税费——应交增值税"账户的借方，同时，银行存款减少，记入"银行存款"账户的贷方。

会计分录如下：

① 根据电费分配表：

借：制造费用   40 000

   管理费用   10 000

  贷：应付账款   50 000

② 根据转账支票：

借：应付账款   50 000

   应交税费——应交增值税（进项税额）   6 500

  贷：银行存款   56 500

【例3-24】 12月31日，计算出本月应付给职工的工资为180 000元，其中，生产A产品的生产工人的工资为80 000元，生产B产品的生产工人的工资为70 000元，车间管理人员的工资为10 000元，专设销售机构人员的工资为8 000元，厂部管理人员的工资为12 000元。

【解析】 在该笔经济业务中，企业月末计算出应当支付给职工的工资，表明企业欠职工工资，应付职工薪酬增加，记入"应付职工薪酬"账户的贷方。为生产产品而发生的生产工人的工资应记入所生产的产品成本中，其他人员的工资记入相关费用，即分别记入"生产成本""制造费用""销售费用""管理费用"账户的借方。

会计分录如下：

```
借：生产成本——A 产品                        80 000
          ——B 产品                        70 000
    制造费用                               10 000
    销售费用                                8 000
    管理费用                               12 000
  贷：应付职工薪酬——短期薪酬（工资）                    180 000
```

【例3-25】 12月31日，将180 000元工资（假设没有代扣款项）直接从企业的开户银行划转到职工个人工资账户中。

【解析】 在该笔经济业务中，将工资支付给职工，企业的应付职工薪酬减少，记入"应付职工薪酬"账户的借方；同时，银行存款减少，记入"银行存款"账户的贷方。

会计分录如下：

```
借：应付职工薪酬——短期薪酬（工资）                     180 000
  贷：银行存款
```

2. 分配结转制造费用

制造费用属于间接费用，月末应按一定标准分配记入产品的生产成本。

1）制造费用核算的一般步骤

①归集制造费用总额。

②分配制造费用。

分配结转制造费用

$$制造费用分配率 = \frac{制造费用总额}{各种产品生产工时（或生产工人工资）之和}$$

某种产品应负担的制造费用

$$= 该种产品生产工时（或生产工人工资）\times 制造费用分配率$$

③结转制造费用。

2）分配结转制造费用

【例3-26】 12月31日，凯诚公司本月生产产品总工时为10 000小时，其中，生产A产品工时为3 000小时，生产B产品工时为7 000小时，月末分配结转制造费用。

（1）归集制造费用总额

制造费用归集记账如图3-21所示。

借	制造费用	贷
【例3-7】 →	5 000	
【例3-20】 →	10 000	
【例3-21】 →	300	
【例3-23】 →	40 000	
【例3-24】 →	10 000	
本期发生额合计	65 300	

图 3-21　制造费用归集记账

（2）分配制造费用

本月共发生制造费用为 65 300 元。按生产工时，计算制造费用分配率及 A、B 产品应负担的制造费用如下：

制造费用分配率 = 65 300 ÷（3 000 + 7 000）= 6.53（元 / 工时）

A 产品应负担的制造费用 = 3 000×6.53 = 19 590（元）

B 产品应负担的制造费用 = 7 000×6.53 = 45 710（元）

编制制造费用分配表，如表 3-2 所示。

表 3-2　制造费用分配表

201× 年 12 月 31 日　　　　　　　　　　　　　　　　　　　　单位：元

产品	生产工时	分配率	应分配金额	备注
A 产品	3 000		19 590	
B 产品	7 000		45 710	
合计	10 000	6.53	65 300	

（3）结转制造费用

借：生产成本——A 产品　　19 590

　　　　　　——B 产品　　45 710

　　贷：制造费用　　　　　　　　　　65 300

制造费用分配记账如图 3-22 所示。

借	制造费用	贷
5 000		65 300
10 000		
300		
40 000		
10 000		
65 300		65 300

图 3-22　制造费用分配记账

知识拓展

分配制造费用的标准，可以是生产工时，也可以是机器工时，或者是基本生产工人工资等。企业可以自行选择，根据会计信息的质量要求，标准一经选定，不得随意变动。

3. 结转产品生产成本

产品的生产成本一般由直接材料费用、直接人工费用和间接费用 3 部分组成。其中，直接材料费用和直接人工费用发生时，直接记入"生产成本"账户，平时发生的间接费用记入"制造费用"账户，月末，分配转入"生产成本"账户。企业要按产品品种开设生产成本明细账，根据经济业务发生情况逐笔登记生产成本明细账，汇总本月发生的生产成本，结转完工产品成本。其计算公式如下：

完工产品成本 = 期初在产品成本 + 本期生产成本 – 期末在产品成本

产品单位成本 = 完工产品总成本 ÷ 本月完工入库产品数量

【例 3-27】12 月 31 日，计算并结转凯诚公司 12 月份生产的 A、B 两种产品的生产成本。假设本月生产 1 000 件 A 产品全部完工入库，期初无在产品；B 产品完工入库 1 000 件，月末在产品为 100 件，期初在产品为 50 件。B 产品的在产品成本按定额成本计算（直接材料费用为100 元，直接人工费用为 60 元，制造费用 50 元）。

1）登记生产成本明细账

根据本模块【例3-20】～【例3-27】中发生的经济业务，逐笔登记A、B产品的生产成本明细账。A、B产品的生产成本明细账如图3-23所示。

生产成本明细账

产品名称：A产品　　　　　　　　　　　　　　　　　　　　　　　　　　　　　　　　单位：元

201×年		凭证		摘　要	直接材料	直接人工	制造费用	合　计
月	日	字	号					
12	1			期初余额				
12	12			生产领料	100 000			100 000
12	31	略	略	结转工资		80 000		80 000
12	31			结转制造费用			19 590	19 590
12	31			生产费用合计	100 000	80 000	19 590	199 590
12	31			结转完工产品成本	*100 000*	*80 000*	*19 590*	*199 590*

A产品完工产品成本＝100 000+80 000+19 590＝199 590（元）

（a）

生产成本明细账

产品名称：B产品　　　　　　　　　　　　　　　　　　　　　　　　　　　　　　　　单位：元

201×年		凭证		摘　要	直接材料	直接人工	制造费用	合计
月	日	字	号					
12	1			期初余额	5 000	3 000	2 500	10 500
12	12			生产领料	140 000			140 000
12	31			结转工资		70 000		70 000
12	31	略	略	结转制造费用			45 710	45 710
12	31			生产费用合计	145 000	73 000	48 210	266 210
12	31			结转完工产品成本	*135 000*	*67 000*	*43 210*	*245 210*
12	31			月末在产品成本	10 000	6 000	5 000	21 000

B产品本月投入的生产费用＝140 000+70 000+45 710＝255 710（元）

B产品月末在产品成本＝100×100+60×100+50×100＝21 000（元）

B产品完工产品成本＝10 500+255 710－21 000＝245 210（元）

（b）

图3-23　A、B产品的生产成本明细账

产品完工验收入库，结转完工产品成本会计分录如下：

借：库存商品——A产品　　　　　　　　　　　　　　　　　　　　　199 590

　　　　　　——B产品　　　　　　　　　　　　　　　　　　　　　245 210

　　贷：生产成本——A产品　　　　　　　　　　　　　　　　　　　　　　199 590

　　　　　　　　——B产品　　　　　　　　　　　　　　　　　　　　　　245 210

2）编制成本计算单

根据生产成本明细账中结转完工产品成本对应的各成本项目及完工验收数量，编制生产成本计算单，计算完工产品总成本和单位成本。成本计算单（A产品）如表3-3所示。成本计算单（B产品）如表3-4所示。

表3-3　成本计算单（A产品）

201×年12月　　　　完工数量：1 000件　　　　单位：元

成本项目	完工产品成本	
	总成本	单位成本
直接材料	*100 000*	*100.00*
直接人工	*80 000*	*80.00*
制造费用	*19 590*	*19.59*
合　计	*199 590*	*199.59*

表3-4　成本计算单（B产品）

201×年12月　　　　完工数量：1 000件　　　　单位：元

成本项目	完工产品成本	
	总成本	单位成本
直接材料	*135 000*	*135.00*
直接人工	*67 000*	*67.00*
制造费用	*43 210*	*43.21*
合　计	*245 210*	*245.21*

模块五　销售业务的账务处理

学习导入

凯诚公司已经将A、B两种产品生产完工并验收入库，但这还不是最终目的，公司还要采用各种营销手段将产品销售出去，实现其价值。本模块让我们一起来探讨凯诚公司产品的销售过程。

销售过程是产品价值的实现过程，也是企业生产经营过程的最后阶段。其核算的主要内容有确认实现的收入、与购货单位办理价款结算、支付各项销售费用、结转销售成本、计算应向国家缴纳的税金及附加、确定当期的经营成果。

学习内容

3.5.1　销售商品收入的确认与计量

销售商品收入

企业销售商品收入的确认必须同时符合以下条件。

① 企业已将商品所有权上的主要风险和报酬转移给购货方。

② 企业既没有保留通常与商品所有权相联系的继续管理权，也没有对已售出的商品实施控制。

③ 收入的金额能够被可靠计量。

④ 相关的经济利益很可能流入企业。

⑤ 相关的已发生或将发生的成本能够被可靠计量。

3.5.2 账户设置

1. "主营业务收入"账户

"主营业务收入"账户属于损益类账户，用以核算企业确认的销售商品、提供劳务等主营业务的收入。

该账户贷方登记企业实现的主营业务收入，即主营业务收入的增加额；借方登记期末转入"本年利润"账户的主营业务收入（按净额结转），以及发生销售退回和销售折让时应冲减本期的主营业务收入。期末结转后，该账户无余额。

该账户应按照主营业务的种类设置明细账户，进行明细分类核算。"主营业务收入"账户的基本结构如图3-24所示。

借	主营业务收入	贷
本期减少额：期末转入"本年利润"账户的主营业务收入	本期增加额：实现的主营业务收入	

图3-24 "主营业务收入"账户的基本结构

2. "其他业务收入"账户

"其他业务收入"账户属于损益类账户，用以核算企业确认的除主营业务活动以外的其他经营活动实现的收入，包括出租固定资产、出租无形资产、出租包装物和商品、销售材料等。

该账户贷方登记企业实现的其他业务收入，即其他业务收入的增加额；借方登记期末转入"本年利润"账户的其他业务收入。期末结转后，该账户无余额。

该账户可按其他业务的种类设置明细账户，进行明细分类核算。"其他业务收入"账户的基本结构如图3-25所示。

借	其他业务收入	贷
本期减少额：期末转入"本年利润"账户的其他业务收入	本期增加额：实现的其他业务收入	

图3-25 "其他业务收入"账户的基本结构

3. "主营业务成本"账户

"主营业务成本"账户属于损益类账户，用以核算企业确认销售商品、提供劳务等主营业务收入时应结转的成本。

该账户借方登记主营业务发生的实际成本，贷方登记期末转入"本年利润"账户的主营业务成本。期末结转后，该账户无余额。

该账户可按主营业务的种类设置明细账户，进行明细分类核算。"主营业务成本"账户的基本结构如图3-26所示。

借	主营业务成本	贷
本期增加额：主营业务发生的实际成本	本期减少额：期末转入"本年利润"账户的主营业务成本	

图3-26 "主营业务成本"账户的基本结构

4. "其他业务成本"账户

"其他业务成本"账户属于损益类账户，用以核算企业确认的除主营业务活动以外的其他经营活动所发生的支出，包括销售材料的成本、出租固定资产的折旧额、出租无形资产的摊销额、出租包装物的成本或摊销额等。

该账户借方登记其他业务的支出，贷方登记期末转入"本年利润"账户的其他业务支出。期末结转后，该账户无余额。

该账户可按其他业务的种类设置明细账户，进行明细分类核算。"其他业务成本"账户的基本结构如图 3-27 所示。

借	其他业务成本	贷
本期增加额：其他业务的支出	本期减少额：期末转入"本年利润"账户的其他业务支出	

图 3-27 "其他业务成本"账户的基本结构

5."税金及附加"账户

"税金及附加"账户属于损益类账户，用以核算企业经营活动发生的消费税、城市维护建设税、资源税、教育费附加及房产税、城镇土地使用税、车船税、印花税等相关税费。

该账户借方登记企业应按规定计算确定的与经营活动相关的税费，即应负担的税金及附加，贷方登记期末转入"本年利润"账户的与经营活动相关的税费。期末结转后，该账户无余额。"税金及附加"账户的基本结构如图 3-28 所示。

借	税金及附加	贷
本期增加额：应负担的税金及附加	本期减少额：期末转入"本年利润"账户的与经营活动相关的税费	

图 3-28 "税金及附加"账户的基本结构

6."应收账款"账户

"应收账款"账户属于资产类账户，用以核算企业因销售商品、提供劳务等经营活动应收取的款项。

该账户借方登记销售商品、提供劳务等形成的应收账款，包括应收取的价款、税款和代垫款等；贷方登记已收回的应收账款。期末余额通常在借方，反映企业尚未收回的应收账款；期末余额如果在贷方，则反映企业预收的账款。

该账户应按不同的债务人进行明细分类核算。"应收账款"账户的基本结构如图 3-29 所示。

借	应收账款	贷
本期增加额：销售商品、提供劳务等形成的应收账款	本期减少额：已收回的应收账款	
期末余额：尚未收回的应收账款	期末余额：预收的账款	

图 3-29 "应收账款"账户的基本结构

3.5.3 账务处理

1.确认实现的收入

【例 3-28】 12 月 15 日，销售给蓝晶公司 1 400 件 A 产品，单价为 300 元 / 件，增值税销项税额为 54 600 元，款项已收到并存入银行。

【解析】 该笔经济业务的发生，使公司银行存款增加，记入"银行存款"账户的借方；同时，主营业务收入增加，记入"主营业务收入"账户的贷方。随着收入的实现，公司代税务部门收取的增值税销项税额是企业欠税务部门的税金，使应交增值

收入的账务处理

税增加，因而应记入"应交税费——应交增值税"账户的贷方。

会计分录如下：

借：银行存款　　　　　　　　　　　　　　　　　　　　474 600

　　贷：主营业务收入——A产品　　　　　　　　　　　　　420 000

　　　　应交税费——应交增值税（销项税额）　　　　　　　54 600

【例3-29】 12月20日，销售给长城公司800件B产品，单价为400元/件，增值税销项税额为41 600元，货款尚未收到。

【解析】 在该笔经济业务中，公司销售产品的货款尚未收到，使应收长城公司的货款增加，记入"应收账款"的借方；主营业务收入与应交增值税增加，记入"主营业务收入"账户和"应交税费——应交增值税"账户的贷方。

会计分录如下：

借：应收账款——长城公司　　　　　　　　　　　　　　361 600

　　贷：主营业务收入——B产品　　　　　　　　　　　　　320 000

　　　　应交税费——应交增值税（销项税额）　　　　　　　41 600

【例3-30】 12月22日，销售给天宇公司700件A产品，单价为300元/件，以及500件B产品，单价为400元/件，已开出增值税专用发票，增值税为53 300元，价税款均未收到。

会计分录如下：

借：应收账款——天宇公司　　　　　　　　　　　　　　463 300

　　贷：主营业务收入——A产品　　　　　　　　　　　　　210 000

　　　　　　　　　　——B产品　　　　　　　　　　　　　200 000

　　　　应交税费——应交增值税（销项税额）　　　　　　　53 300

【例3-31】 12月25日，收到长城公司偿还的前欠货款为361 600元，存入银行。

【解析】 该笔经济业务的发生，使应收账款减少，记入"应收账款"账户的贷方；银行存款增加，记入"银行存款"账户的借方。

会计分录如下：

借：银行存款　　　　　　　　　　　　　　　　　　　　361 600

　　贷：应收账款——长城公司　　　　　　　　　　　　　　361 600

【例3-32】 12月26日，公司销售不用的一批B材料，价款为3 000元，增值税税率为13%，款项已收到并存入银行。

【解析】 公司销售多余材料是典型的其他业务。这笔经济业务的发生，使"其他业务收入""应交税费——应交增值税""银行存款"同时增加，应记入"银行存款"账户的借方和"其他业务收入""应交税费——应交增值税"账户的贷方。

会计分录如下：

借：银行存款　　　　　　　　　　　　　　　　　　　　3 390

　　贷：其他业务收入　　　　　　　　　　　　　　　　　　3 000

　　　　应交税费——应交增值税（销项税额）　　　　　　　390

2. 支付各项销售费用

【例3-33】 12月28日，用银行存款支付本市电视台广告费，收到增值税专用发票上注明的价款为30 000元，增值税进项税额为1 800元。

【解析】 该笔经济业务的发生，使销售费用增加，记入"销售费用"账户的借方，同时使银行存款减少，记入"银行存款"账户的贷方，购买广告支付的增值税进项税额记入"应交税费——应交增值税"账户的借方。

会计分录如下：

借：销售费用　30 000

　　应交税费——应交增值税（进项税额）　1 800

　　贷：银行存款　31 800

3. 结转销售成本

产品销售成本 = 产品销售数量 × 产品的单位生产成本

【例 3-34】 12 月 31 日，结转本月销售产品成本，本月共销售 2 100（1 400+700）件 A 产品和 1 300（800+500）件 B 产品，A 产品的单位生产成本为 199.59 元，B 产品的单位生产成本为 245.21 元（单位生产成本根据模块四中 A、B 产品的成本计算单得出）。

【解析】 产品一经销售，库存商品就由资产变为费用，这种费用是企业为了取得销售收入而必须事先垫付的支出，即主营业务成本。这笔经济业务使库存商品减少，记入"库存商品"账户的贷方，同时，使主营业务成本增加，记入"主营业务成本"账户的借方。

A 产品销售成本 =2 100×199.59=419 139（元）

B 产品销售成本 =1 300×245.21=318 773（元）

会计分录如下：

借：主营业务成本——A 产品　419 139

　　　　　　　　——B 产品　318 773

　　贷：库存商品——A 产品　419 139

　　　　　　　　——B 产品　318 773

【例 3-35】 12 月 31 日，结转本月已销售 B 材料的成本为 1 500 元。

【解析】 这笔经济业务的发生使原材料减少，记入"原材料"账户的贷方；同时，使其他业务成本增加，记入"其他业务成本"账户的借方。

会计分录如下：

借：其他业务成本　1 500

　　贷：原材料——B 材料　1 500

4. 计算应向国家缴纳的税金及附加

【例 3-36】 12 月 31 日，本月应缴纳的增值税 67 313 元，分别按 7%、3% 计算并结转本月应缴纳的城市维护建设税和教育费附加。

【解析】 按税法规定，应缴纳的增值税等于当期销项税额减去当期进项税额。根据本项目的固定资产业务、材料采购业务、生产业务、销售业务中的增值税进项税额数据，可计算得出本月增值税进项税额为 82 577 元；根据销售业务中的增值税销项税额数据，可计算得出本月增值税销项税额为 149 890 元。因此，本月应缴纳的增值税为 67 313（149 890–82 577）元。然后，根据相应比值计算出：

应交城市维护建设税 =67 313×7%=4 711.91（元）

应交教育费附加 =67 313×3%=2 019.39（元）

在该笔经济业务中，计算出应缴纳的城市维护建设税和教育费附加，使税金及附加增加，记入"税金及附加"账户的借方；同时，也使公司的应交税费增加，记入"应交税费"账户的贷方。

会计分录如下：

借：税金及附加　6 731.30

　　贷：应交税费——应交城市维护建设税　4 711.91

　　　　　　　　——应交教育费附加　2 019.39

【例 3-37】 次月 3 日，用银行存款上缴城市维护建设税和教育费附加。

【解析】 该笔经济业务的发生，使银行存款和应交税费同时减少，分别记入"应交税费"账户的借方和"银行存款"账户的贷方。

会计分录如下：

借：应交税费——应交城市维护建设税 4 711.91
　　　　　　——应交教育费附加 2 019.39
　　贷：银行存款 6 731.30

模块六　利润形成与分配业务的账务处理

学习导入

在模块二～模块五的学习中，凯诚公司完成了一个生产经营过程，实现了产品的销售。期末，凯诚公司为了满足经营管理及外部信息使用者的需要，应将企业在一定期间内所取得的收入与各种成本、费用进行配比，及时计算出一定期间内的财务成果，确定企业在该时期所实现的利润或发生的亏损，依法缴纳所得税，并进行利润分配。也就是本模块我们即将学习的利润形成与分配业务的核算。

学习内容

3.6.1　利润形成与分配

利润

1. 利润形成

利润是指企业在一定会计期间的经营成果，包括收入减去费用后的净额、直接计入当期损益的利得和损失等。利润分为营业利润、利润总额和净利润 3 种。

1）营业利润

营业利润反映企业管理者的经营业绩，其计算公式如下：

营业利润 ＝ 营业收入 － 营业成本 － 税金及附加 － 销售费用 － 管理费用 － 财务费用 － 资产减值损失 ＋ 公允价值变动收益（－公允价值变动损失）＋ 投资收益（－投资损失）

其中：

营业收入 ＝ 主营业务收入 ＋ 其他业务收入
营业成本 ＝ 主营业务成本 ＋ 其他业务成本

2）利润总额

利润总额又称税前利润，是营业利润加上营业外收入减去营业外支出后的金额，其计算公式如下：

利润总额 ＝ 营业利润 ＋ 营业外收入 － 营业外支出

3）净利润

净利润又称税后利润，是利润总额扣除所得税费后的净额，其计算公式如下：

$$净利润＝利润总额－所得税费用$$

2. 利润分配

利润分配是指企业根据国家有关规定和企业章程、投资者协议等，对企业当年可供分配利润指定其特定用途和分配给投资者的行为。利润分配的过程和结果不仅关系到每个股东的合法权益是否得到保障，而且还关系到企业的未来发展。

企业向投资者分配利润，应按一定的顺序进行。按照我国《公司法》的有关规定，利润分配应按下列顺序进行。

1）计算可供分配利润

企业在进行利润分配前，应根据本年净利润（或亏损）与年初未分配利润（或亏损）、其他转入的金额（如盈余公积弥补的亏损）等项目，计算可供分配利润，其计算公式如下：

可供分配利润＝净利润（或亏损）＋年初未分配利润－弥补以前年度亏损＋其他转入金额

如果可供分配利润为负数（累计亏损），则不能进行后续分配；如果可供分配利润为正数（累计盈利），则可进行后续分配。

2）提取法定盈余公积

按照《公司法》的有关规定，公司应当按照当年净利润（抵减年初累计亏损后）的10%提取法定盈余公积，提取的法定盈余公积累计额超过注册资本50%以上的，可以不再提取。

3）提取任意盈余公积

公司提取法定盈余公积后，经股东会或股东大会决议，还可以从净利润中提取任意盈余公积。

4）向投资者分配利润（或股利）

企业可供分配利润扣除提取的盈余公积后，形成可供投资者分配的利润，其计算公式如下：

$$可供投资者分配的利润＝可供分配利润－提取的盈余公积$$

企业可采用现金股利、股票股利和财产股利等形式向投资者分配利润（或股利）。

3.6.2　账户设置

1.“营业外收入”账户

“营业外收入”账户属于损益类账户，用以核算企业发生的各项营业外收入，主要包括债务重组利得、政府补助、盘盈利得、捐赠利得、确实无法支付的应付账款等。

该账户贷方登记实现的营业外收入，即营业外收入的增加额；借方登记期末转入“本年利润”账户的营业外收入。期末结转后，该账户无余额。

该账户可按营业外收入项目设置明细账户，进行明细分类核算。“营业外收入”账户的基本结构如图3-30所示。

借	营业外收入	贷
本期减少额：期末转入“本年利润”账户的营业外收入	本期增加额：取得或实现的营业外收入	

图3-30 “营业外收入”账户的基本结构

2.“营业外支出”账户

“营业外支出”账户属于损益类账户，用以核算企业发生的各项营业外支出，包括非流动资产毁损报废损失、债务重组损失、公益性捐赠支出、非常损失、盘亏损失等。

该账户借方登记发生的营业外支出，即营业外支出的增加额；贷方登记期末转入"本年利润"账户的营业外支出。期末结转后，该账户无余额。

该账户可按支出项目设置明细账户，进行明细分类核算。"营业外支出"账户的基本结构如图 3-31 所示。

借	营业外支出	贷
本期增加额：发生的营业外支出	本期减少额：期末转入"本年利润"账户的营业外支出	

图 3-31 "营业外支出"账户的基本结构

3．"投资收益"账户

"投资收益"账户属于损益类账户，用以核算企业确认的投资收益或投资损失。

该账户贷方登记实现的投资收益或期末转入"本年利润"账户的投资净损失；借方登记发生的投资损失或期末转入"本年利润"账户的投资净收益。期末结转后，该账户无余额。

该账户可按投资项目设置明细账户，进行明细分类核算。"投资收益"账户的基本结构如图 3-32 所示。

借	投资收益	贷
本期减少额：发生的投资损失	本期增加额：实现的投资收益	

图 3-32 "投资收益"账户的基本结构

4．"本年利润"账户

"本年利润"账户属于所有者权益类账户，用以核算企业当期实现的净利润（或发生的净亏损）。企业期（月）末结转利润时，应将各损益类账户的金额转入本账户，结平各损益类账户。

该账户贷方登记企业期（月）末转入的主营业务收入、其他业务收入、营业外收入和投资收益等；借方登记企业期（月）末转入的主营业务成本、税金及附加、其他业务成本、管理费用、财务费用、销售费用、营业外支出、投资损失和所得税费用等。上述结转完成后，余额如在贷方，即为当期实现的净利润；余额如在借方，即为当期发生的净亏损。年度终了，应将本年实现的净利润（或发生的净亏损）转入"利润分配——未分配利润"账户的贷方（或借方），结转后本账户无余额。"本年利润"账户的基本结构如图 3-33 所示。

借	本年利润	贷
本期发生额：从损益类账户中转入的费用 转入的所得税费用	本期发生额：从损益类账户中转入的收入	
净亏损	净利润	
转出净利润	转出净亏损	

图 3-33 "本年利润"账户的基本结构

5．"所得税费用"账户

"所得税费用"账户属于损益类账户，用以核算企业确认的应从当期利润总额中扣除的所得税费用。

该账户借方登记企业应计入当期损益的所得税费用；贷方登记企业期末转入"本年利润"账户的所得税费用。期末结转后，该账户无余额。"所得税费用"账户的基本结构如图 3-34 所示。

借	所得税费用	贷
本期增加额：应计入当期损益的所得税费用	本期减少额：转入"本年利润"账户的所得税费用	

图 3-34 "所得税费用"账户的基本结构

6. "利润分配"账户

"利润分配"账户属于所有者权益类账户，用以核算企业利润的分配（或亏损的弥补）和历年分配（或弥补）后的余额。

该账户借方登记实际分配的利润额（包括提取的盈余公积和分配给投资者的利润），以及年末从"本年利润"账户转入的全年发生的净亏损；贷方登记用盈余公积弥补的亏损等其他转入的费用，以及年末从"本年利润"账户转入的全年实现的净利润。年末应将"利润分配"账户下的其他明细账户的余额转入"未分配利润"明细账户，结转后，除"未分配利润"明细账户可能有余额外，其他各个明细账户均无余额。"未分配利润"明细账户的贷方余额为历年累积的未分配利润（可供以后年度分配的利润），借方余额为历年累积的未弥补的亏损（留待以后年度弥补的亏损）。

该账户应当分别以"提取法定盈余公积""提取任意盈余公积""应付现金股利或利润""转作股本的股利""盈余公积补亏""未分配利润"等进行明细核算。"利润分配"账户的基本结构如图 3-35 所示。

借	利润分配	贷
本期减少额：实际分配的利润额和转入的全年发生的净亏损	本期增加额：其他转入的费用和转入的全年实现的净利润	
期末余额：未弥补的亏损	期末余额：未分配利润	

图 3-35 "利润分配"账户的基本结构

7. "盈余公积"账户

"盈余公积"账户属于所有者权益类账户，用以核算企业从净利润中提取的盈余公积。

该账户贷方登记提取的盈余公积，即盈余公积的增加额，借方登记实际使用的盈余公积，即盈余公积的减少额。期末余额在贷方，反映企业结余的盈余公积。

该账户应当分别以"法定盈余公积""任意盈余公积"进行明细核算。"盈余公积"账户的基本结构如图 3-36 所示。

借	盈余公积	贷
	期初余额：	
本期减少额：实际使用的盈余公积	本期增加额：提取的盈余公积	
	期末余额：结余的盈余公积	

图 3-36 "盈余公积"账户的基本结构

知识拓展

盈余公积一般分为两种：一是法定盈余公积，公司制企业的法定盈余公积按照税后利润的 10% 提取（非公司制企业也可按照超过 10% 的比例提取），法定盈余公积累计额已达注册资本的 50% 时，可以不再提取；二是任意盈余公积，任意盈余公积主要是公司制企业按照股东大会的决议提取。法定盈余公积和任意盈余公积的区别就在于其各自计提的依据不同。前者以国家的法律或行政规章为依据提取；后者则由公司自行决定提取。

8. "应付股利"账户

"应付股利"账户属于负债类账户，用以核算企业分配的现金股利或利润。

该账户贷方登记应付给投资者的股利或利润，即应付股利的增加额；借方登记实际支付给投资者的股利或利润，即应付股利的减少额。期末余额在贷方，反映企业应付而未付的现金股利或利润。

该账户可按投资者进行明细核算。"应付股利"账户的基本结构如图3-37所示。

借	应付股利	贷
本期减少额：实际支付给投资者的股利或利润	期初余额： 本期增加额：应付给投资者的股利或利润 期末余额：应付而未付的现金股利或利润	

图 3-37 "应付股利"账户的基本结构

3.6.3 账务处理

利润分配的账务处理

【例 3-38】 12月25日，公司收到长城公司的违约罚款收入为60 000元，存入银行。

【解析】 在该笔经济业务中，收到对方违约罚款收入属于企业的营业外收入，应记入"营业外收入"的贷方；同时，银行存款增加，记入"银行存款"账户的借方。

会计分录如下：

借：银行存款　　　　　　　　　60 000
　　贷：营业外收入　　　　　　　　　　60 000

【例 3-39】 12月25日，公司通过公益机构用银行存款向希望小学捐款为30 000元。

【解析】 捐款属于企业的营业外支出，在该笔经济业务中，向希望小学捐款使公司的营业外支出增加，记入"营业外支出"账户的借方；同时，银行存款减少，记入"银行存款"账户的贷方。

会计分录如下：

借：营业外支出　　　　　　　　30 000
　　贷：银行存款　　　　　　　　　　　30 000

【例 3-40】 12月26日，公司因对外投资收到从投资单位分得的利润为20 000元，存入银行。

【解析】 该笔经济业务的发生，使公司的投资收益和银行存款同时增加，应借记"银行存款"账户，贷记"投资收益"账户。

会计分录如下：

借：银行存款　　　　　　　　　20 000
　　贷：投资收益　　　　　　　　　　　20 000

【例 3-41】 12月31日，将凯诚公司12月份的收入、费用转入本年利润。

（1）结转收入

【解析】 结转收入时，要先查看凯诚公司12月份都发生了哪些收入及其金额。

根据【例3-28】～【例3-30】计算得出主营业务收入为1 150 000元（其中，A产品收入为630 000元，B产品收入为520 000元）；根据【例3-32】得出其他业务收入为3 000元；根据【例3-38】得出营业外收入为

> 在实际工作中，各收入的金额可直接在总账和明细账中查找。

60 000 元；根据【例 3-40】得出投资收益为 20 000 元。

在该笔经济业务中，将各收入转入"本年利润"账户的贷方，收入减少，应记入有关收入账户的借方。

会计分录如下：

借：主营业务收入——A 产品　　630 000
　　　　　　　　——B 产品　　520 000
　　其他业务收入　　3 000
　　营业外收入　　60 000
　　投资收益　　20 000
　　贷：本年利润　　1 233 000

（2）结转费用

【解析】结转费用时，同样也要查看公司 12 月份都发生了哪些费用及其金额。

根据【例 3-34】计算得出主营业务成本为 737 912 元（其中，A 产品成本为 419 139 元，B 产品成本为 318 773 元），根据【例 3-35】得出其他业务成本为 1 500 元；根据【例 3-36】得出税金及附加为 8 333 元；根据【例 3-24】和【例 3-33】得出销售费用为 38 000 元；根据【例 3-22】得出财务费用为 3 200 元；根据【例 3-8】、【例 3-14】、【例 3-20】、【例 3-21】、【例 3-23】、【例 3-24】得出管理费用为 28 200 元；根据【例 3-39】得出营业外支出为 30 000 元。将各费用转入"本年利润"账户的借方，费用减少，应记入有关费用账户的贷方。

> 在实际工作中，各费用的金额也可直接在总账和明细账中查找。

会计分录如下：

借：本年利润　　845 543.30
　　贷：主营业务成本——A 产品　　419 139
　　　　　　　　　　——B 产品　　318 773
　　其他业务成本　　1 500
　　税金及附加　　6 731.30
　　销售费用　　38 000
　　管理费用　　28 200
　　财务费用　　3 200
　　营业外支出　　30 000

"本年利润"账户登账如图 3-38 所示。

借		本年利润		贷
主营业务成本	737 912	主营业务收入	1 150 000	
其他业务成本	1 500	其他业务收入	3 000	
税金及附加	6 731.30	投资收益	20 000	
销售费用	38 000	营业外收入	60 000	
管理费用	28 200			
财务费用	3 200			
营业外支出	30 000			
	845 543.30		1 233 000	
		利润总额	387 456.70	

图 3-38 "本年利润"账户登账

根据以上资料，计算本月实现的利润：

营业利润 $=1\,150\,000+3\,000-(737\,912+1\,500)-6\,731.30-38\,000-28\,200-3\,200+20\,000$

$\qquad\qquad =357\,456.70$（元）

利润总额 $=357\,456.70+60\,000-30\,000=387\,456.70$（元）

【例3-42】12月31日，按本月实现的利润总额，计算并结转应缴纳的企业所得税。

（1）计算企业所得税

【解析】根据例【例3-41】得出本月利润总额为 387 456.70 元，应交所得税为 96 864.18 元（387 456.70×25%），通过该笔经济业务计算出的应交企业所得税使企业应负担的税费增加，记入"所得税费用"账户的借方；同时，使企业欠税务机关的税费也增加，记入"应交税费——应交所得税"账户的贷方。

借：所得税费用　　　　　　　　　　　　　　　96 864.18

　　贷：应交税费——应交所得税　　　　　　　　　　　96 864.18

（2）结转企业所得税

【解析】月末，应将"所得税费用"账户的余额转入本年利润，借记"本年利润"账户，贷记"所得税费用"账户。

借：本年利润　　　　　　　　　　　　　　　96 864.18

　　贷：所得税费用　　　　　　　　　　　　　　　96 864.18

"本年利润"账户结计净利润如图3-39所示。

借	本年利润	贷
845 543.30（费用）		1 233 000（收入）
96 864.18（所得税费用）		387 456.70（利润总额）
		290 592.52（净利润）

图3-39　"本年利润"账户结计净利润

根据以上资料计算得出：净利润 $=387\,456.70-96\,864.18=290\,592.52$（元）

【例3-43】12月31日，结转全年累计实现的净利润为 800 000 元。

【解析】该笔经济业务中的净利润为 800 000 元，是凯诚公司 1～12 月全年累计的净利润。12月31日，将该净利润从"本年利润"账户中一次性转入"利润分配——未分配利润"账户，应借记"本年利润"账户，贷记"利润分配——未分配利润"账户。

> 企业将1~11月每个月的净利润结转到"本年利润"账户并进行累计，月末无须结转，到年末一次性结转至"利润分配——未分配利润"账户。

会计分录如下：

借：本年利润　　　　　　　　　　　　　　　800 000

　　贷：利润分配——未分配利润　　　　　　　　　　800 000

【例3-44】12月31日，按全年净利润的10%提取法定盈余公积，按5%提取任意盈余公积。

【解析】法定盈余公积 $=800\,000\times10\%=80\,000$（元）

任意盈余公积 $=800\,000\times5\%=40\,000$（元）

该笔经济业务是从净利润中提取盈余公积，使净利润减少、盈余公积金增加，应借记"利润分配"账户，贷记"盈余公积"账户。

会计分录如下：

借：利润分配——提取法定盈余公积   80 000

       ——提取任意盈余公积   40 000

   贷：盈余公积——法定盈余公积   80 000

       ——任意盈余公积   40 000

【例 3-45】 12 月 31 日，经公司股东大会决定，本年度向投资者分配现金股利为 400 000 元。

【解析】 该笔经济业务的发生，使公司应付给投资者的利润增加，记入"应付股利"账户的贷方；应付股利是从可供投资者分配的利润中支付的，属于利润分配项目，应记入"利润分配"账户的借方。

会计分录如下：

借：利润分配——应付现金股利   400 000

   贷：应付股利   400 000

【例 3-46】 12 月 31 日，年终结转全年已分配利润。

【解析】 在该笔经济业务中，将全年已分配的利润转入"利润分配——未分配利润"账户的借方。

结平"利润分配"账户其他明细账的余额，贷记"利润分配——提取法定盈余公积""利润分配——提取任意盈余公积""利润分配——应付现金股利"账户。

会计分录如下：

借：利润分配——未分配利润   520 000

   贷：利润分配——提取法定盈余公积   80 000

       ——提取任意盈余公积   40 000

       ——应付现金股利   400 000

模块七 资金退出业务的账务处理

学习导入

前面我们学习了资金筹集的核算（模块一）和资金运用的核算（模块二～模块六），但这并不意味着凯诚公司核算业务的结束。本模块我们要学习资金退出的核算。

学习内容

3.7.1 资金退出概述

企业不仅将资金运用于供、产、销的过程，还要偿还债务、缴纳各项税费、向所有者分配股利等，使得这部分资金离开本企业，退出企业的资金周转。

3.7.2 账户设置

资金退出的核算，在以上各模块中大部分都已涉及，只是没有进行归纳、总结而已，如"短期借款""长期借款""应交税费""应付股利"等账户，在这里仅介绍"应付利息"账户。

"应付利息"账户属于负债类账户，用以核算企业按照合同约定应支付的利息，包括按月计提的短期借款利息吸收存款、分期付息到期还本的长期借款、企业债券等应支付的利息。

该账户贷方登记企业按合同利率计算确定的应付而未付的利息，借方登记归还的利息。期末余额在贷方，反映企业应付而未付的利息。

该账户可按存款人或债权人进行明细核算。"应付利息"账户的基本结构如图3-40所示。

借	应付利息	贷
本期减少额：归还的利息	期初余额： 本期增加额：计算确定的应付而未付的利息 期末余额：应付而未付的利息	

图 3-40 "应付利息"账户的基本结构

3.7.3 账务处理

1. 偿还债务

企业向银行或其他金融机构借款，是企业筹集资金的一项重要渠道。在存货采购中往往发生赊购业务，在生产过程中也经常发生应支付而未付的各种款项。归还借款、偿还货款及支付其他应支付而未付的各种款项，都会导致资金退出企业。

【例3-47】 次月1日，以银行存款偿还已到期的短期借款为50 000元（该借款期限为6个月，年借款利率为6%，到期一次还本付息），支付已计算的利息为1 500元。

【解析】 该笔经济业务的发生，使银行存款和短期借款、应付利息同时减少，应分别记入"短期借款""应付利息"账户的借方和"银行存款"账户的贷方。

会计分录如下：

借：短期借款　　　　　　　　　　　　　　　50 000
　　应付利息　　　　　　　　　　　　　　　1 500
　　贷：银行存款　　　　　　　　　　　　　　　51 500

重要提示：
对于一次还本付息的长期借款，计算利息时，应记入"长期借款——应计利息"账户，而不是"应付利息"账户。

2. 缴纳税费

企业缴纳的税费主要有增值税、消费税、城市维护建设税、教育费附加，以及按照企业的应纳税所得额计算的企业所得税等。税费上缴后，这部分资金就退出了企业。

【例3-48】 根据【例3-43】，次月3日，以银行存款缴纳应交企业所得税为96 864.18元。

【解析】该笔经济业务的发生，使银行存款和应交税费同时减少，应分别记入"应交税费"账户的借方和"银行存款"账户的贷方。

会计分录如下：

借：应交税费——应交所得税　　　　　　　96 864.18
　　贷：银行存款　　　　　　　　　　　　　　96 864.18

3. 支付股利

企业实际向投资者支付利润（或股利）时，这部分资金也退出企业。

【例 3-49】 根据【例 3-46】，次月 5 日，以银行存款支付分配给投资者的利润为 400 000 元。

【解析】 该笔经济业务的发生，使得银行存款和应付股利同时减少，应分别记入"应付股利"账户的借方和"银行存款"账户的贷方。

会计分录如下：

借：应付股利——某投资者 　　　　　　　　　　　　　　400 000

　　贷：银行存款 　　　　　　　　　　　　　　　　　　　　　　400 000

项目小结

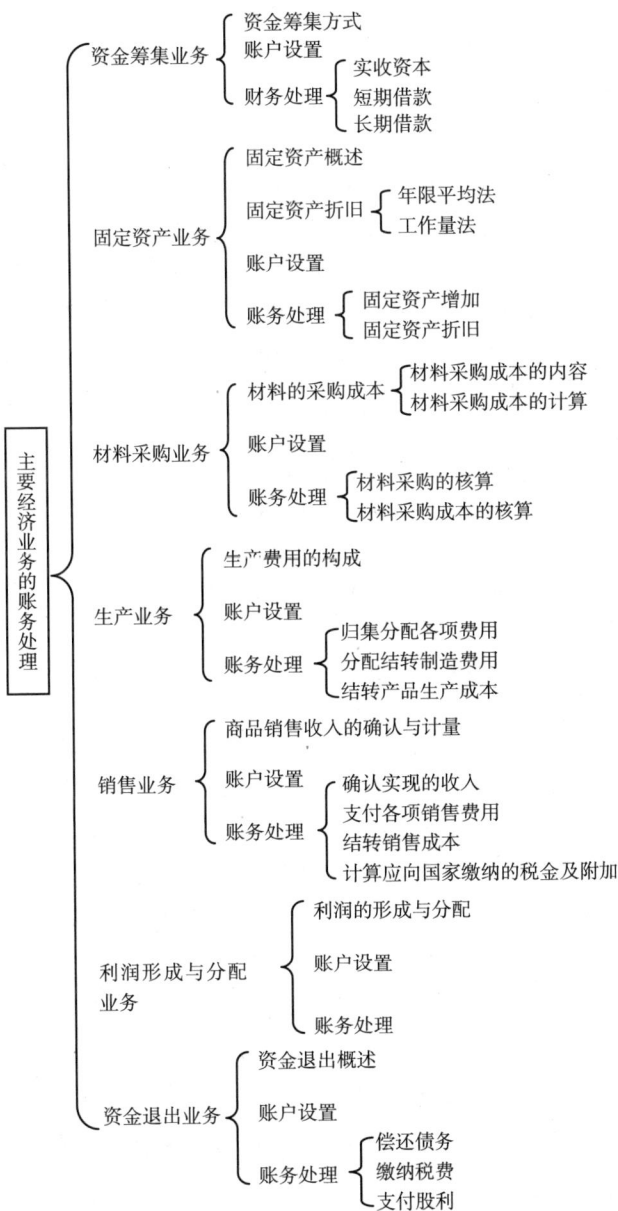

实践活动

【活动目标】

掌握主要经济业务的核算。

【活动要求】

根据所给资料，完成各经济业务的账务处理，编制相关会计分录。

【活动过程】

【资料】 海华公司为增值税一般纳税人，202×年12月份发生的经济业务如下。

①3日，收到宏远公司投入的货币资金为300 000元，存入银行。

②3日，向中国银行申请取得为期6个月的500 000元借款，存入银行。

③4日，用银行存款归还前欠长虹公司的货款为40 000元。

④4日，购入一台生产用设备，价款为20 000元，增值税进项税额为2 600元，用银行存款支付。

⑤5日，开出转账支票支付职工工资为150 000元。

⑥7日，用银行存款支付办公费用为2 000元，其中，生产车间应负担1 500元，管理部门应负担500元。

⑦9日，从成达公司购入2 000千克A材料（买价为50 000元）和3 000千克B材料（买价为70 000元），增值税税额为15 600元。材料尚未入库，款项用银行存款支付。

⑧10日，销售给程光公司500件甲产品，每件售价为400元，货款为200 000元，增值税税率为13%，款项尚未收到。

⑨10日，开出转账支票一张，支付销售甲产品的运费为1 000元，增值税进项税额为90元。

⑩15日，用银行存款支付上月增值税为40 000元、所得税为30 000元。

⑪18日，开出一张10 000元转账支票，支付违约金。

⑫20日，销售不用的一批A材料，售价为5 000元，增值税税率为13%，货款收到并存入银行。

⑬22日，用银行存款支付业务招待费为1 000元，增值税税额为60元。

⑭26日，收到对外投资分得的利润为10 000元，存入银行。

⑮26日，收到昌达公司的违约罚款收入为5 000元，存入银行。

⑯28日，各部门领用材料汇总如下：生产甲产品领用40 000元A材料，车间领用5 000元A材料，行政管理部门领用5 000元A材料；行政管理部门领用10 000元B材料。

⑰29日，计算本月应付职工工资为110 000元。其中，甲产品的生产人员工资为60 000元，车间管理人员工资为10 000元，专设的销售机构人员工资为5 000元，行政管理人员工资为35 000元。

⑱30日，计提本月固定资产折旧额，生产车间固定资产折旧额为5 000元，行政管理部门固定资产折旧额为2 000元。

⑲31日，分配结转制造费用。

⑳31日，支付本月短期借款利息为4 500元。

㉑31日，本月生产的1 000件甲产品全部完工入库，结转其生产成本。

㉒31日，计算并结转销售产品成本。

㉓ 31 日，结转销售材料成本为 2 000 元。

㉔ 31 日，计算并结转本月应交的城市维护建设税和教育费附加。

㉕ 31 日，结转本月收入、费用至"本年利润"账户。

㉖ 31 日，根据本月实现的利润总额，按 25% 的所得税税率计算并结转本月应缴纳的企业所得税。

㉗ 31 日，结转全年累计实现的净利润（1 ～ 11 月实现的净利润为 1 000 000 元）。

㉘ 31 日，按全年净利润的 10% 提取法定盈余公积金。

㉙ 31 日，经股东大会决定，本年向投资者分配利润为 100 000 元。

㉚ 31 日，年终结转全年已分配利润。

【活动评价】

本活动评价的主要内容包括资金筹集的核算、固定资产增加与折旧的核算、材料采购的核算、生产的核算、销售的核算、利润形成与分配的核算，以及资金退出的核算。

活动评价表参见书后附录 A。

项目四

会计凭证

模块一 会计凭证概述

学习导入

20××年1月12日，诚信公司采购员李×到超市为单位购买一批办公用品，共支付了300元，然后到财务室报销。那么，李×如何能够证明可以报销300元呢？这就要李×在购买后取得相应发票作为证明，而该张发票就是一张会计凭证。那么，什么是会计凭证呢？让我们一起来学习吧！

学习内容

4.1.1 会计凭证的概念

会计凭证是记录经济业务发生或完成情况、明确经济责任的书面证明，是登记账簿的依据。填制和审核会计凭证是会计工作的起点和关键，是会计核算的一种专门方法。企业、行政事业单位在处理任何一项经济业务时，都必须及时取得或填制相应的真实、准确的会计凭证。通过会计凭证明确经济业务发生或完成的时间、内容、涉及的有关单位和经办人员的签章等，以此来保证账簿记录的真实性和正确性，并确定对此所承担的法律责任和经济责任。

4.1.2 会计凭证的作用

根据如图 4-1 所示的会计核算的 3 个基本步骤可知，填制和审核会计凭证是会计核算工作的起始环节，是会计核算的一种专门方法，也是会计监督的一种专门方法。

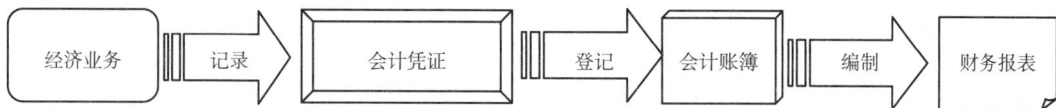

图 4-1 会计核算的 3 个基本步骤

1. 记录经济业务，提供记账依据

当经济业务发生时，必须及时取得或填制会计凭证，如实反映经济业务发生或完成的情况。会计凭证上记载了经济业务发生的时间和内容，从而为会计记账提供了原始凭据，保证了会计核算的客观性与真实性，克服了主观随意性，使会计信息的质量得到可靠保障。

2. 明确经济责任，强化内部控制

经济业务发生后，要取得或填制适当的会计凭证，证明经济业务已经发生或完成；同时，要由有关的经办人员，在凭证上签字、盖章，明确业务责任人。通过会计凭证的填制和审核，使有关责任人在其职权范围内各负其责，并利用凭证填制、审核的手续制度，进一步完善经济责任制，加强内部控制。

3. 监督经济活动，控制经济运行

通过会计凭证的审核，可以监督、检查经济业务的发生是否符合有关的法律、规章、制度，是否符合业务经营、账务收支的方针、计划及预算的规定，以确保经济业务活动的合理性、合法性和有效性。

4.1.3 会计凭证的种类

企业发生的经济业务内容非常复杂，因此用以记录、监督经济业务的会计凭证五花八门、名目繁多。按照会计凭证的填制程序和用途的不同，一般可以分为原始凭证和记账凭证两类。会计凭证的种类如图 4-2 所示。

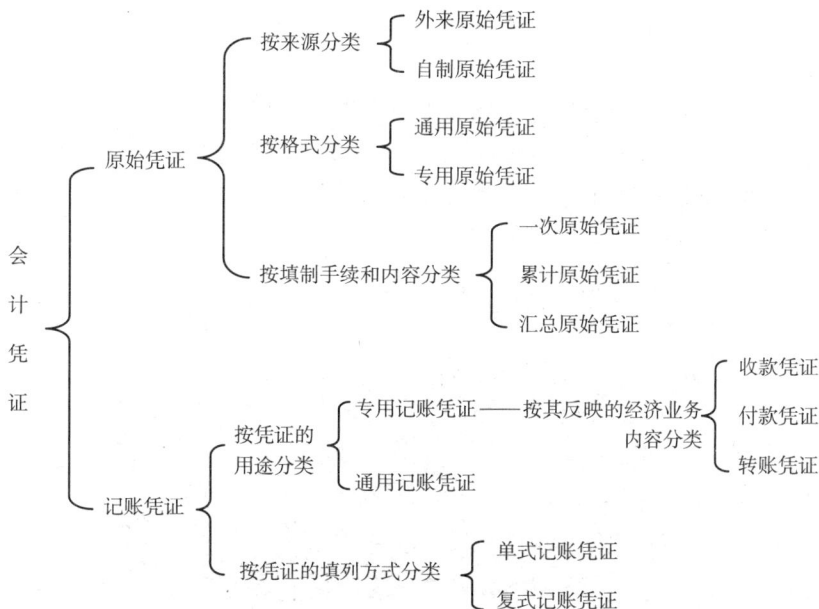

图 4-2 会计凭证的种类

模块二　原始凭证

学习导入

通过模块一的学习，我们知道，诚信公司采购员李×为单位购买办公用品时所取得的发票，是一张会计凭证，而且，若按照会计凭证的填制程序和用途的不同分类，则属于原始凭证。那么，什么是原始凭证？原始凭证有什么作用？有哪些类别？又如何填制与审核呢？让我们一起进入本模块的学习吧！

学习内容

4.2.1　原始凭证的概念

原始凭证是指在经济业务发生或完成时取得或填制的，用以记录或证明经济业务的发生或完成情况的原始凭据。它不仅能用来记录经济业务发生或完成的情况，还可以明确经济责任，是进行会计核算工作的原始资料和重要依据，如发票、车票、借据、领料单、收款收据、支票存根、材料入库单等。凡是不能证明经济业务已经发生或完成的各种单据，如购货合同、购料申请单、对账单等，均不能作为会计核算的原始证据。

《中华人民共和国会计法》第十四条规定，办理本法第十条所列的经济业务事项，必须填制或取得原始凭证，并及时送交会计机构。

4.2.2　原始凭证的种类

企业、行政事业单位复杂多样的经济业务导致原始凭证的格式、填制手续、方法也不尽相同，因此，原始凭证从不同角度可以划分为不同的类型。

1. 按原始凭证的来源分类

原始凭证按其来源的不同，可分为外来原始凭证和自制原始凭证两类。

1）外来原始凭证

外来原始凭证是指在经济业务发生或完成时，业务经办人员从其他单位或个人直接取得的原始凭证。例如，对外支付款项时取得的收款收据，购货时取得的增值税专用发票、增值税普通发票或其他普通发票，运输部门的火车票、汽车票，以及由银行转来的结算凭证等。外来原始凭证如图4-3所示。其中，增值税专用发票样式如图4-4所示，普通发票样式如图4-5所示。

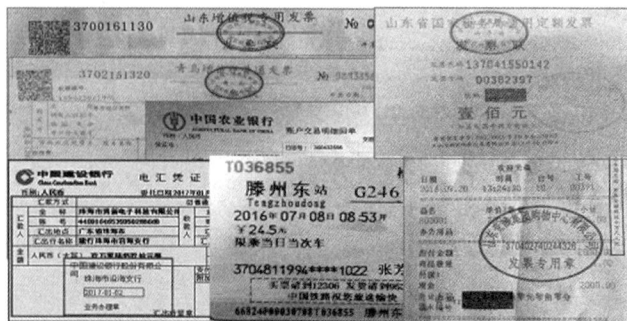

图4-3　外来原始凭证

山东省增值税专用发票　　No. 5310692824

发票联

开票日期：

购买方	名　　称： 纳税人识别号： 地址、电话： 开户行及账号：					密码区	（略）		
货物或应税劳务、服务名称	规格型号	单位	数量	单价		金额	税率	税额
合　　　计								

价税合计（大写）　　　　　　　　　　　　　　(小写)¥＿＿＿＿＿

销售方	名　　称： 纳税人识别号： 地址、电话： 开户行及账号：			备注	

收款人：　　　　　　复核：　　　　　　开票人：　　　　　　销售方：（章）

第三联：发票联　购买方记账凭证

图 4-4　增值税专用发票样式

山东省济南市地方税务局通用机打发票

发票代码

232040808673

发票联

开票日期：　　　　　行业分类：

发票联　购买方记账凭证

（超过佰万元无效）　　　　　开票人：　　　　　　开票单位盖章

图 4-5　普通发票样式

知识拓展

发票小常识

　　发票是以从事生产、经营的企事业单位和个人、在销售商品或提供应税劳务及从事其他经营活动时取得的应税收入为对象，向付款方开具的收款凭证。一般分为增值税专用发票、增值税普通发票和普通发票等。

　　增值税专用发票是专用于纳税人销售货物或提供增值税应税劳务的一种发票。增值税专用发票既具有普通发票所具有的内涵，同时还具有比普通发票更特殊的作用。它不仅是记载商品销售额和增值税税额的财务收支凭证，而且还是兼记销货方纳税义务和购货方进项税额的合法证明，是购货方据以抵扣税款的法定凭证，对增值税的计算起着关键性作用。

　　增值税专用发票共三联：

　　第一联为"记账联"，作为销售方核算销售收入和增值税销项税额的记账凭证；

　　第二联为"抵扣联"，作为购买方扣税凭证；

　　第三联为"发票联"，作为购买方记账凭证。

增值税普通发票没有"抵扣联"。

普通发票的基本联次为三联：

第一联为存根联，开票方留存备查；

第二联为发票联，收执方（付款方）作为记账的原始凭证；

第三联为记账联，开票方作为记账的原始凭证。

个人发票一般泛指普通发票。

2）自制原始凭证

自制原始凭证是由本单位内部经办业务的部门和人员，在执行或完成某项经济业务时所填制的、仅供本单位内部使用的原始凭证。例如，由仓库保管员在验收材料时填制的收料单（见图4-6），各部门在领取原材料时填制的领料单（见图4-7），产品完工入库时填制的产品入库单（见图4-8）。

收 料 单

年　月　日

发票号码：

供应单位：　　　　　　　　　　　　　　　　　　　　　　　　收料单编号：07890012

材料类别：　　　　　　　　　　　　　　　　　　　　　　　　收料仓库：

编号	名称	规格	单位	数　量		实　际　成　本					备注	此联 记账联
				应收	实收	买　价		运杂费	其他	合计		
						单价	金额					
合　　计												

主管：　　　　　采购员：　　　　　检验员：　　　　　记账员：　　　　　保管员：

图 4-6　收料单

领 料 单

No.52138703

领料单位：　　　　　　　　　　　年　月　日　　　　　　　发料仓库：

材料类别	编号	名　称	规格型号	单位	数量		单价	金　额	用　途	此联 记账联
					请领	实领				
合　计										
备注										

审批：　　　　　保管员：　　　　　记账：　　　　　领料人：

图 4-7　领料单

产 品 入 库 单

No. 560087

仓库：　　　　　　　　　　　　年　月　日

产品编号	产品名称	规格型号	计量单位	交付数量	检验结果		实收数量	单价	金额	备注	此联 记账联
					合格	不合格					
合　计											

主管：　　　　　会计：　　　　　质检员：　　　　　保管员：

图 4-8　产品入库单

2. 按原始凭证的格式分类

原始凭证按其格式的不同，可分为通用原始凭证和专用原始凭证两种。

1）通用原始凭证

通用原始凭证是指由有关部门统一印制、在一定范围内使用的具有统一格式和使用方法的原始凭证，如由银行统一印制的结算凭证、税务部门统一印制的发票等。

2）专用原始凭证

专用原始凭证是指由单位自行印制、仅在本单位内部使用的原始凭证，如差旅费报销单、折旧计算表、借款单等。

3. 按原始凭证的填制手续和内容分类

原始凭证按其填制的手续和内容的不同，可分为一次原始凭证、累计原始凭证和汇总原始凭证。

1）一次原始凭证

一次原始凭证是一次填制完成，只记录一笔经济业务的原始凭证。这种凭证是一次有效的凭证，能够清晰地反映经济业务活动情况，使用方便、灵活，但数量较多。常用的一次原始凭证有收料单、领料单、发货票、增值税专用发票等。

2）累计原始凭证

累计原始凭证是指在一定时期内多次记录发生的同类型经济业务的原始凭证。这种凭证是多次有效的原始凭证，其特点是在一张凭证内登记多笔相同经济业务发生额，并随时结计累计数及结余额，以便同计划或定额指标对比，达到按标准控制支出的目的，同时可减少原始凭证数量，简化会计核算工作。常用的累计原始凭证有限额领料单、费用登记表等。限额领料单的一般格式如图4-9所示。

限 额 领 料 单

领料部门：_____   材料类别：_____
用　途：_____   编　号：_____
年　月   仓　库：_____

材料编号	材料名称	规格	计量单位	领料限额	实际领用			备注
					数量	单位成本	金额	
领料日期	请　领		实　发			退　回			限额结余
	数量	领料单位	数量	发料人签章	领料人签章	数量	领料人签章	退料人签章	
合　计									

供应部门负责人：　　　　生产部门负责人：　　　　仓库管理员：

图4-9　限额领料单的一般格式

3）汇总原始凭证

汇总原始凭证又称原始凭证汇总表，是指将一定时期内若干张反映经济业务内容相同的原始凭证，按照一定标准综合填制的原始凭证。这种原始凭证既可以提供经营管理所需要的总量指标，又可以大大简化核算手续，提高工作效率和质量，以便于对原始凭证的使用和核对。常用的汇总原始凭证有工资结算汇总表、发出材料汇总表、差旅费报销单等。发出材料汇总表的格式如图4-10所示。

发出材料汇总表

年　　月　　日　　　　　　　　　　　货币单位：元

账户名称		领料部门	原料及主要材料	燃料	……	合计
生产成本	基本生产车间	一车间				
		二车间				
		小计				
	辅助生产车间	供电车间				
		供气车间				
		小计				
制造费用		一车间				
		二车间				
		小计				
管理费用		行政部门				
合计						

附单据　张

会计负责人：　　　　　　复核：　　　　　　制表：

图4-10　发出材料汇总表的格式

以上是按不同的标准对原始凭证进行的分类，它们之间是相互依存、密切联系的。有些原始凭证按照不同的分类标准分别属于不同的种类。例如，现金收据对出具收据的单位来说是自制原始凭证，而对接收收据的单位来说则是外来原始凭证；同时，它既是一次原始凭证，也是专用原始凭证。外来原始凭证大多为一次原始凭证，累计原始凭证和汇总原始凭证多为自制原始凭证。

4.2.3　原始凭证的基本内容

因为各个单位发生的经济业务事项和经营管理要求不同，所以原始凭证的内容和格式也有所差异。但是，作为反映经济业务事项已经发生或完成并明确经济责任的书面文件，无论是哪一种原始凭证，都应当具备一些相同的基本内容，这些内容称为原始凭证的基本内容或基本要素。下面以一张商业通用机打发票（见图4-11）为例来说明原始凭证的基本内容。

山东省地方税务局通用机打发票

发票联

发票代码1440020021122
发票号码No.07899876

开票日期：202×-05-19　　行业分类：商业

顾客名称：张政					
商品型号	单位	数量	单价	金额	
小天鹅贮水式电热水器 40L-601	台	1	438.00	438.00	

合计金额（人民币大写）：肆佰叁拾捌元整　　合计金额（小写）：¥438.00

备注：小天鹅热水器按照厂家售后服务规定实施全国联保。

（超过佰万元无效）　收款人：钱多多　开票人：刘莉　开票单位盖章　　（手写无效）

此联发票联　购买方记账凭证

图4-11　商业通用机打发票

① 原始凭证的名称和编号，如"山东省地方税务局通用机打发票""No.07899876"。

② 原始凭证的填制日期，如 202× 年 05 月 19 日。

③ 填制凭证单位名称或填制人姓名的签章，如"兴盛贸易公司"的发票专用章、"刘莉"的签字。

④ 经办人员的签名或者盖章，如"钱多多"等。

⑤ 接收凭证单位名称或个人姓名，如"张政"。

⑥ 经济业务事项的内容，如"商品型号"等。

⑦ 数量、单价和金额，如数量为"1 台"、单价为"438.00"等。

上述内容是一般原始凭证都应具备的。在实际工作中，由于经济业务的多样性，有些原始凭证还应具有以下的内容。

① 一些特殊的原始凭证出于习惯或使用单位认为不易伪造，则不加盖公章，但这种凭证一般应有固定的特殊标志，如火车票、飞机票、轮船票等。

② 使用统一发票时，发票上应印有税务专用章；事业、行政单位按规定收取费用时，应使用财政部门统一印制的收据，即通用原始凭证。

③ 原始凭证为了满足其他业务需要，还可列入相应的内容，如预算项目、合同号数等，使原始凭证能够发挥多方面的作用。

4.2.4 原始凭证的填制要求

1. 原始凭证的填制基本要求

原始凭证是进行会计核算的重要原始依据，因此，为了保证原始凭证能够正确、及时、清晰地反映经济业务的真实情况，原始凭证的填制必须符合其基本要求。原始凭证的填制基本要求如表 4-1 所示。

表 4-1　原始凭证的填制基本要求

内容完整	必须按照规定的原始凭证基本要素逐项填写齐全，不得遗漏或简略；有关经办单位和人员必须按法规要求认真签章，做到责任明确，各负其责
记录真实	原始凭证填制的日期、经济业务内容和数字必须是经济业务发生或完成的实际情况，不得弄虚作假，不得匡算数或估计数填入，不得涂改、挖补
填写清楚	原始凭证要求文字清楚、工整、易于辨析，不得臆造文字；业务内容应简明扼要；业务数量、单位和金额要按规定填写
填制及时	原始凭证必须在经济业务发生或完成时，及时填制或及时取得，并按照规定程序传递，做到不拖延、不积压、不事后补填，并按规定的程序审核，以便据此填制记账凭证
手续完备	单位自制的原始凭证必须有经办单位领导或其他指定人员的签名或盖章。从外单位取得的原始凭证，必须盖有填制单位的公章；从个人处取得的原始凭证，必须有填制人员的签名或盖章。对外开出的原始凭证，必须加盖本单位的公章
编号连续	各种凭证要连续编号，以便检查。如果原始凭证已预先印定编号，在写坏作废时，应当加盖"作废"戳记，并妥善保管，不得撕毁
不得涂改、刮擦、挖补	任何凭证不得涂改、刮擦、挖补。原始凭证金额有错误的，应当由出具单位重开，不得在原始凭证上更正。原始凭证有其他错误的，应当由出具单位重开或更正，更正处应当加盖出具单位印章

原始凭证的书写要清楚、规范，具体要求如下。

① 中文大写数字金额的书写：用零、壹、贰、叁、肆、伍、陆、柒、捌、玖、拾、佰、仟、万、亿等，一律用正楷或行书体书写，不得用〇、一、二、三、四、五、六、七、八、九、十等简化字代替，不得任意自造简化字。

② "整"的用法：大写金额数字到元或角为止的，在"元"或"角"字之后应当写"整"字或"正"字；大写金额数字有分的，分字后面不写"整"字或"正"字。

③ "零"的用法：金额数字中间有"0"时，汉字大写金额要写"零"字；阿拉伯数字金额中间连续有几个"0"时，汉字大写金额中可以只写一个"零"字；阿拉伯金额数字元位是"0"，

或者数字中间连续有几个"0"、元位也是"0"但角位不是"0"时，汉字大写金额可以只写一个"零"字，也可以不写"零"字。

④ 小写金额的写法：大小写金额必须相符并书写规范，小写金额用阿拉伯数字逐个书写，不得连笔写。在金额前面应当书写币种符号。币种符号与阿拉伯数字金额之间不得留有空白。凡阿拉伯数字前写有币种符号的，数字后面不再填写货币单位。

⑤ 大写金额数字前未印有货币名称的，应当加填货币名称。货币名称与金额数字之间不得留有空白。

另外，所有以元为单位（其他货币种类为货币基本单位，下同）的阿拉伯数字，除表示单价等情况外，一律填写到角、分；无角、分的，角位和分位可写"00"，或者加符号"—"；有角无分的，分位应当写"0"，不得用符号"—"代替。

2. 自制原始凭证的填制要求

不同的自制原始凭证，其填制要求也有所不同。

1）一次原始凭证的填制

一次原始凭证应在经济业务发生或完成时，由相关业务人员一次填制完成。该凭证往往只能反映一项经济业务，或者同时反映若干项同一性质的经济业务。

一次原始凭证的填制

2）累计原始凭证的填制

累计原始凭证应在每次经济业务完成后，由相关人员在同一张凭证上重复填制完成。该凭证能在一定时期内不断重复地反映同类经济业务的完成情况。

累计原始凭证的填制

3）汇总原始凭证的填制

汇总原始凭证应由相关人员在汇总一定时期内反映同类经济业务的原始凭证后，填制完成。该凭证只能将类型相同的经济业务进行汇总，不能汇总两类或两类以上的经济业务。

汇总原始凭证的填制

3. 外来原始凭证的填制要求

外来原始凭证应在企业同外单位发生经济业务时，由外单位的相关人员填制完成。外来原始凭证一般由税务局等部门统一印制，或者经税务部门批准由经营单位印制，在填制时加盖出具凭证单位公章方为有效。对于一式多联的原始凭证必须用复写纸套写或打印机套打。

4.2.5 原始凭证的审核

为了保证会计信息的真实、合法、完整和准确，充分发挥会计的监督职能，原始凭证必须经过会计主管人员或指定人员进行认真严格地逐项审查核实后，方能作为编制记账凭证和登记账簿的依据。原始凭证的审核内容如表4-2所示。

表4-2　原始凭证的审核内容

原始凭证的审核

审核原始凭证的合法性	是否有违反国家法律法规的情况
	是否履行了规定的凭证传递和审核程序
	是否有贪污腐化等行为
审核原始凭证的真实性	业务内容的真实性：原始凭证发生及填制的日期是否真实、业务内容及数据是否真实等
	双方单位及人员的真实性：对外来原始凭证，必须有填制单位公章和填制人员签章；对自制原始凭证，必须有经办部门和经办人员的签名或盖章
	原始凭证本身的真实性：对通用原始凭证，还应审核原始凭证本身的真实性，以防假冒
审核原始凭证的完整性	原始凭证各项基本要素要齐全：是否有漏项情况，日期是否完整，数字是否清晰，字迹是否工整，有关人员签章是否齐全，原始凭证联次是否正确等

（续表）

审核原始凭证的完整性	所附单据要齐全：购买实物的，必须有验收证明；支付款项的，必须有收款单位或收款人的收款证明
审核原始凭证的合理性	原始凭证所记录经济业务是否符合企业生产经营活动的需要、是否符合有关的计划和预算等
审核原始凭证的正确性	原始凭证各项金额的计算及填写是否正确，包括阿拉伯数字分位的填写，不得连写；小写金额前要书写币种符号，如"¥"，中间不能留有空位；大写金额前要加"人民币"或其他币种名称字样，大写金额与小写金额要相符
	原始凭证书写要正确：若有书写错误的，应采用正确的方法更正，不能采用涂改、刮擦、挖补等不正确方法更正
审核原始凭证的及时性	原始凭证的填制和传递要及时：审核时应注意审查原始凭证的填制日期，尤其是支票、银行汇票、银行本票等时效性较强的原始凭证，更应仔细验证其签发日期

经审核的原始凭证应根据以下不同情况进行处理。

① 对于完全符合要求的原始凭证，应及时据以编制记账凭证入账。

② 对于真实、合法、合理但内容不够完整、填写有错误的原始凭证，应退回给有关经办人员，由其负责将有关原始凭证补充完整、更正错误或重开后，再办理正式会计手续。

③ 对于不真实、不合法的原始凭证，会计机构、会计人员有权不予接受，并向单位负责人报告。

原始凭证的审核是一项严肃细致的重要工作，会计人员必须熟悉国家有关法规和制度及本单位的有关规定，只有这样，才能掌握审核和判断是非的标准，确定经济业务是否合理、合法，从而做好原始凭证的审核工作，实现正确有效的会计监督。另外，审核人员还必须做好宣传解释工作，因为原始凭证所证明的经济业务要由有关领导和职工去经办，只有对他们做好宣传解释工作，才能避免发生违法违规的经济业务。

4.2.6 原始凭证的填制实例

1. "收料单"的填制

"收料单"是企业购进材料验收入库时，由仓库保管人员根据材料的实际验收情况，填制的一次性原始凭证。"收料单"根据企业的实际情况一般也要一式几联套写。常见的联次有存根联（验收留存）、记账联（交会计）、保管联（交采购部门）。

【例4-1】 【资料】2019 年 10 月 12 日，东方公司从欣欣公司购进一批编号为"001"的 A 材料，增值税发票载明单价为 200 元 / 千克，数量为 1 000 千克，增值税税率为 13%，款项已付，材料全部验收入库。

【要求】请根据上述资料，以"01 号仓库"保管员"周泉"的身份填制收料单。

收料单如图 4-12 所示。

东方公司收料单

发票号码：
供应单位：欣欣公司　　　　　　2019 年 10 月 12 日　　　　　收料单编号：07890012
材料类别：A 材料　　　　　　　　　　　　　　　　　　　　　　收料仓库：01 号仓库

编号	名称	规格	单位	数量		实际成本					备注	此联 记账联
				应收	实收	买价		运杂费	其他	合计		
						单价	金额					
001	A 材料		千克	1 000	1 000	200	200 000.00			200 000.00		
合　　　计										200 000.00		

主管：×××　　　采购员：×××　　　检验员：×××　　　记账员：×××　　　保管员：周泉

图 4-12　收料单

2.“现金支票”的填制

常见支票分为现金支票、转账支票。在支票正面上方有明确标注。现金支票只能用于支取现金（限同城内）；转账支票只能用于转账。现金支票的填写要求如下。

① 出票日期（大写）：数字必须大写。大写数字的写法为零、壹、贰、叁、肆、伍、陆、柒、捌、玖、拾。

例如，2017 年 3 月 5 日：贰零壹柒年叁月零伍日。

叁月前零字也可不写，但伍日前零字必写。

又如，2018 年 2 月 13 日：贰零壹捌年零贰月壹拾叁日。

壹月、贰月前零字必写，叁月至玖月前零字可写，也可不写。拾月至拾贰月必须写成壹拾月、壹拾壹月、壹拾贰月（前面多写了零字也认可，如零壹拾月）。

壹日至玖日前零字必写，拾日至拾玖日必须写成壹拾日及壹拾 × 日（前面多写了零字也认可，如零壹拾伍日，下同），贰拾日至贰拾玖日必须写成贰拾日及贰拾 × 日，叁拾日至叁拾壹日必须写成叁拾日及叁拾壹日。

② 收款人：现金支票收款人可写为本单位名称，此时现金支票背面“被背书人”栏内加盖本单位的财务专用章和法人章，印章必须清晰。现金支票收款人可写为收款人个人姓名，此时现金支票背面不盖任何章，收款人在现金支票背面填上身份证号码和发证机关名称，凭身份证和现金支票签字领款。

③ 付款行名称、出票人账号：本单位开户银行名称及银行账号。

④ 数字大写写法：零、壹、贰、叁、肆、伍、陆、柒、捌、玖、拾、佰、仟、万、亿。

⑤ 人民币数字小写：最高金额前用“¥”打头，数字填写要求完整清楚。

⑥ 用途：现金支票有一定限制，一般填写“备用金”“差旅费”“工资”“劳务费”等。

【例 4-2】 【资料】2019 年 10 月 12 日，经主管领导批准，东方公司（法人代表：高海峰）出纳员张芳（身份证号为 372214××××××××1111）按规定程序填制一张中国工商银行现金支票，到开户银行（中国工商银行解放路支行，账号为 102473786810）提取现金为 3 000 元，作为备用金。

【要求】请根据上述资料和有关规定，以出纳员张芳的身份，正确填制一张现金支票。

现金支票正面如图 4-13 所示。现金支票背面如图 4-14 所示。

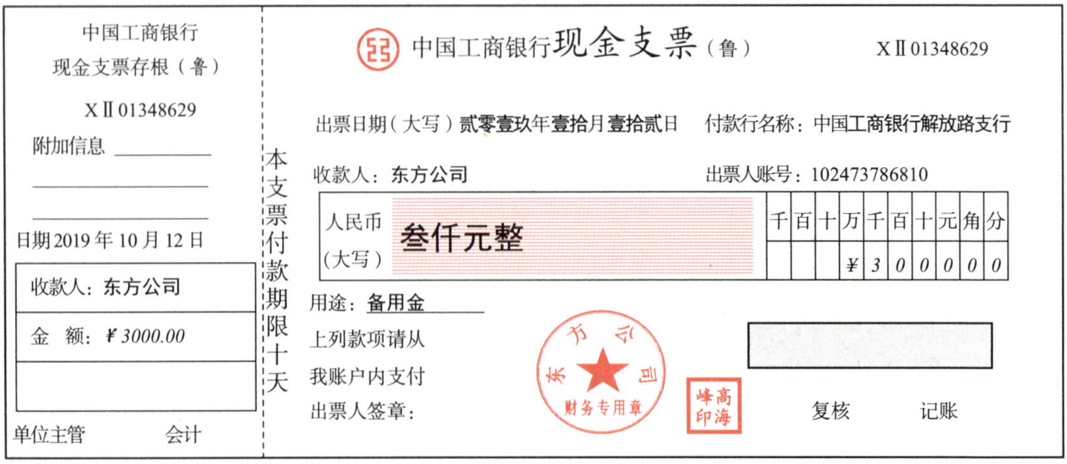
中国工商银行
现金支票存根（鲁）
XⅡ01348629
附加信息
日期 2019 年 10 月 12 日
收款人：东方公司
金　额：¥3000.00
单位主管　　会计

本支票付款期限十天

中国工商银行现金支票（鲁）　XⅡ01348629
出票日期（大写）贰零壹玖年壹拾月壹拾贰日　付款行名称：中国工商银行解放路支行
收款人：东方公司　出票人账号：102473786810
人民币（大写）叁仟元整

千	百	十	万	千	百	十	元	角	分
				¥	3	0	0	0	0

用途：备用金
上列款项请从
我账户内支付
出票人签章：

复核　　记账

图 4-13　现金支票正面

附加信息：	
张芳	
372214××××××××1111	东方公司财务专用章　峰高印海　收款人签章 2019年10月12日
	身份证件名称：　　发证机关：
	号码

（贴粘处）

图 4-14　现金支票背面

3. 增值税专用发票的填制

增值税专用发票是由国家税务总局监制设计印制的，只限于增值税一般纳税人通过增值税防伪税控系统使用。

【例 4-3】【资料】2019 年 10 月 15 日，东方公司根据销售合同，向客户鹏程公司销售 1 000 千克 02 号产品，单价为 20 元 / 千克，增值税税率为 13%。东方公司开具增值税专用发票给鹏程公司。

鹏程公司有关资料如下：

纳税人识别号：37041965687512267

地 址、电 话：枣庄市建设路 309 号 3367567

开户行及账号：中国农业银行建设路支行 278908060987127

东方公司有关资料如下：

纳税人识别号：37012890567843976

地 址、电 话：济南市解放路 18922 号 55660789

开户行及账号：中国农业银行解放路支行 546789100199126

【要求】根据上述资料，按增值税专用发票的填制要求，以开票人赵峰的身份，开具一张增值税专用发票（增值税专用发票基本联次为一式三联：记账联、抵扣联、发票联，必须机打）。

增值税专用发票如图 4-15 所示。

3702150007　　**山东省增值税专用发票**　　№. 7010691267

（全国统一发票监制章 山东 国家税务总局监制）发票联

机器编号：200011199922　　开票日期：2019年10月15日

购买方	名　　称：鹏程公司 纳税人识别号：37041965687512267 地 址、电 话：枣庄市建设路 309 号 3367567 开户行及账号：中国农业银行建设路支行 278908060987127					密码区	（略）	
货物或应税劳务、服务名称		规格型号	单位	数量	单价	金额	税率(%)	税额
金属制品 02号产品			千克	1000	20	20000.00	13	2600.00
合　　计						¥20000.00		¥2600.00
价税合计（大写）人民币贰万贰仟陆佰元整						(小写) ¥22600.00		
销售方	名　　称：东方公司 纳税人识别号：37012890567843976 地 址、电 话：济南市解放路 18922 号 55660789 开户行及账号：中国农业银行解放路支行 546789100199126					备注	（东方公司 37012890567843976 发票专用章）	

收款人：　　复核：　　开票人：赵峰　　销售方：（章）

第三联　发票联：购买方记账凭证

图 4-15　增值税专用发票

4. 差旅费报销单的填制

差旅费是指出差人员临时到常驻地以外地区出差所发生的城市间的交通费、住宿费、伙食补助费和市内交通费等。

【例4-4】 【资料】202×年10月16日，东方公司财务部赵静出差（参加培训会，预借差旅费为1 500元）归来报销差旅费。相关资料如下。

① 公司规定：出差期间，每天补贴市内交通费为50元，每天补贴伙食费为100元，且均按自然天数计算。住宿费按实际住宿天数计算，每天定额为350元，以发票为依据报销，超标准部分不予报销。

② 出差期间的有关单据如图4-16所示。

（a）住宿发票

（b）火车票1

图4-16 出差期间的有关单据

```
Z137A044482                                      检票: 7A

上海虹桥 站          G226              济南 站
Shanghaihongqiao       ──────→          Jinan
202×年10月15日 14:05 开              6 车09A 号
    ¥400.00 元           网              二等座
限乘当日当次车
3701011982****2323   赵静
   ┌─────────────────────────────┐
   │ 买票请到 12306 发货请到 95306 │
   │ 中国铁路祝您旅途愉快          │
   └─────────────────────────────┘
66821001139746T038761      上海虹桥售
```

（c）火车票2

图 4-16　出差期间的有关单据（续）

【要求】请根据以上资料，完成以下各项内容。

① 准确计算各项差旅费的实际发生金额。

② 根据公司的规定，计算确定赵静应报销费用的金额，以及预借差旅费的结余或超支额。

③ 按要求准确、完整地完成差旅费报销单的填制。

差旅费报销单如图 4-17 所示。

差旅费报销单

单位：东方公司　　　　　　　　　　　202×年10月16日

姓　名		赵静（财务部）		出差事由		参加培训会			
起止日期	出发地	到达地	市内交通补助		伙食补贴		车/船/机票		住宿费	合计
			天数	金额	天数	金额	张数	金额	（2天）	金额
2019.10.13	济南	上海					1	400.00		400.00
2019.10.15	上海	济南	3	150.00	3	300.00	1	400.00	660.00	1510.00
合　　　计			3	150.00	3	300.00	2	800.00	660.00	1910.00
报销金额合计人民币（大写）壹仟玖佰壹拾元整						¥1910.00				
预借金额：¥1500.00					结余或超支：¥410.00					

附单据 3 张

单位负责人：　　　会计主管：　　　会计：　　　　出纳员：　　　　出差人：**赵静**

图 4-17　差旅费报销单

5. 限额领料单的填制

限额领料单是多次使用的累计领料凭证，是为了控制成本、避免浪费而产生的，它同领料单的区别在于它多了一项"定额"。它是由生产、计划部门根据下达的生产任务和材料消耗定额，按每种材料用途分别开出，一单一料，在有效期间内（一般为1个月），只要领用数量不超过限额就可以连续使用。

【例 4-5】 【资料】202× 年10月，为了生产02号产品，东方公司加工车间累计领取 A 材料情况如表 4-3 所示。

表4-3　东方公司加工车间累计领取A材料情况

领料日期	请领数量	实领数量
1.02	100	100
1.04	200	200
1.15	200	200
1.26	50	50
1.27	50	50

01号仓库管理员郑刚每次都在限额领料单上根据规定如实发料并记录。

【要求】请根据以上资料，填写限额领料单。

限额领料单如图4-18所示。

限额领料单

领料部门：　加工车间　　　　　　202×年10月　　　　　　材料类别：　原料及主要材料

用　　途：　生产领用　　　　　　　　　　　　　　　　　编　　号：　012

　　　　　　　　　　　　　　　　　　　　　　　　　　　仓　　库：　01号仓库

材料编号	材料名称	规格	计量单位	领料限额	实际领用			备注
					数量	单位成本	金额	生产02号产品
0101	A材料		千克	600	600	200	120 000	

领料日期	请领		实发			退回			限额结余
	数量	领料单位	数量	发料人签章	领料人签章	数量	领料人签章	退料人签章	
10.02	100	02号车间	100	郑刚	凌廖				500
10.04	200	02号车间	200	郑刚	凌廖				300
10.15	200	02号车间	200	郑刚	凌廖				100
10.26	50	02号车间	50	郑刚	凌廖				50
10.27	50	02号车间	50	郑刚	凌廖				0
合计	600		600						0

第二联　财务核算联

供应部门负责人：龚颖　　　　　生产部门负责人：付泽　　　　　仓库管理员：郑刚

图4-18　限额领料单

模块三　记账凭证

学习导入

　　原始凭证能够记录经济业务发生或完成的情况，那么，能不能直接根据原始凭证（如前例中，李××购买办公用品时取得的发票）记账呢？答案是否定的。由于原始凭证的种类繁多、格式不同、大小不一，不便于保管。因此，必须将原始凭证上的内容按照类别腾挪到统一格式的单据中，这种单据即为记账凭证。下面就让我们一起来学习记账凭证的有关知识吧!

![学习内容]

4.3.1 记账凭证的概念

记账凭证又称记账凭单，是指会计人员根据审核无误的原始凭证，按照经济业务的内容加以归类，并据以确定会计分录后所填制的会计凭证，作为登记账簿的直接依据。

原始凭证与记账凭证的不同点如表4-4所示。

表4-4 原始凭证与记账凭证的不同点

不同点	原始凭证	记账凭证
填制人	由经办人员填制	一律由会计人员填制
填制依据	根据发生或完成的经济业务填制	根据审核无误的原始凭证填制
处理过程	仅用于记录、证明经济业务已经发生或完成	依据会计科目对已经发生或完成的经济业务进行归类、整理，是对会计资料进行处理的第一步
作用	用来证明经济业务的发生	用来反映所涉及的账户，并体现账户的对应关系
	填制记账凭证的依据	登记账簿的依据

4.3.2 记账凭证的种类

记账凭证可以按照不同的标准进行分类。

1. 按凭证的用途分类

1) 专用记账凭证

专用记账凭证是指分类反映经济业务的记账凭证，按其反映的经济业务内容，可分为收款凭证、付款凭证和转账凭证。

（1）收款凭证

收款凭证是指用于记录现金和银行存款收款业务的记账凭证。

收款凭证的格式如图4-19所示。

图4-19 收款凭证的格式

（2）付款凭证

付款凭证是指用于记录库存现金和银行存款付款业务的记账凭证。

付款凭证的格式如图 4-20 所示。

<table>
<tr><td colspan="9" style="text-align:center">付　款　凭　证</td><td colspan="2">装订顺序第___号</td></tr>
<tr><td colspan="3">贷方科目：</td><td colspan="3" style="text-align:center">年　月　日</td><td colspan="5">付字第___号</td></tr>
<tr><td rowspan="2">摘　　要</td><td colspan="2">借　方　科　目</td><td colspan="10">金　　额</td><td rowspan="2">记账</td></tr>
<tr><td>一级科目</td><td>明细科目</td><td>千</td><td>百</td><td>十</td><td>万</td><td>千</td><td>百</td><td>十</td><td>元</td><td>角</td><td>分</td></tr>
<tr><td></td><td></td><td></td><td></td><td></td><td></td><td></td><td></td><td></td><td></td><td></td><td></td><td></td><td>（√）</td></tr>
<tr><td></td><td></td><td></td><td></td><td></td><td></td><td></td><td></td><td></td><td></td><td></td><td></td><td></td><td></td></tr>
<tr><td></td><td></td><td></td><td></td><td></td><td></td><td></td><td></td><td></td><td></td><td></td><td></td><td></td><td></td></tr>
<tr><td></td><td></td><td></td><td></td><td></td><td></td><td></td><td></td><td></td><td></td><td></td><td></td><td></td><td></td></tr>
<tr><td></td><td></td><td></td><td></td><td></td><td></td><td></td><td></td><td></td><td></td><td></td><td></td><td></td><td></td></tr>
<tr><td colspan="3" style="text-align:center">合　　　　计</td><td></td><td></td><td></td><td></td><td></td><td></td><td></td><td></td><td></td><td></td><td></td></tr>
<tr><td colspan="3">财务主管：</td><td colspan="3">审核：　　　记账：</td><td colspan="5">出纳：　　　制单：</td></tr>
</table>

（附件　张）

图 4-20　付款凭证的格式

（3）转账凭证

转账凭证是指用于记录不涉及库存现金和银行存款业务的记账凭证。

转账凭证的格式如图 4-21 所示。

<table>
<tr><td colspan="5" style="text-align:center">转　账　凭　证</td><td colspan="2">装订顺序第___号</td></tr>
<tr><td colspan="4" style="text-align:center">年　月　日</td><td colspan="3">转字第___号</td></tr>
<tr><td rowspan="2">摘　　要</td><td rowspan="2">一级科目</td><td rowspan="2">明细科目</td><td colspan="10">借方金额</td><td>√</td><td colspan="10">贷方金额</td><td>√</td></tr>
<tr><td>千</td><td>百</td><td>十</td><td>万</td><td>千</td><td>百</td><td>十</td><td>元</td><td>角</td><td>分</td><td></td><td>千</td><td>百</td><td>十</td><td>万</td><td>千</td><td>百</td><td>十</td><td>元</td><td>角</td><td>分</td><td></td></tr>
<tr><td></td><td></td><td></td><td></td><td></td><td></td><td></td><td></td><td></td><td></td><td></td><td></td><td></td><td></td><td></td><td></td><td></td><td></td><td></td><td></td><td></td><td></td><td></td><td></td><td></td></tr>
<tr><td></td><td></td><td></td><td></td><td></td><td></td><td></td><td></td><td></td><td></td><td></td><td></td><td></td><td></td><td></td><td></td><td></td><td></td><td></td><td></td><td></td><td></td><td></td><td></td><td></td></tr>
<tr><td></td><td></td><td></td><td></td><td></td><td></td><td></td><td></td><td></td><td></td><td></td><td></td><td></td><td></td><td></td><td></td><td></td><td></td><td></td><td></td><td></td><td></td><td></td><td></td><td></td></tr>
<tr><td></td><td></td><td></td><td></td><td></td><td></td><td></td><td></td><td></td><td></td><td></td><td></td><td></td><td></td><td></td><td></td><td></td><td></td><td></td><td></td><td></td><td></td><td></td><td></td><td></td></tr>
<tr><td></td><td></td><td></td><td></td><td></td><td></td><td></td><td></td><td></td><td></td><td></td><td></td><td></td><td></td><td></td><td></td><td></td><td></td><td></td><td></td><td></td><td></td><td></td><td></td><td></td></tr>
<tr><td colspan="3" style="text-align:center">合　　　计</td><td colspan="22"></td></tr>
<tr><td colspan="3">财务主管：</td><td colspan="11">审核：　　　记账：</td><td colspan="11">制单：</td></tr>
</table>

（附件　张）

图 4-21　转账凭证的格式

2）通用记账凭证

通用记账凭证是指用来反映所有经济业务，并为各类经济业务所共同使用的记账凭证，其格式与转账凭证基本相同。在实际工作中，对于在日常经济业务中收款、付款业务较少或全部业务量不多时，可采用通用记账凭证。实现会计信息化的企业，可直接选择通用记账凭证，以加快计算机的检索速度。

通用记账凭证的格式如图4-22所示。

记 账 凭 证

装订顺序第___号

年　月　日

记字第___号

摘　要	一级科目	明细科目	借方金额										贷方金额									
			千	百	十	万	千	百	十	元	角	分	千	百	十	万	千	百	十	元	角	分
合　　　计																						

附件　张

财务主管：　　　　审核：　　　　记账：　　　　出纳：　　　　制单：

图4-22　通用记账凭证的格式

2. 按凭证的填列方式分类

1）单式记账凭证

单式记账凭证又称单项记账凭证，是将一项经济业务涉及的各个会计科目分别填制凭证，即一张凭证中只填列经济业务事项所涉及的一个会计科目及其金额的记账凭证。填列借方科目的称为借项记账凭证，填列贷方科目的称为贷项记账账证。借项记账凭证的格式如图4-23所示。

单式记账凭证（借项记账凭证）

202×年 1 月 15 日

凭证编号 $9\frac{1}{3}$ 号

摘　　要	总账科目	明细科目	账页	金　额								
				千	百	十	万	千	百	十	元	角	分
购买甲材料	原材料	甲材料					1	0	0	0	0	0
对应总账科目	银行存款	合　　　计					¥	1	0	0	0	0	0

附件 1 张

财务主管：　　　　审核：　　　　记账：　　　　出纳：　　　　制单：严谨

图4-23　借项记账凭证的格式

采用单式记账凭证，便于汇总每个会计科目的借方发生额和贷方发生额，便于分工记账。

但其不足之处是不能在一张凭证上反映一项经济业务的全貌，不便于查账，而且记账凭证的数量和填制工作量都很大。

2）复式记账凭证

复式记账凭证是将每一笔经济业务所涉及的全部科目及其发生额均在同一张记账凭证中反映的一种凭证。

复式记账凭证便于了解有关经济业务会计科目的对应关系及有关经济业务的全貌，便于检查会计分录的正确性，但不便于汇总计算每个会计科目的发生额。例如，收款凭证、付款凭证、转账凭证、通用记账凭证都属于复式凭证。

4.3.3 记账凭证的基本内容

记账凭证是登记账簿的依据，因其所反映经济业务的内容不同、各单位规模大小及其对会计核算繁简程度的要求不同，其内容也有所差异，但应当具备以下相同的基本内容。

① 填制凭证的日期：通常以年、月、日表示。

② 凭证编号：一般按月编排统一序号。

③ 经济业务摘要：摘要即摘录其主要内容，对不同的经济业务，摘要文字应有不同的表述方法，应做到言简意赅、通俗易懂。

④ 会计科目：包括对应的一级科目和明细科目。

⑤ 金额：按照借贷记账法的"借贷必相等"的记账规则，每项经济业务的借方金额与贷方金额永远是相等的，每个一级科目下面的各明细科目金额之和，与一级科目的金额是相等的，而且方向也是一致的。

⑥ 所附原始凭证张数：绝大部分记账凭证都应附有原始凭证。

⑦ 签章：包括填制凭证人员、稽核人员、记账人员、会计机构负责人、会计主管人员的签名或盖章。收款和付款记账凭证还应当由出纳人员签名或盖章，以证明款项已收讫或付讫。以自制的原始凭证或原始凭证汇总表代替记账凭证的，也必须具备记账凭证应有的项目。

4.3.4 记账凭证的填制要求

记账凭证是根据审核无误的原始凭证或原始凭证汇总表填制的，是登记账簿的直接依据。因此，必须保证记账凭证的质量，以确保账簿记录的正确性。

1. 记账凭证的填制基本要求

1）记账凭证的填制依据要正确

记账凭证填制的基本要求

记账凭证可以根据每张原始凭证填制，或者根据若干张同类原始凭证汇总填制，也可以根据原始凭证汇总表填制；但不得将不同内容和类别的原始凭证汇总填制在一张记账凭证上。

2）记账凭证各项内容必须完整

填制记账凭证时，其中的各项内容要填写齐全。

（1）填写凭证日期

一般是会计人员填制记账凭证的当天日期，也可以根据管理需要，填写经济业务的发生日期或月末日期。

（2）填写摘要

记账凭证的摘要栏是用来填写经济业务简要内容的。填写摘要的要求：一是真实准确，其内容要与经济业务的内容和所附原始凭证的内容相符；二是简明扼要，对经济业务内容表述要

准确、概括并书写工整。

（3）填写会计科目

会计人员根据原始凭证所记录反映的经济业务内容，确定会计分录中应借、应贷的会计科目。

（4）填写金额

记账凭证的金额必须与原始凭证的金额相符；阿拉伯数字应书写规范，不得连笔写，数字书写要整齐、间隔空隙均匀、保持一定倾斜度（60°左右），数字的高度占原始凭证横格高度的 1/2，并靠底线书写；同时填至分位，如果"角"位、"分"位没有数字要写"00"字样，如 123.00 元；如果"角"位有数字，"分"位没有数字，则要在"分"位上写"0"字样，如 456.70 元；"角"位、"分"位与"元"位的位置应在同一水平线上，不得上下错开。相应的数字应平行对准相应的借贷栏次和会计科目的栏次，防止错栏串行；合计行填写金额合计时，应在金额最高位前填写"¥"或其他币种符号，以示金额封顶，防止篡改。注意：不是合计数字前不应填写币种符号。

（5）注销凭证中的空行

记账凭证不得跳行或留有余行。记账凭证填制完成后，如有空行，应当自金额栏最后一笔金额数字下的空行处至合计数上的空行处画一条斜线或"S"形线注销，注意斜线或"S"形线两端都不能画到有金额数字的行次上。

（6）注明所附原始凭证的件（张）数

除结账和更正错账可以不附原始凭证外，其他记账凭证必须附原始凭证，同时注明所附原始凭证的件（张）数。

附件张数的计算方法有以下两种。

① 按所附原始凭证的自然张数计算。

② 有原始凭证汇总表的附件，可将原始凭证汇总表的张数作为记账凭证的附件张数，再把所附原始凭证的张数作为原始凭证汇总表的附件张数处理。

附件张数应用阿拉伯数字填写。对简单的摊提转账业务，可以在摘要栏注明计算依据，而不经过分摊或计算的属于纯结转性业务的记账凭证可以不附原始凭证。

当一张或几张原始凭证涉及几张记账凭证时，可将原始凭证附在一张主要的记账凭证后面，在摘要栏说明"本凭证附件包括 ×× 号记账凭证业务"的字样，在其他记账凭证上注明"原始凭证在 ×× 号记账凭证后面"的字样。记账凭证上应注明所附的原始凭证张数，以便查核。如果根据同一张原始凭证填制数张记账凭证，则应在未附原始凭证的记账凭证上注明"附件 ×× 张，见第 ×× 号记账凭证"。如果原始凭证要另行保管，则应在附件栏内加以注明，但更正错账和结账的记账凭证可以不附原始凭证。

如果一张原始凭证所列支出需要几个单位共同负担的，应根据其他单位负担的部分开给对方原始凭证分割单，进行结算，并将该原始凭证及分割单副本附在记账凭证后面。原始凭证分割单的格式如图 4-24 所示。

知识拓展

原始凭证分割单

根据财政部颁布的《会计基础工作规范》（财会字 [1996]19 号）第 51 条规定，一张原始凭证所列支出需要几个单位共同负担的，应当将其他单位负担的部分，开给对方原始凭证分割单，进行结算。原始凭证分割单必须具备原始凭证的基本内容：凭证名称、填制凭证日期、填制凭证单位名称或填制人姓名、经办人的签名或盖章、接收凭证单位名称、经济业务内容、数量、单价、金额和费用分摊情况等。

原始凭证分割单

年　月　日

编号：_____

接收单位名称						地址						
原始凭证	提供单位名称					地址						
	项　目			日期				编号				
总金额	人民币（大写）		千	百	十	万	千	百	十	元	角	分
分割金额	人民币（大写）		千	百	十	万	千	百	十	元	角	分
原始凭证主要内容、分割原因												
备　注	该原始凭证附在本单位　年　月　日是第　号记账凭证内。											

单位名称（公章）：　　　　　会计：　　　　　制单：

地址：

图 4-24　原始凭证分割单的格式

（7）签章

如前所述，记账凭证填制完成后，由相关会计人员分别签名或盖章，以明确其经济责任，并使会计人员互相制约、互相监督，防止错误和舞弊行为的发生。

3）记账凭证的书写应当清楚、用字应当规范

填制记账凭证时，在正常情况下，应选择钢笔或碳素笔，用蓝黑墨水或碳素墨水书写，不得使用圆珠笔或铅笔书写。同时，书写应当清楚，用字应当规范。

4）记账凭证应连续编号

记账凭证应由主管该项业务的会计人员，按业务发生的先后顺序并按不同种类的记账凭证采用"字号编号法"连续编号，以便记账、查账，防止散落、丢失。填写记账凭证编号的方法有多种，这里主要介绍以下4种常用的编号方法。

① 总字编号法：将所有的记账凭证不分业务内容，按经济业务发生时间的先后顺序统一编号，即从本月的第一笔经济业务发生后填制的记账凭证第1号开始，至本月最后一张记账凭证第××号为止。这种编号法适用于采用通用记账凭证格式且经济业务较少的单位。

② 三类编号法：按照现金和银行存款收款业务、现金和银行存款付款业务和转账业务分别顺序编号，如收字1号、付字1号、转字1号。这种编号法适用于采用专用记账凭证的单位。

③ 五类编号法：按照现金收款、现金付款、银行存款收款、银行存款付款及转账业务分别顺序编号，如现收字第××号、现付字第××号、银收字第××号、银付字第××号、转字第××号。这种编号法适用于采用专用记账凭证且收付款业务较多的单位。

④ 分数编号法：无论采用上述哪种方法，都要对记账凭证连续编号，即每月都从1号编起，按自然数1、2、3、4、5……顺序编至月末，不能跳号或重号。当一项经济业务要填制两张或两张以上的记账凭证时，要采用"分数编号法"进行编号。例如，有一笔经济业务要填制3张记账凭证，凭证顺序号为6，就可以编成 $6\frac{1}{3}$、$6\frac{2}{3}$、$6\frac{3}{3}$，前面的数表示凭证顺序号，后面分数的分母表示该号凭证共有3张，而分子则分别表示3张凭证中的第1张、第2张、第3张。

5）正确更正错误的记账凭证

填制记账凭证若发生错误时，应采取以下措施。

① 在没有登记入账前发现记账凭证填制错误的，应当重新填制，不得删改。

② 在已经登记入账后发现记账凭证填制错误的，应当用正确的错账更正方法进行更正。

a. 当年内的记账凭证有错误的，其更正方法参见项目五中的模块三。

b. 以前年度的记账凭证有误的，应当用蓝字填制一张更正的记账凭证。

2. 收款凭证的填制要求

收款凭证是根据有关反映库存现金和银行存款收款业务的原始凭证填制的。

① 收款凭证左上角的"借方科目"按收款的性质填写"库存现金"或"银行存款"。

② 正上方"年、月、日"填写的是填制本凭证的日期。

③ 右上角"字第　号"按记账凭证填制顺序填写收款凭证顺序号。例如，某经济业务属于银行存款收款业务，应按顺序填写"银收字第1号""银收字第2号"……依此类推，自成系统顺序编号，并注意不要错号、重号、漏号。

④ "摘要"栏简明扼要地填写经济业务的内容梗概。

⑤ "贷方科目"栏内填写与"库存现金"或"银行存款"科目相对应的总账科目及所属明细科目。

⑥ "金额"栏内填写各总账科目与所属明细科目的应贷金额，并应分别填写在与总账科目或明细科目同一行的总账科目或明细科目"金额"栏内；"金额"栏的合计数，只合计总账科目金额，反映借方科目"库存现金"或"银行存款"的金额，表示实际收到的现金或银行存款的金额。

注意：填制完毕的记账凭证如有空行的，应在"金额"栏画一条斜线或"S"形线注销。

⑦ "√"栏供记账人员根据收款凭证登记有关账簿后用于做记号，表示已经记账，防止经济业务事项的重记或漏记。

⑧ 该凭证右边"附件　张"栏根据所附原始凭证的张数填写。

⑨ 该凭证最下方有关人员签章处由有关人员在履行责任后签名或签章，以明确经济责任。

【例4-6】 202×年10月12日，东方公司收到鹏程公司偿还前欠货款为200 000元，当日收存银行（附：收款通知1张），则该笔经济业务填制的收款凭证如图4-25所示。

图4-25　收款凭证

3. 付款凭证的填制要求

付款凭证是根据审核无误的有关库存现金和银行存款的付款业务的原始凭证填制的。

付款凭证的格式和填制方法与收款凭证基本相同，但也有其不同之处，内容如下。

① 付款凭证的左上角"贷方科目"，应填列"库存现金"或"银行存款"。

② "借方科目"栏应填写与"库存现金"或"银行存款"科目相对应的总账科目及所属的明细科目。

③ 右上方填写"现付字（库存现金付款凭证）第 × 号"或"银付字（银行存款付款凭证）第 × 号"，也是自成系统顺延编号的。

【例4-7】202× 年 10 月 12 日，东方公司用 600 元现金为厂长办公室购买一批办公用品（附：购货普通发票 1 张），则该笔经济业务填制的付款凭证如图 4-26 所示。

付 款 凭 证

装订顺序第＿＿号

贷方科目：库存现金　　　　　　　202×年10月12日　　　　　　　现付字第_10_号

摘　要	借 方 科 目		金　额										记账
	一级科目	明细科目	千	百	十	万	千	百	十	元	角	分	(√)
购买办公用品	管理费用	办公费						6	0	0	0	0	
合　　　计							¥	6	0	0	0	0	

附件 1 张

财务主管：　　　审核：　　　记账：　　　出纳：钱多多　　　制单：严谨

图 4-26　付款凭证

注意：对于涉及"库存现金"和"银行存款"之间的相互划转业务（如将现金存入银行或从银行提取现金），为了避免重复记账，一般只填制付款凭证，不再填制收款凭证。

出纳人员在办理收款或付款业务后，应在原始凭证上加盖"收讫"或"付讫"的戳记，以避免重收或重付。

4. 转账凭证的填制要求

转账凭证是指用于记录不涉及现金和银行存款业务的记账凭证，通常是根据有关转账业务的原始凭证填制的。

转账凭证的格式和填制方法与收付款凭证有较大区别，其填制要求如下。

① 转账凭证的"会计科目"栏应按照先借后贷的顺序分别填写应借、应贷的总账科目及所属的明细科目。

② 右上方填写"转字第 × 号"，也是自成系统顺延编号。

③ "合计"行只合计借方总账科目金额和贷方总账科目金额，借方总账科目金额合计数与贷方总账金额合计数应相等。

【例4-8】202× 年 10 月 13 日，东方公司车间领用一批原材料（附：领料单 2 张），用于生产甲产品，其中，A 材料成本为 14 000 元，B 材料成本为 2 000 元，则该笔经济业务填制的转账凭证如图 4-27 所示。

转 账 凭 证

202× 年 10 月 13 日

转字第 *15* 号

摘 要	一级科目	明细科目	借方金额										√	贷方金额										√	附件
			千	百	十	万	千	百	十	元	角	分		千	百	十	万	千	百	十	元	角	分		
生产领用材料	生产成本	甲产品			1	6	0	0	0	0	0	0													
	原材料	A 材料														1	4	0	0	0	0	0	0	2
	原材料	B 材料															2	0	0	0	0	0	0	
																								张
合 计			¥	1	6	0	0	0	0	0	0			¥	1	6	0	0	0	0	0	0		

财务主管：　　　　审核：　　　　记账：　　　　制单：严谨

图 4-27　转账凭证

此外，对某些既涉及收款业务，又涉及转账业务的综合性业务，可分开填制不同类型的记账凭证。

5. 通用记账凭证的填制要求

对于在日常经济业务中收款、付款业务较少的单位，可采用一种格式统一的通用记账凭证，替代收款凭证、付款凭证和转账凭证。

通用记账凭证的格式和填制方法与转账凭证基本相同。

【例 4-9】 根据【例 4-6】中的经济业务填制的通用记账凭证如图 4-28 所示。

记 账 凭 证

202× 年 10 月 13 日

记字第 *15* 号

摘 要	一级科目	明细科目	借方金额										√	贷方金额										√	附件
			千	百	十	万	千	百	十	元	角	分		千	百	十	万	千	百	十	元	角	分		
收到前欠货款	银行存款				2	0	0	0	0	0	0	0													
	应收账款	鹏程公司															2	0	0	0	0	0	0	0	1
																								张
合 计			¥	2	0	0	0	0	0	0	0			¥	2	0	0	0	0	0	0	0		

财务主管：　　　　审核：　　　　记账：　　　　制单：严谨

图 4-28　通用记账凭证

6. 记账凭证汇总表的填制要求

如果企业、行政事业单位日常的经济活动频繁，那么经济业务发生后要填制的记账凭证就较多，根据记账凭证登记总分类账的工作量也就大些。因此，为减少会计人员工作量，简化登账工作，可以先定期（5 天、10 天、1 个月等）将所填制的记账凭证进行归类汇总，整理后编制记账凭证汇总表，该表又称科目汇总表，然后再将汇总后的资料内容登记到相应的总账账簿中。记账凭证汇总表（科目汇总表）的编制方法参见项目八。

4.3.5　记账凭证的审核

为了使记账凭证能够真实、准确地反映经济业务状况，保证账簿记录的质量，在依据记账凭证登记账簿之前，必须由有关人员对已填制完毕的记账凭证进行认真、严格的审核。只有审核无误且没有任何改动的记账凭证才能作为登记账簿的依据。具体的审核内容包括以下几项。

1. 内容是否真实

审核记账凭证是否有原始凭证为依据（期末结算转账和更正错账等类型的业务除外），所附原始凭证的内容是否与记账凭证的内容一致，记账凭证汇总表的内容与其所依据的记账凭证的内容是否一致等。

2. 项目是否齐全

审核记账凭证各项目的填写是否齐全，如日期、凭证编号、摘要、金额及所附原始凭证张数或件数。

3. 科目是否正确

审核记账凭证的应借、应贷科目是否正确，是否有明确的账户对应关系，所使用的会计科目是否符合国家统一的会计制度的规定等。

4. 金额是否一致

审核记账凭证所记录的金额与原始凭证的有关金额是否一致、计算是否正确，记账凭证汇总表的金额与记账凭证的金额合计是否相符等。

5. 书写是否规范

审核记账凭证中的记录是否按照规定笔色书写（应该用蓝黑色墨水或碳素墨水），是否书写工整、数字清晰，是否按规定进行更正等。

6. 手续是否完备

审核出纳人员在办理收款或付款业务后，是否已经在原始凭证上加盖"收讫"或"付讫"戳记，有关人员是否签章等。

在审核过程中，如果发现不符合要求的地方，应要求有关人员采取正确的方法进行更正。只有经过审核无误的记账凭证，才能作为登记账簿的依据。

模块四　会计凭证的传递与保管

学习导入

自诚信公司李××购买办公用品时取得发票起，到把发票交给财务人员，直至由保管人员进行保管止，该张发票及相关的会计凭证经历了哪些部门和人员呢？让我们一起来探讨吧！

学习内容

4.4.1　会计凭证的传递

会计凭证的传递是指从会计凭证的取得或填制时起至归档保管过程中，在单位内部有关部门和人员之间的传送程序。会计凭证的传递应当满足内部控制制度的要求，使传递程序合理有效，同时尽量节约传递时间，减少传递的工作量。各单位应根据具体情况确定每一种会计凭证的传递程序和方法。

一般说来，正确、合理地组织会计凭证的传递工作应从以下3方面入手。

1. 确定传递程序

要根据经济业务特点、内部机构设置、人员分工和管理要求，合理确定各种会计凭证的联数和所流转的必要环节，具体规定各种凭证的传递程序。既要做到有关部门和人员能利用会计凭证了解经济业务的发生和完成情况，确保对会计凭证按规定程序进行处理和审核，又要避免会计凭证传递经过不必要的环节，影响传递速度，降低工作效率。

2. 规定传递时间

要根据各个环节办理经济业务的各项手续的需要，明确规定会计凭证在各个环节的停留时间和传递时间。既要防止不必要的延误，又要避免时间定得过紧，影响业务手续的完成。

3. 建立会计凭证交接的签收制度

为了保证会计凭证在各个环节中的安全、完整，都应指定专人办理交接手续，做到责任明确、手续完备且简便易行。

4.4.2 会计凭证的保管

会计凭证的保管是指会计凭证记账后的整理、装订、归档和存查工作。会计凭证是记录经济业务、明确经济责任的书面证明，又是记账的依据，所以，它是重要的会计档案和经济资料。任何单位在完成经济业务手续和记账之后，必须将会计凭证按规定的立卷归档制度形成会计档案资料，妥善保管，以便日后随时查阅。

1. 会计凭证的整理

当期完成会计凭证的各项工作后，会计人员应将记账凭证连同所附的原始凭证或原始凭证汇总表，按照编号顺序折叠整齐，准备装订。

会计凭证的整理主要是对记账凭证所附的原始凭证进行整理。会计实务中收到的原始凭证纸张大小往往不一，因此，要按照记账凭证的大小进行折叠或粘贴。通常，对面积大于记账凭证的原始凭证采用折叠的方法，按照记账凭证的面积尺寸，将原始凭证先自右向左，再自下向上两次折叠。折叠时应注意将凭证的左上角或左侧面空出，以便于装订后的展开查阅。对于纸张面积过小的原始凭证，则采用粘贴的方法，即按一定次序和类别将原始凭证粘贴在一张与记账凭证大小相同的白纸上。粘贴时要注意，应尽量将同类、同金额的单据粘在一起；如果是板状票证，可以将票面票底轻轻撕开，厚纸板弃之不用；粘贴完成后，应在白纸一旁注明原始凭证的张数和合计金额。

2. 会计凭证的装订

1) 分册

如果单位经济业务较少，一个月的记账凭证只有几十张，可以装订成一册；如果单位经济业务频繁，一个月的记账凭证有几百张或几千张，可以分成十几册或几十册进行装订。因此，在对一个月的记账凭证进行分册、装订之前，要使每册的厚薄基本保持一致，其厚度一般以 $1.5 \sim 2.0$ 厘米为宜。

> **重要提示：**
> 不能把几张同属于一份记账凭证及所附的原始凭证拆开装订在两册之中！
> 如果原始凭证的数量过多，不便一起装订的，可以不附在记账凭证后面，单独抽出来，装订成册保管。在装订成册的封面注明记账凭证的日期、种类、编号，同时，在记账凭证的封底注明"附件另订"及原始凭证的名称、编号。

2）装订

会计凭证的装订是指将整理完毕并分好册的会计凭证加具封皮（包括封面、封底，封皮应采用结实、耐磨、韧性较强的牛皮纸等），装订成册，并在装订线上加贴封签的一系列工作。

记账凭证封面应注明单位名称、凭证种类、凭证编号的顺序号码、凭证所反映的经济业务发生的日期、凭证的起讫号码、本札凭证册数和张数，以及有关经办人员的签章。记账凭证封面如图 4-29 所示。

记 账 凭 证 封 面

自　　　年　　　月　　　日至　　　年　　　月　　　日

本年第　　册	单位名称					
	凭证册数	本月共　　　册，本册是第　　　册				
	凭证名称	凭证起讫号码		凭证张数	附件张数	备注
		起	止			
	合　计					
	附　记					

会计主管（盖章）　　　　　　　装订人（盖章）　　　　　　　保管（盖章）

图 4-29　记账凭证封面

记账凭证封底如图 4-30 所示。

抽 出 附 件 登 记 表

抽出日期			原始凭证号码	抽出附件的详细名称	抽出理由	抽取人签章	会计主管签章	备注
年	月	日						

图 4-30　记账凭证封底

3. 会计凭证保管的注意事项

会计凭证是企业、行政事业单位经济活动的见证和重要的历史资料，作为会计档案的重要组成部分，必须妥善加以保护和管理。保证会计凭证的安全与完整是全体财会人员的共同职责，在立卷存档之前，会计凭证的保管由财会部门负责。保管过程中应注意以下问题。

1）会计凭证应定期装订成册，防止散失

会计部门在依据会计凭证记账以后，应定期（每天、每旬或每月）对各种会计凭证进行分类整理，将各种记账凭证按照编号顺序，连同所附的原始凭证一起加具封面和封底，装订成册，并在装订线上加贴封签，由装订人员在装订线封签处签名或盖章。

2）会计凭证封面应注明的内容

会计凭证封面应注明的内容包括单位名称、凭证种类、凭证张数、起讫号码、年度、月份、会计主管人员和装订人员等有关事项，会计主管人员和保管人员应在封面上签章。

3）会计凭证应加贴封条，防止抽换凭证

原始凭证不得外借，其他单位如有特殊原因确实要使用时，经本单位会计机构负责人（会计主管人员）批准，可以复制。向外单位提供的原始凭证复制件，应在专设的登记簿上登记，并由提供人员和收取人员共同签名、盖章。

4）单独装订保管的会计凭证

对于性质相同、数量过多或各种随时要查阅的原始凭证，如收、发料单，工资卡等，可以单独装订保管，在封面上注明会计凭证的种类、日期、编号，同时在会计凭证上注明"附件另订"和原始凭证的名称及编号。对于各种经济合同和涉外文件等会计凭证，应另编目录，单独装订保存，同时在会计凭证上注明"附件另订"。

5）从外单位取得的原始凭证遗失的处理

从外单位取得的原始凭证遗失时，应取得原签发单位盖有公章的证明，并注明原始凭证的号码、金额、内容等，由经办单位会计机构负责人（会计主管人员）和单位负责人批准后，才能代作原始凭证。若确实无法取得证明的，如车票丢失，则应由当事人写明详细情况，由经办单位会计机构负责人（会计主管人员）和单位负责人批准后，代作原始凭证。

6）原始凭证的调阅问题

其他单位和个人经本单位领导批准调阅会计凭证时，要填写"会计档案调阅表"，详细填写借阅会计凭证的名称、调阅日期、调阅人姓名和工作单位、调阅理由、归还日期、调阅批准人等。调阅人员一般不准将会计凭证携带外出。

7）会计凭证在装订以后、存档以前的保管

会计凭证在装订以后、存档以前的保管主要做到防止受损、弄脏、霉烂及鼠咬、虫蛀等。

8）严格遵守会计凭证的保管期限要求，期满前不得任意销毁

当年形成的会计档案，在会计年度终了后，可暂由会计机构保管1年，期满之后，应当由会计机构编制移交清册，移交本单位档案机构统一保管（会计凭证的保管期限为30年），并由交接双方的单位负责人负责监交。交接完毕后，交接双方经办人和监交人应当在会计档案移交清册上签名或盖章；未设立档案机构的，应当在会计机构内部指定专人保管。出纳人员不得兼管会计档案。

案例：出纳锒铛入狱，问题出在哪儿

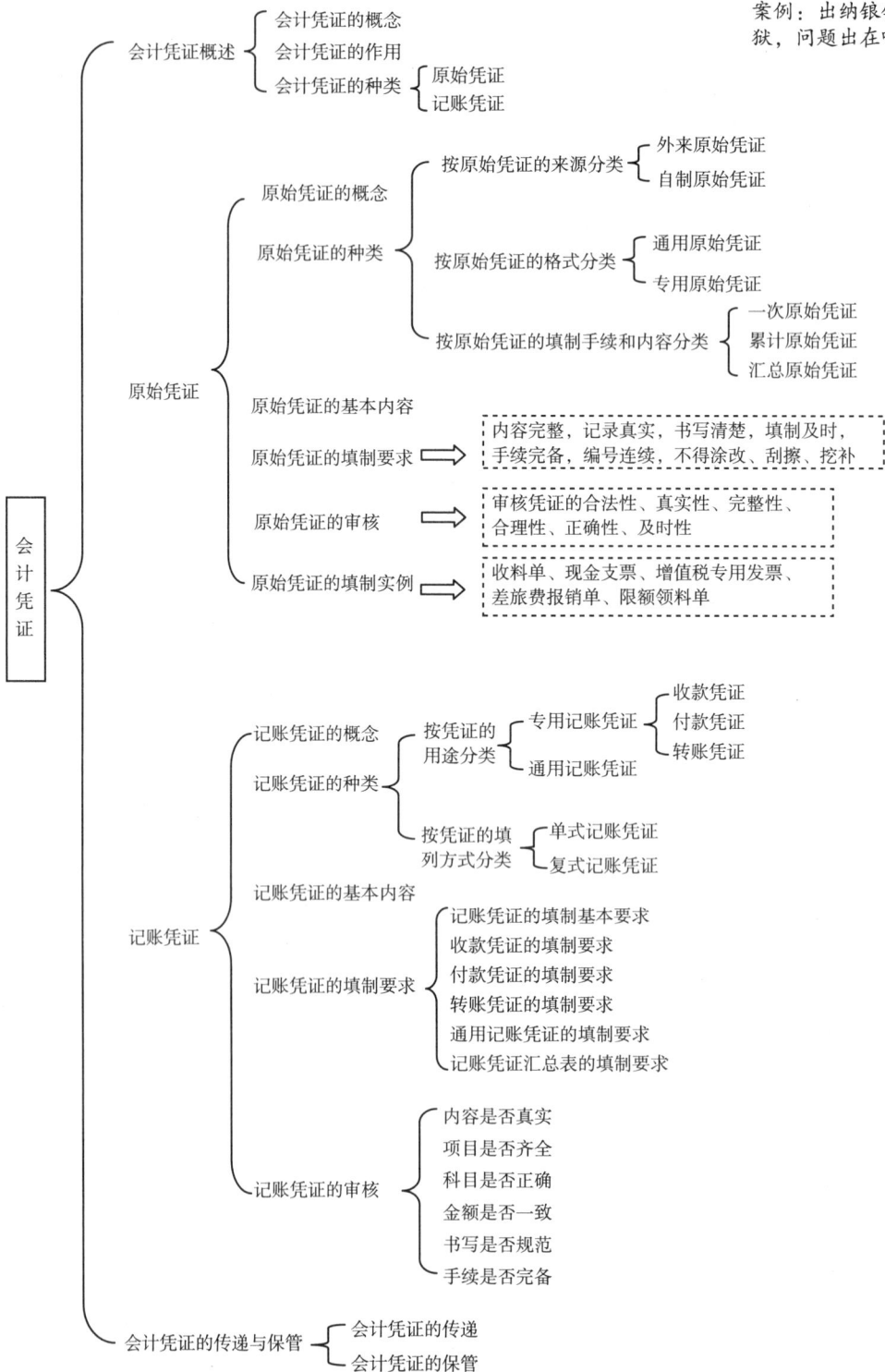

会计凭证
- 会计凭证概述
  - 会计凭证的概念
  - 会计凭证的作用
  - 会计凭证的种类
    - 原始凭证
    - 记账凭证
- 原始凭证
  - 原始凭证的概念
  - 原始凭证的种类
    - 按原始凭证的来源分类
      - 外来原始凭证
      - 自制原始凭证
    - 按原始凭证的格式分类
      - 通用原始凭证
      - 专用原始凭证
    - 按原始凭证的填制手续和内容分类
      - 一次原始凭证
      - 累计原始凭证
      - 汇总原始凭证
  - 原始凭证的基本内容
  - 原始凭证的填制要求 ⟹ 内容完整，记录真实，书写清楚，填制及时，手续完备，编号连续，不得涂改、刮擦、挖补
  - 原始凭证的审核 ⟹ 审核凭证的合法性、真实性、完整性、合理性、正确性、及时性
  - 原始凭证的填制实例 ⟹ 收料单、现金支票、增值税专用发票、差旅费报销单、限额领料单
- 记账凭证
  - 记账凭证的概念
  - 记账凭证的种类
    - 按凭证的用途分类
      - 专用记账凭证
        - 收款凭证
        - 付款凭证
        - 转账凭证
      - 通用记账凭证
    - 按凭证的填列方式分类
      - 单式记账凭证
      - 复式记账凭证
  - 记账凭证的基本内容
  - 记账凭证的填制要求
    - 记账凭证填制基本要求
    - 收款凭证的填制要求
    - 付款凭证的填制要求
    - 转账凭证的填制要求
    - 通用记账凭证的填制要求
    - 记账凭证汇总表的填制要求
  - 记账凭证的审核
    - 内容是否真实
    - 项目是否齐全
    - 科目是否正确
    - 金额是否一致
    - 书写是否规范
    - 手续是否完备
- 会计凭证的传递与保管
  - 会计凭证的传递
  - 会计凭证的保管

实践活动

【活动目标】

学习会计凭证的填制与审核方法，体会会计凭证的传递程序及办理方式。

【活动要求】

① 每个学习小组轮流体验分岗处理差旅费报销的全过程。

② 各岗位人员分工协作，正确填写相关单据，并注意单据的正确审核与传递，同时以自己的名字签字（业务员除外）。

【活动过程】

每个学习小组有 5～6 人，分别担任东方公司的经理、会计主管、会计、出纳、业务员（行政科张诚）5 个岗位，并分别完成下列任务。

① 202×年 12 月 1 日，经理派业务员去北京参加新产品发布会。

② 202×年 12 月 1 日，经经理同意，业务员填写借款单（自备），先后请会计主管、经理审核签字，准备出发前预借差旅费为 2 000 元。

③ 202×年 12 月 1 日，出纳审核借款单，付给业务员现金为 2 000 元，并在借款单上加盖"现金付讫"章。

④ 202×年 12 月 1 日，出纳员将借款单交给会计，会计审核后据此编制记账凭证（这是本月第一笔经济业务）。

⑤ 202×年 12 月 2 日，业务员出发到北京参加会议，取得的相关单据如图 4-31 所示。

1370113498511		北京市增值税普通发票					No. 335034622		
机器编号：332011199062							开票日期：202×年 12 月 04 日		
购买方	名　　称：东方公司 纳税人识别号：37012890567843976 地址、电话：济南市解放路18922号　55660789 开户行及账号：中国农业银行解放路支行　546789100199126						密码区	（略）	
货物或应税劳务、服务名称	规格型号	单位	数量	单价	金额	税率(%)	税额		
*住宿服务*住宿费		天	2	311.32	622.64	6	37.36		
合　　计					¥622.64		¥37.36		
价税合计（大写）人民币陆佰陆拾元整				（小写）¥660.00					
销售方	名　　称：北京市速8酒店 纳税人识别号：1209877822111121345 地址、电话：北京市朝阳区酒仙桥中路 246 号　86526888 开户行及账号：中国农业银行朝阳区支行　1267891001667001						备注	校验码 21234 98765 33556	
收款人：		复核：		开票人：李刚			销售方：（章）		

右侧竖排文字：第二联 发票联：购买方记账凭证

（a）住宿发票

图 4-31　取得的相关单据

G288992		
济南西 站	**G332** 次 →	**北京南** 站
Jinanxi		Beijingnan
202×年 12 月 02 日 07:32 开		**11** 车 **5A** 号
¥184.50 元		二等座
限乘当日当次车		
3701011972****0522　张诚		

买票请到 12306 发货请到 95306
中国铁路祝您旅途愉快

66821001139746T032243　　济南售

G23092234		
北京南 站	**G333** 次 →	**济南西**站
Beijingnan		Jinanxi
202×年 12 月 04 日 15:36 开		**12** 车 **6F** 号
¥184.50 元		二等座
限乘当日当次车		
3701011972****0522　张诚		

买票请到 12306 发货请到 95306
中国铁路祝您旅途愉快

26821001553346T032123　　北京售

（b）火车票1　　　　　　　　　　　　　（c）火车票2

图 4-31　取得的相关单据（续）

⑥ 202×年 12 月 5 日，业务员出差回来，准确计算各项差旅费的实际发生金额，填写差旅费报销单（自备），先后请会计主管、经理审核签字。

注：公司最新规定，出差期间每天补贴市内交通费为 80 元，每天补贴伙食费为 100 元，且均按自然天数计算。住宿费按实际住宿天数计算，每天定额为 350 元，以发票为据报销，超标准部分不予报销。

⑦ 202×年 12 月 5 日，业务员携带完成签字手续的差旅费报销单，到出纳员处报销。

⑧ 202×年 12 月 5 日，出纳员审核差旅费报销单，并据此单及原预借款项的借款单，办理报销手续。若业务员须要退回余款，应该在收回余款后，开出收款收据（自备），盖章后将收据联交给业务员；若原预借款项不足，应按照预借不足的数额付现金给业务员。

⑨ 202×年 12 月 5 日，出纳将差旅费报销单及收款收据的记账联（若业务员退回余款）交给会计。

⑩ 202×年 12 月 5 日，会计据差旅费报销单及收款收据的记账联（若业务员退回余款），编制记账凭证（已经编到 08 号）。

⑪ 相关人员在单据上签字或盖章。

⑫ 在组长的主持下，讨论分析各个岗位的执行情况，找出各自的优点及不足。

【活动评价】

本活动评价的主要内容包括掌握原始凭证及记账凭证的基本内容、填写要求、审核要求，能准确填制原始凭证，正确编制记账凭证，熟悉常见会计凭证的传递程序。

活动评价表参见书后附录 A。

会计账簿

知识目标

1. 了解会计账簿的概念和分类；

2. 了解会计账簿的更换与保管；

3. 理解会计账簿的启用与登记要求；

4. 掌握日记账、总分类账及有关明细分类账的登记方法；

5. 掌握总分类账与明细分类账平行登记的要点；

6. 掌握错账查找与更正的方法；

7. 掌握对账与结账的方法。

能力目标

1. 会根据不同的企业选择使用各种不同的会计账簿；

2. 能运用会计账簿的启用和登记要求登记各种会计账簿；

3. 会查找错账，并对发生的错账选择正确的更正方法进行更正；

4. 能够根据账簿资料进行对账和结账；

5. 能够熟练运用会计账簿的更换与保管。

模块一 会计账簿概述

学习导入

宏达公司于 202×年1月初的银行存款余额为 600 000 元，本月有关银行存款的经济业务（均不考虑增值税）如表 5-1 所示。

表 5-1 本月有关银行存款的经济业务（均不考虑增值税）

序号	经济业务	凭证种类及编号	会计分录
1	3 日，从银行提取 800 元现金备用		
2	5 日，采购一批材料，价值为 60 000 元，材料已验收入库，用银行存款支付 40 000 元，其余暂欠		
3	8 日，用银行存款支付广告费为 10 000 元		
4	10 日，销售一批产品，80 000 元货款已存入银行		

（续表）

序号	经济业务	凭证种类及编号	会计分录
5	12日，从银行借入3个月的临时借款为50 000元，存入银行		
6	15日，销售一批产品，货款为100 000元，收回70 000元货款，存入银行，其余尚未收回		
7	16日，以90 000元银行存款购买一辆汽车		
8	18日，以银行存款支付20 000元前欠材料款		
9	20日，从银行提取18 000元现金，准备发放工资		
10	26日，采用委托收款方式收回外单位所欠货款为30 000元，已到银行账户		

根据表5-1完成以下问题。

① 说出编制记账凭证的种类和编号。

② 做出有关的会计分录。

③ 思考以上记账凭证是否提供连续、系统、全面的"银行存款"增减变化及其结果。

通过会计凭证的填制和审核，可以反映和监督公司每项经济业务的发生和完成情况。但是，会计凭证数量多、格式不一，所提供的资料比较分散、缺乏系统性，每张凭证一般只能反映个别经济业务的内容。为了连续、系统、全面地反映公司在一定时期内的某一类和全部经济业务及其引起的资产与权益的增减变化情况，给经济管理提供完整而系统的会计核算资料，并为编制财务报表提供依据，就必须设置会计账簿，把分散在会计凭证中的大量核算资料加以集中和归类整理，分门别类地记录在账簿中。下面就让我们来认识会计账簿。

学习内容

5.1.1 会计账簿的含义

1. 会计账簿的概念与作用

会计账簿是指由一定格式账页组成的，以经过审核的会计凭证为依据，全面、系统、连续地记录各项经济业务的簿籍。设置和登记账簿，既是填制和审核会计凭证的延伸，也是编制财务报表的基础，是连接会计凭证和财务报表的中间环节。

每个单位都应按照国家统一的会计制度和经济业务的需要设置和登记会计账簿。通过账簿记录，既能对经济活动进行序时核算，又能进行分类核算；既可提供各项总括核算资料，又可提供明细核算资料。合理地设置和登记账簿，是重要的会计核算基础工作，是会计核算的专门方法之一，对加强企业经济核算，改善和提高经营管理有着重要意义。设置和登记账簿的作用主要如下。

> 登记账簿是会计核算的专门方法之一！

1）记载和储存会计信息

会计凭证一般只能反映个别经济业务的内容，是零散的、不系统的。为了全面、系统、连续地反映单位在一定时期内的某一类和全部经济业务及其引起的资产与权益的增减变化情况，就必须通过设置和登记账簿，把这些会计信息记载和储存下来。所以，会计账簿是会计信息形成的重要环节，是会计资料的主要载体之一，也是会计资料的重要组成部分。

2）分类和汇总会计信息

通过账簿的序时核算和分类核算，把企业的经营情况，收入的构成和支出情况，财物的购置、使用、保管情况，全面、系统地反映出来，对计划的制订、预算的执行情况、资金的合理有效使用，以及促使企业改善经营管理等起着重要作用。

3）检查和校正会计信息

通过对账簿资料的检查、分析，可以了解企业贯彻有关方针、政策、制度的情况。根据账簿记录的费用、成本和收入、成果资料，可以计算一定时期的财务成果，检查费用、成本、利润计划的完成情况。另外，可以对资金使用是否合理、费用开支是否符合标准、经济效益有无提高、利润的形成与分配是否符合规定等做出分析、评价，从而找出差距、挖掘潜力、提出改进措施。

4）编报和输出会计信息

会计账簿是对会计凭证的系统化，提供的是全面、系统、分类的会计信息。经核对无误的账簿资料为编制财务报表提供了总括和具体的资料，是编制财务报表的主要依据。

2. 会计账簿与账户的关系

账簿是账户的表现形式，两者既有区别，又有联系。账户是在账簿中以规定的会计科目开设户头，用以规定不同的账簿所记录的内容，账户存在于账簿之中，账簿中的每张账页就是账户的存在形式和信息载体。如果没有账户，也就没有所谓的账簿；如果没有账簿，账户就成了一种抽象的东西，无法存在。但账簿只是一种外在形式，账户才是它的真实内容。账簿序时分类地记载经济业务，是在个别账户中完成的，也可以说，账簿是由若干张账页组成的一个整体，而开设于账页上的账户则是这个整体上的个别部分。因此，账簿和账户的关系是形式和内容的关系。

5.1.2 会计账簿的基本内容

在实际工作中，由于各种会计账簿所记录的经济内容不同，账簿的格式也多种多样，不同账簿的格式所包括的具体内容也不尽一致，但各种主要账簿应具备以下基本内容。

1. 封面

封面主要用于载明账簿的名称，如库存现金日记账、银行存款日记账、总分类账、应收账款明细账等。

2. 扉页

扉页主要用于载明经管人员一览表，其应填列的内容主要有单位名称，账簿名称，账簿编号，账簿页数，启用日期，会计机构负责人或会计主管人员、经管人员的签章，单位公章，移交人和移交日期，接管人和接管日期，印花税票的粘贴位置等。

3. 账页

账页是账簿的主要构成部分，账页都有一定的格式，即账户的结构。账页是用来记录具体经济业务的载体，其格式因记录经济业务内容的不同而有所不同。账页的格式一般包括账户的名称（会计科目）、记账日期栏、记账凭证种类和号数栏、摘要栏（经济业务内容的简要说明）、金额栏（借方、贷方及余额等金额）、总页次和分页次等。

5.1.3 会计账簿的种类

会计账簿的种类很多，不同类别的会计账簿可以提供不同的信息，以满足不同的需要。在账簿体系中，有各种不同功能和作用的账簿，它们既各自独立，又相互补充。为了便于了解和使用，就要从不同角度来认识账簿的分类。

1. 按用途分类

账簿按其用途不同，可分为序时账簿、分类账簿和备查账簿。

1）序时账簿

序时账簿又称日记账，是按经济业务发生或完成时间的先后顺序逐日、逐笔登记的账簿。序时账簿按其记录的内容不同，可分为普通日记账和特种日记账。

普通日记账是对全部经济业务按其发生时间的先后顺序逐日、逐笔登记账簿，即把每天发生的各项经济业务逐日、逐笔地登记在日记账中，然后据以登记分类账。

特种日记账是对某一特定种类的经济业务按其发生时间的先后顺序逐日、逐笔登记的账簿。目前，我国大多数单位一般只设库存现金日记账和银行存款日记账。

2）分类账簿

分类账簿简称分类账，是按照分类账户设置登记的账簿。分类账簿按其反映经济业务的详略程度，可分为总分类账簿和明细分类账簿。

总分类账簿又称总账，是根据总分类账户开设的，用来总括反映某类经济活动；明细分类账簿又称明细账，是根据明细分类账户开设的，用来提供明细的核算资料。总账对所辖的明细账起统驭作用，明细账对总账进行补充和说明。分类账簿提供的核算信息是编制财务报表的主要依据。

序时账和分类账的作用不同。序时账能提供连续系统的信息，反映企业资金运动的整个过程；分类账则是按照经营决策的需要而设置的，归集并汇总各类信息，反映资金运动的各种状态、形式及其构成。在账簿组织中，分类账占有特别重要的地位。因为只有通过分类账，才能按账户形成不同的信息，满足编制财务报表的需要。

注意序时账和分类账的不同点哦！

在实际工作中，序时账和分类账还可以结合为一本账，既进行序时登记，又进行总分类登记，称为"联合账簿"。

3）备查账簿

备查账簿简称备查账，又称辅助登记簿或补充登记簿，是对某些在序时账簿和分类账簿中未能记载或记载不全的经济业务进行补充登记的账簿。备查账簿只是对其他账簿记录的一种补充，与其他账簿之间不存在严密的依存和勾稽关系。这些账簿只对某些经济业务的内容提供必要的参考资料，在一般情况下，它记录的信息不编入财务报表中，所以又称表外记录。备查账簿没有固定的格式，可由各单位根据管理的需要自行设置与设计，如租入固定资产登记簿、应收票据备查簿、受托加工物资登记簿等。

2. 按外形特征分类

账簿按其外形特征的不同，可分为订本式账簿、活页式账簿和卡片式账簿。

1）订本式账簿

订本式账簿简称订本账，是在账簿启用前将编有顺序页码的一定数量账页装订成册的账簿。

订本式账簿的优点是可以避免账页散失，防止账页被随意抽换，比较安全；其缺点是由于账页固定，不能根据需要增加或减少，不便于按需要调整各账户的账页，也不便于分工记账。

订本式账簿一般适用于总分类账、库存现金日记账和银行存款日记账。

2）活页式账簿

活页式账簿简称活页账，是指将一定数量的账页置于活页夹内，可根据记账内容的变化而随时增加或减少部分账页的账簿。

活页式账簿只有当账簿登记完毕之后（通常是一个会计年度结束之后），才将账页予以装订，加具封面，并给各账页连续编号。

活页式账簿的优点是记账时可以根据实际需要，随时将空白账页装入账簿或抽去不需要的账页，节约纸张，便于分工记账；其缺点是账页容易散失和被随意抽换。活页账在年度终了时，应及时装订成册，妥善保管。

各种明细分类账一般采用活页账形式。

3）卡片式账簿

卡片式账簿简称卡片账，是将一定数量的卡片式账页存放于专设的卡片箱中，可以根据需要随时增添账页的账簿。卡片账的卡片一般不用装订成册，随时可以取放，也可跨年度长期使用。

卡片账的优点是便于随时查阅，也便于按不同要求归类整理，不易损坏；其缺点是账页容易散失和随意抽换。因此，在使用时应对账页连续编号，并加盖有关图章；卡片箱应由专人保管，更换新账后也应封扎保管，以保证其安全。

在我国，企业一般只对固定资产和周转材料中的低值易耗品等资产明细账采用卡片账形式。

3. 按账页格式分类

账簿按其账页格式不同，可以分为两栏式账簿、三栏式账簿、多栏式账簿、数量金额式账簿和横线登记式账簿。

1）两栏式账簿

两栏式账簿是指只有借方和贷方两个金额栏目的账簿。这种账簿现在已经很少使用了。

2）三栏式账簿

三栏式账簿是指设有借方、贷方和余额 3 个金额栏目的账簿。其账页的主要部分格式为借方、贷方和余额 3 个栏目或收入、支出和余额 3 个栏目。

各种日记账、总分类账及资本、债权债务类等明细账通常采用三栏式账簿。

3）多栏式账簿

多栏式账簿是指根据经济业务的内容和管理的需要，在账簿的"借方"和"贷方"两个金额栏目内分设若干专栏的账簿。这种账簿可以按"借方"和"贷方"分设专栏；也可以只设"借方"专栏，"贷方"的内容在相应的借方专栏内用红字登记，表示冲减；或者还可以只设"贷方"专栏，"借方"的内容在相应的贷方专栏内用红字登记，表示冲减。

收入、成本、费用明细账一般采用多栏式账簿。

4）数量金额式账簿

数量金额式账簿是指在账簿的"借方""贷方""余额"或"收入""发出""结存" 3 个栏目内，依据每个栏目再分设数量、单价和金额 3 个小栏，借以反映财产物资的实物数量和价值量的账簿。

原材料、库存商品等实物资产类明细账一般采用数量金额式账簿。

5）横线登记式账簿

横线登记式账簿又称平行式账簿，是指将前后密切相关的经济业务登记在同一行上，以便检查每笔经济业务的发生和完成情况的账簿。一般在账页中分为借方和贷方两个基本栏目，每个栏目再根据需要分设若干栏次，在借、贷两方的同一行记录某一经济业务自始至终的所有事项。

它主要适用于要逐笔结算的经济业务的明细账，如材料采购、在途物资、应收票据、其他应收款等明细账。

综上所述，账簿的分类如图 5-1 所示。

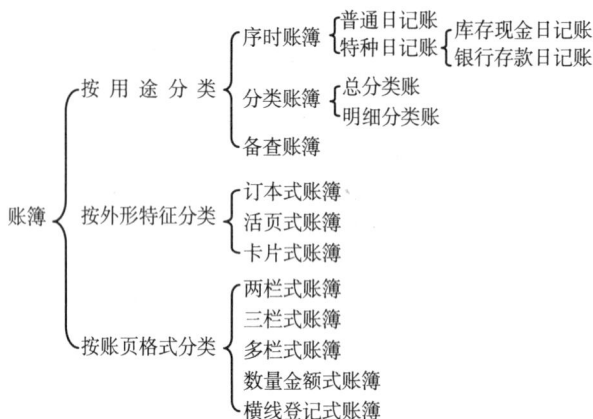

图 5-1　账簿的分类

模块二　会计账簿的设置和登记

学习导入

模块一揭示了会计账簿的内容和种类，在会计工作中还必须来设置和运用这些账簿，反映单位资金的运动情况，那么如何启用与登记会计账簿呢？下面就让我们一起学习吧！

学习内容

5.2.1　会计账簿的启用与登记要求

1. 会计账簿的启用要求

为了保证账簿记录的合法性和会计资料的真实性、完整性，明确经济责任，账簿应由专人负责登记。启用账簿时应遵守以下要求。

1）认真填写封面及账簿启用表（经管人员一览表）

启用账簿时，应在账簿封面上写明账簿名称，并在账簿扉页列明账簿启用和经办人员一览表（简称启用表）。账簿启用和经管人员一览表如表 5-2 所示。

2）顺序编订页码

启用订本式账簿，应当从第一页到最后一页顺序编定页码，不得跳页、缺页。使用活页式账簿，应当按账户顺序编号，并要定期装订成册；装订后再按实际使用的账页顺序编定页码。

另外，诸如总账、明细账等要加目录，记明每个账户的名称和页次，一般情况下，目录设计在扉页的反面，也可以另加。账户目录如表5-3所示。

表5-2　账簿启用和经管人员一览表

单位名称		账簿名称	
账簿编号		账簿册数	
账簿页数		启用日期	
会计主管		记账人员	

交 接 记 录

接管日期			接管人		移交日期			移交人		监交人	
年	月	日	姓名	签章	年	月	日	姓名	签章	姓名	签章
印花税票											

表5-3　账 户 目 录

账户名称	起止页码

3）严格交接手续

记账人员或会计机构负责人、会计主管人员调动工作时，必须办理账簿交接手续，在账簿启用和经管人员一览表中注明交接日期、交接人员和监交人员姓名，并由双方交接人员签章，以明确有关人员的责任，增强有关人员的责任感，维护会计记录的严肃性。

2. 会计账簿的登记要求

为了保证账簿记录正确、规范，记账人员登记账簿时应遵守以下要求。

1）根据审核无误的会计凭证登记账簿

记账的依据是审核无误的会计凭证，依据审核无误的会计凭证登记账簿，是基本的记账规则。记账人员在登记账簿之前，应当首先审核会计凭证的合法性、完整性和真实性。

> 账簿的登记要求是每个会计人员在会计工作中必须遵守的规范要求！

2）准确完整

记账人员记账时，应当将会计凭证的日期、编号、经济业务内容摘要、金额和其他有关信息记入账内。做到数字准确、摘要清楚、登记及时、字迹清晰工整。记账后，要在记账凭证上签章并注明记账符号，即注明所记账簿的页码，或画"√"表示已经登记入账，避免重记、漏记。

3）书写留空

为了方便更正记账和查账，登记账簿时，书写的文字和数字一般应占格距的1/2，以便留有改错的空间。

4）按页次顺序连续登记

账簿应当按照连续编号的页次顺序连续登记，不得跳行、隔页。如果发生跳行、隔页，应当将空行、空页用红色墨水笔画对角线注销，并注明"作废"字样，或者注明"此行空白""此页空白"字样，并由经办人员盖章，以明确经济责任。

5）正确使用蓝黑墨水和红墨水

正常记账时，应使用蓝黑墨水笔或碳素墨水笔书写，不得使用圆珠笔（银行的复写账簿除外）或铅笔书写。红色墨水笔只能在以下特殊情况下使用：冲销错账；在未设借、贷等栏的多栏式账页中，登记减少数；在三栏式账户的余额栏前，如未印明余额方向的，应在余额栏内登记负数余额；根据国家统一会计制度的规定可以使用红字登记的其他会计记录。在会计工作中，数字的颜色是重要的语素之一，如果数字颜色用错了，会导致出现错误的信息，红色表示对正常记录的冲减。因此，红色墨水不能随意使用。

6）结计余额规范

凡要结出余额的账户，应按时结出余额。库存现金日记账和银行存款日记账必须逐日结出余额；债权债务明细账和各项财产物资明细账，每次记账后，都要随时结出余额；总账账户平时每月要结出月末余额。结出余额后，应当在借或贷栏内写明"借"或"贷"字样，以说明余额的方向。没有余额的账户，应当在借或贷栏内写"平"字，并在余额栏内用"∅"表示，一般来说，"∅"应放在"元"位。

7）过次承前规范

每张账页登记完毕结转下页时，应当结出本页合计数和余额，写在本页最后一行和下页第一行有关栏内，并在本页最后一行的摘要栏内注明"过次页"字样，在下页第一行摘要栏内注明"承前页"字样。也可以将本页合计数及金额只写在下页第一行有关栏内，并在摘要栏内注明"承前页"字样，以保证账簿记录的连续性。

计算"过次页"的本页合计数，一般分3种情况。

（1）对于要结计本月发生额的账户，"过次页"的本页合计数应为自本月初起至本页末止的发生额合计数。

（2）对于要结计本年累计发生额的账户，"过次页"的本页合计数应当为自年初起至本页末止的累计数。

（3）对于既不用结计本月发生额也不用结计本年累计发生额的账户，可以只将每页末的余额结转次页。

8）更正错误规范

会计账簿是重要的经济档案，应保持整洁、正确、清楚，如果账簿记录发生错误，不允许用涂改、刮擦、挖补、药水消除字迹等手段更正，也不允许重抄，而应当根据情况，按规定的更正方法进行更正（参见本项目模块三）。

5.2.2 日记账的设置与登记

1. 日记账的设置

日记账是按照经济业务发生或完成的时间先后顺序，逐日、逐笔地进行登记的账簿。设置日记账的目的是为了使经济业务的时间顺序清晰地反映在账簿记录中。日记账按其所核算和监督经济业务的范围，可分为普通日记账和特种日记账。在我国，大多数企业一般只设库存现金日记账和银行存款日记账。为了防止其弊端，必须采用订本式账簿，不得用银行对账单或其他方法代替日记账。设置库存现金日记账和银行存款日记账，有利于加强货币资金的日常核算和监督，有利于贯彻执行国家规定的货币资金管理制度。

2. 库存现金日记账的登记

库存现金日记账是用来核算和监督库存现金每日的收入、支出和结存情况的账簿。

1）库存现金日记账的登记依据

库存现金日记账由出纳人员根据现金收款凭证、现金付款凭证和银行存款付款凭证或通用记账凭证，按经济业务发生时间的先后顺序，逐日、逐笔地进行登记。

2）库存现金日记账的账页格式

库存现金日记账的账页格式一般采用"收入""支出""结余"三栏式。库存现金日记账还包括"年、月、日""凭证字号""摘要""对方科目"等栏。库存现金日记账的格式及登记如图 5-2 所示。

库存现金日记账　　　　　　　　　　　　　　　　　　　　　　　第 12 页

202×年		凭证		摘要	对方科目	收入									支出									结余								
月	日	字	号			百	十	万	千	百	十	元	角	分	百	十	万	千	百	十	元	角	分	百	十	万	千	百	十	元	角	分
4	1			月初余额																							2	0	0	0	0	0
	1	现付	1	张三预借差旅费	其他应收款													6	0	0	0	0	0									
	1	现付	2	企业购买办公用品	管理费用													2	0	0	0	0	0									
	1	银付		提取现金	银行存款			1	0	0	0	0	0	0																		
	1	现收	1	销售零星材料	其他业务收入				6	0	0	0	0	0																		
	1	现付	3	存入银行	银行存款												6	0	0	0	0	0	0									
	1	现付	4	发放生活困难补助	应付职工薪酬														5	0	0	0	0									
	1			本日小计				7	0	0	0	0	0	0				7	3	0	0	0	0				1	7	0	0	0	0
4	30			本日小计				6	5	2	0	0	0	0				7	2	1	5	0	0				1	8	5	0	0	0
4	30			本月合计			1	2	8	5	0	0	0	0		1	2	8	6	5	0	0	0				1	8	5	0	0	0

图 5-2　库存现金日记账的格式及登记

有些企业有时也采用多栏式库存现金日记账，它是在三栏式库存现金日记账的基础上发展起来的。这种日记账的借方（收入）和贷方（支出）金额栏都按对方科目设专栏，也就是按收入的来源和支出的用途设专栏。这种格式在月末结账时，可以结出各收入来源专栏和支出用途专栏的合计数，便于对现金收支的合理性、合法性进行审核分析，便于检查财务收支计划的执行情况，其全月发生额还可以作为登记总账的依据。（本书对多栏式库存现金日记账不

做赘述）

3）库存现金日记账的登记方法

① 日期栏：用于登记记账凭证的日期，通常与库存现金的实际收付日期一致。

② 凭证字号栏：用于登记入账的收、付款凭证或通用记账凭证的种类和编号，例如，"库存现金收（付）款凭证"简写为"现收（付）"；"银行存款收（付）款凭证"简写为"银收（付）"。该栏还应登记凭证的编号，以便于查账和核对。

③ 摘要栏：用于简要说明登记入账的经济业务的内容，其语言要简明扼要，并能说明问题。

④ 收入、支出和余额栏：用于登记库存现金的实际收、付金额和收付后的余额。该栏应根据有关记账凭证进行登记。收入栏根据现金收款凭证和引起现金增加的银行存款付款凭证登记（从银行提取现金，只编制银行存款付款凭证）；支出栏根据现金付款凭证登记。每日终了，应计算全日的现金收入、支出合计数，逐日结出库存现金余额，并与库存现金实存数进行核对，以检查每日现金收付是否有误。每月期末，应结出当期收入栏和支出栏的发生额和期末余额，并与库存现金总分类账户核对一致，做到日清月结、账实相符。如果账实不符，应查明原因，再根据不同情况进行处理。

3. 银行存款日记账的登记

银行存款日记账是用来逐日、逐笔记录银行存款的收入、支出和结存情况的账簿。

1）银行存款日记账的登记依据

银行存款日记账由出纳人员根据银行存款收款凭证、银行存款付款凭证和现金付款凭证或通用记账凭证，按经济业务发生时间的先后顺序，逐日、逐笔地进行登记。

2）银行存款日记账的账页格式

银行存款日记账的账页格式与库存现金日记账的格式基本相同，只是有以下几点不同。

① 银行存款日记账应按企业在银行开立的账户和币种分别设置，每个银行存款账户都应设置一本银行存款日记账。

② 在办理银行存款收付业务时，均根据银行结算凭证办理，为便于和银行对账，银行存款日记账还设有结算凭证种类和号数栏，单独列出每项存款收付所依据的结算凭证种类和号数。

③ 定期与银行对账单逐笔核对。

3）银行存款日记账的登记方法

银行存款日记账与库存现金日记账的登记方法基本相同，由出纳员根据与银行存款收付业务有关的记账凭证，按时间的先后顺序，逐日、逐笔地进行登记。根据银行存款收款凭证和有关的库存现金付款凭证登记银行存款收入栏，根据银行存款付款凭证登记其支出栏，每日结出存款余额。做到日清，以便检查、监督各项收支款项，避免出现透支现象，同时也便于同银行对账单进行核对。根据本项目模块一的学习导入内容和表5-1所示的资料，银行存款日记账的格式及登记如图5-3所示。

银行存款日记账　　　　　　　　　　　　　　　　**第 1 页**

202×年		凭证		摘　要	结算凭证		对方科目	收　入	支　出	余　额
月	日	字	号		字	号		百十万千百十元角分	百十万千百十元角分	百十万千百十元角分
1	1			上年结转						6 0 0 0 0 0 0 0
1	3	银付	1	提现备用	现支		库存现金		8 0 0 0 0	5 9 9 2 0 0 0 0
1	5	银付	2	支付材料款	转支		原材料		4 0 0 0 0 0	5 5 9 2 0 0 0 0
1	8	银付	3	支付广告费	转支		销售费用		1 0 0 0 0 0	5 4 9 2 0 0 0 0
1	10	银收	1	存入销货款	进账单		主营业务收入	8 0 0 0 0 0 0		6 2 9 2 0 0 0 0
1	12	银收	2	借入临时借款	进账单		短期借款	5 0 0 0 0 0 0		6 7 9 2 0 0 0 0
1	15	银收	3	存入销货款	进账单		主营业务收入	7 0 0 0 0 0 0		7 4 9 2 0 0 0 0
1	16	银付	4	购买汽车	转支		固定资产		9 0 0 0 0 0 0	6 5 9 2 0 0 0 0
1	18	银付	5	偿还前欠货款	信汇		应付账款		2 0 0 0 0 0 0	6 3 9 2 0 0 0 0
1	20	银付	6	提现备发工资	现支		库存现金		1 8 0 0 0 0 0	6 2 1 2 0 0 0 0
1	26	银收	4	收回前期货款	委收		应收账款	3 0 0 0 0 0 0		6 5 1 2 0 0 0 0
1	31			本月合计				2 3 0 0 0 0 0 0	1 7 8 8 0 0 0 0	6 5 1 2 0 0 0 0

图 5-3　银行存款日记账的格式及登记

5.2.3　明细账的设置与登记

1. 明细账的设置

明细账是根据明细账户开设的，分类、连续地登记经济业务以提供明细核算资料的账簿。根据实际需要，各种明细账分别按二级科目或明细科目开设账户，并为每个账户预留若干账页，用来分类、连续地记录有关资产、负债、所有者权益、收入、成本、费用、利润等详细资料。设置和运用明细账，有利于加强资金的管理和使用，并可为编制财务报表提供必要的资料，因此，各单位在设置总账的基础上，还要根据经营管理的需要，按照总账科目设置若干必要的明细账，以形成既能提供经济活动总括情况，又能提供具体详细情况的账簿体系。

明细账的设置和登记

> 不同的明细账，其账页格式可能是不同的！

明细账的账页格式，应根据它所反映经济业务的特点，以及财产物资管理的不同要求来设计，一般有三栏式明细账、数量金额式明细账、多栏式明细账和横线登记式明细账四种。

2. 三栏式明细账的登记

1）三栏式明细账的登记依据

三栏式明细账的登记依据是记账凭证及其所附的原始凭证或原始凭证汇总表。

2）三栏式明细账的账页格式

三栏式明细账的账页设借方金额、贷方金额和余额 3 个栏目，用以分类核算各项经济业务，提供详细核算资料。

这种账页适用于只进行金额核算且内容相对单一的账户，如应收账款、应付账款、短期借款等债权债务类账户及资本类账户的明细核算。

3）三栏式明细账的登记方法

三栏式明细账一般由会计人员根据记账凭证及其所附的原始凭证逐笔登记。其中，债权债务类明细账在每次记账后，都要随时结计余额。应收账款明细账的格式及登记如图 5-4 所示。

应收账款明细账

明细账户：昌盛公司　　　　　　　　　　　　　　　　　　　　　　　　　　　　第 8 页

202×年 月	日	字	号	摘要	借方金额 百	十	万	千	百	十	元	角	分	贷方金额 百	十	万	千	百	十	元	角	分	借或贷	余额 百	十	万	千	百	十	元	角	分
5	1			期初余额																			借			8	0	0	0	0	0	0
5	8	略	略	收回前期货款												8	0	0	0	0	0	0	平					Ø				
5	12			销售商品未收款			6	7	8	0	0	0	0										借			6	7	8	0	0	0	0
5	17			销售商品未收款			4	5	2	0	0	0	0										借		1	1	3	0	0	0	0	0
5	21			收回货款												6	7	8	0	0	0	0	借			4	5	2	0	0	0	0
5	24			销售商品未收款			5	6	5	0	0	0	0										借		1	0	1	7	0	0	0	0
5	29			收回货款												4	5	2	0	0	0	0	借			5	6	5	0	0	0	0

图 5-4　应收账款明细账的格式及登记

3. 数量金额式明细账的登记

1）数量金额式明细账的登记依据

数量金额式明细账的登记依据是涉及财产物资的记账凭证及其所附的收料单、领料单、限额领料单、产品入库单、发货单等货物的收发凭证。

2）数量金额式明细账的格式

数量金额式明细账就是在账页收入、发出、结存 3 个栏目内，再分别设置"数量""单价""金额"等栏目，以分别登记实物的数量和金额。例如，原材料明细账的格式及登记如图 5-5 所示。

原材料明细账

类别：原料及主要材料　　　　　　　　　　　　　　　　　　　　　　存放地点：1 号仓库
品名及规格：60 mm 圆钢　　　　　　　　　　　　　　　　　　　　　计量单位：吨

202×年 月	日	字	号	摘要	收入 数量	单价	金额 百	十	万	千	百	十	元	角	分	发出 数量	单价	金额 百	十	万	千	百	十	元	角	分	结存 数量	单价	金额 百	十	万	千	百	十	元	角	分
7	1			期初结存																							20	2000			4	0	0	0	0	0	0
7	3	记	6	车间领用												10	2000			2	0	0	0	0	0	0	10	2000			2	0	0	0	0	0	0
7	6	记	15	购进入库	15	2000			3	0	0	0	0	0	0												25	2000			5	0	0	0	0	0	0
7	12	记	21	车间领用												12	2000			2	4	0	0	0	0	0	13	2000			2	6	0	0	0	0	0
7	18	记	27	1 号工程领用												2	2000				4	0	0	0	0	0	11	2000			2	2	0	0	0	0	0
7	26	记	40	购进入库	18	2000			3	6	0	0	0	0	0												29	2000			5	8	0	0	0	0	0
7	28	记	45	管理部门领用												4	2000				8	0	0	0	0	0	25	2000			5	0	0	0	0	0	0
7	31			本月合计	33	2000			6	6	0	0	0	0	0	28	2000			5	6	0	0	0	0	0	25	2000			5	0	0	0	0	0	0

图 5-5　原材料明细账的格式及登记

数量金额式明细账适用于既要进行金额明细核算，又要进行数量明细核算的账户，如"原材料""库存商品"等财产物资账户的明细核算。它能提供各种财产物资收入、发出、结存等的数量和金额资料，以便于开展业务和加强管理。

3）数量金额式明细账的登记方法

数量金额式明细账一般由会计人员根据记账凭证及其所附的收料单、领料单、限额领料单、产品入库单、发货单等货物的收发凭证逐笔登记，每次记账后，都要随时结出结存数量，或者由财产物资仓库保管员根据收料单、领料单、限额领料单、产品入库单、发货单等货物的收发凭证逐笔登记，并随时结出结存数量。

4. 多栏式明细账的登记

1）多栏式明细账的登记依据

多栏式明细账的登记依据是审核无误的记账凭证及其所附的原始凭证或原始凭证汇总表。

2）多栏式明细账的格式

多栏式明细账是根据经济业务的特点和经营管理的需要，在一张账页的借方栏或贷方栏设置若干专栏，集中反映有关明细项目的核算资料。

多栏式明细账主要适用于只记金额、不记数量，且在管理上要了解其构成内容的账户，如"主营业务收入""生产成本""制造费用""管理费用""本年利润""利润分配""应交税费——应交增值税"等账户的明细分类账。

多栏式明细账的格式视管理需要而呈现多样性，通常主要有以下 3 种情况。

① 只在借方栏下分设专栏的多栏式明细账。主要有"生产成本""制造费用""销售费用""管理费用""财务费用"等账户。例如，制造费用明细账在借方栏下，可分设工资、职工福利、折旧费、办公费等专栏。制造费明细账的格式如图 5-6 所示。

制造费用明细账

图 5-6　制造费明细账的格式

② 只在贷方栏下分设专栏的多栏式明细账。主要有"主营业务收入""其他业务收入""营业外收入"等账户。例如，营业外收入明细账在贷方栏下可分设政府补助、债务重组利得、盘盈利得、接受捐赠利得、无法支付的应付款项等专栏。营业外收入明细账的格式如图 5-7 所示。

③ 在借方栏和贷方栏下均分设专栏的多栏式明细账。主要有"本年利润""利润分配""应交税费——应交增值税"等账户。例如，本年利润明细账在借方栏下，可分设主营业务成

本、其他业务成本、税金及附加、销售费用、管理费用、财务费用、营业外支出等专栏；在贷方栏下，可分设主营业务收入、其他业务收入、投资收益、营业外收入等专栏。本年利润明细账的格式如图5-8所示。

营业外收入明细账

年	凭证	摘要	贷方金额					
月 日	字 号		政府补助	债务重组利得	盘盈利得	接受捐赠利得	……	合 计
			十万千百十元角分	十万千百十元角分	十万千百十元角分	十万千百十元角分	十万千百十元角分	十万千百十元角分

图 5-7　营业外收入明细账的格式

本年利润明细账

年	凭证	摘要	借方金额						贷方金额				余 额
月 日	字 号		主营业务成本	其他业务成本	税金及附加	销售费用	……	合计	主营业务收入	其他业务收入	……	合计	借或贷

图 5-8　本年利润明细账的格式

3）多栏式明细账的登记方法

多栏式明细账是由会计人员根据审核无误的记账凭证或原始凭证，按照经济业务发生时间的先后顺序，逐日、逐笔地进行登记的。对于成本费用类账户，只在借方设专栏，平时在借方登记费用、成本的发生额，平时如发生贷方发生额，要用"红字"在借方有关栏内登记，表示应从借方发生额中冲减。同样，对于收入类账户，只在贷方设专栏，平时在贷方登记收入的发生额，若平时发生退货等出现借方发生额时，要用"红字"在贷方有关栏内登记，表示应从贷方发生额中冲减。对于在借、贷方分设专栏的明细账，登记方法和三栏式明细账类似，只要按具体的项目登记到对应的各栏中即可。

5. 横线登记式明细账的登记

横线登记式明细账又称平行式明细账。它的账页结构特点是，将前后密切相关的经济业务在同一横行内进行详细登记，以检查每笔经济业务的完成及变动情况。"材料采购""在途物资""应收票据""其他应收款——备用金"等明细账一般采用横线登记式明细账。

横线登记式明细账的借方一般在购料付款或借出备用金时，按会计凭证的编号顺序，逐日、逐笔地登记，其贷方则是在材料验收入库或备用金使用后报销和收回时，在与借方记录的同一行内进行登记。同一行内借方、贷方均有记录且相等时，表示该项经济业务已处理完毕，若一行内只有借方记录而无贷方记录的，表示该项经济业务尚未结束。

材料采购明细账的格式如图 5-9 所示。

材料采购明细账

年		凭证		借　方					年		凭证		贷　方		材料成本差异	
月	日	字	号	摘　要	买价	采购费用	……	合计	月	日	字	号	摘　要	金额	超支	节约

图 5-9　材料采购明细账的格式

5.2.4　总账的设置与登记

1. 总账的设置

总分类账又称总账。总账根据总分类账户开设，能全面、总括地反映和记录经济业务引起的资金运动和财务收支情况，并为编制财务报表提供数据。因此，任何单位都必须设置总账。

2. 总账的格式

总账一般采用订本式账，按照会计科目的编码顺序分别开设账户，并为每个账户预留若干账页，以登记一定时期（一年）内该账户的全部经济业务。由于总账只进行货币度量的核算，因此最常用的格式是三栏式，在账页中设置借方金额、贷方金额和余额 3 个栏目。总账中的对应科目栏，可以设置也可以不设置。借或贷栏是指账户的余额在借方还是在贷方。总账的格式如图 5-10 所示。

总 分 类 账

账户名称：_____　　　　　　　　　　　　　　　　　　　　　　　　　　第　页

年		凭证		摘　要	借方金额									贷方金额									借或贷	余　额								
月	日	字	号		百	十	万	千	百	十	元	角	分	百	十	万	千	百	十	元	角	分		百	十	万	千	百	十	元	角	分

图 5-10　总账的格式

3. 总账的登记

总账的登记可以根据记账凭证逐笔登记，也可以通过一定的方式分期或按月一次汇总成汇总记账凭证或科目汇总表，然后据以登记。总账登记的依据和方法，取决于企业采用的账务处理程序。

企业每月应将已完成的经济业务全部登记入账，并于月终结出总账中各账户的本期发生额和期末余额，与明细账余额核对相符后，作为编制财务报表的主要依据。

5.2.5 总账与明细账的平行登记

1. 总账与明细账的关系

如前所述，总账是按总分类账户开设的，对总分类账户的经济内容进行总括核算，提供总括性资料；明细账是按照总分类账户所辖的明细分类账户开设的，对总账的经济内容进行明细分类核算，提供具体而详细的核算资料。总账和明细账既有内在联系，又有区别。

1）总账与明细账的联系

① 两者所反映的经济业务内容相同，例如，"原材料"总账账户与其所辖的"原料及主要材料""辅助材料"等明细账都是用以反映材料的收发及结存业务的。

② 登记账簿的原始依据相同，登记总账与登记其所辖的明细账的记账凭证和原始凭证是相同的。

2）总账与明细账的区别

① 反映经济内容的详细程度不同。总账反映资金增减变化的总括情况，提供总括资料；明细账反映资金动向的详细情况，提供某一方面的详细资料；有些明细账还可以提供实物量指标和劳动量指标。

② 作用不同。总账提供的经济指标是明细账资料的综合，对所辖明细账起着统驭作用；明细账是对有关总账的补充，起着详细说明的作用。

2. 总账与明细账的平行登记

为了使总账与其所辖的明细账之间能起到统驭与补充的作用，便于账户核对，并确保核算资料的正确、完整，必须采用平行登记的方法，在总账及其所辖的明细账中进行记录。

平行登记是指经济业务发生后，根据会计凭证一方面要登记有关的总账，另一方面要登记该总账所辖的各有关明细账。总账与明细账的平行登记要点如下。

1）方向相同

对于发生的经济业务，在总账和所辖的明细账进行登记时，其记账方向必须相同，即如果在有关总账中登记在借方，则在其所辖的明细账中也应该登记在借方；如果在有关总账中登记在贷方，则在其所辖的明细账中也应该登记在贷方。

2）期间一致

这里所指的期间是指在同一会计期间，而并非同一时点，因为明细账一般根据记账凭证及其所属的原始凭证进行登记，而总账的登记则由于所采用的账务处理程序不同，在时间上也有所不同，但两者必须在同一期间进行登记。

3）金额相等

记入总账的金额与记入其所辖的各明细账的金额相等。总账提供总括指标，明细账提供总账所记内容的具体指标，所以，记入总账的金额与记入其所辖各明细账的金额相等，即

总账期初余额 = 所辖各明细账期初余额之和

总账借方发生额 = 所辖各明细账借方发生额之和

总账贷方发生额 = 所辖各明细账贷方发生额之和

总账期末余额 = 所辖各明细账期末余额之和

在会计核算工作中，可以利用上述关系检查账簿记录的正确性。检查时，根据总账与明细账之间的数量关系，编制总账与所辖明细账的本期发生额及余额对照表，进行核对。

3. 总账与明细账的平行登记举例

现以原材料和应付账款两个账户为例，说明总账和明细账的平行登记方法。

【例5-1】 宏达公司于202×年7月末，原材料总账期初余额为116 000元，其中，60mm圆钢25吨，单位成本为2 000元/吨，计50 000元，80mm圆钢30吨，单位成本为2 200元/吨，计66 000元；"应付账款"总账期初余额为80 000元，其中，宏润公司占50 000元，通惠公司占30 000元。8月份发生的有关原材料和应付账款的经济业务如下。

①8月3日，用银行存款偿还前欠宏润公司50 000元货款和通惠公司30 000元货款。

②8月8日，从宏润公司购入60mm圆钢40吨，每吨2 000元，增值税税率为13%，价税合计90 400元，材料已验收入库；支付价税款为50 400元，其余暂欠。

③8月15日，从通惠公司购入80mm圆钢20吨，每吨2 200元，增值税税率为13%，价税合计49 720元，材料已验收入库，货款尚未支付。

④8月31日，本月份仓库发出材料如表5-4所示，投入产品生产。

表5-4 本月份仓库发出材料　　　　　　　　　　　　　　　　金额单位：元

材料名称	计量单位	数　量	单位成本	金　额
60mm 圆钢	吨	45	2 000	90 000
80mm 圆钢	吨	35	2 200	77 000
合计	—	—	—	167 000

根据上述资料编制记账凭证，简易记账凭证如表5-5所示。

表5-5 简易记账凭证

202×年 月	日	凭证 字	号	摘　要	账户名称	借方金额	贷方金额
8	3	记	6	偿还货款	应付账款——宏润公司 应付账款——通惠公司 银行存款	50 000 30 000	 80 000
8	8	记	18	购料入库	原材料——60mm圆钢 应交税费——应交增值税（进项税额） 银行存款 应付账款——宏润公司	80 000 10 400	 50 400 40 000
8	15	记	29	购料入库	原材料——80mm圆钢 应交税费——应交增值税（进项税额） 应付账款——通惠公司	44 000 5 720	 49 720
8	31	记	50	领用材料	生产成本 原材料——60mm圆钢 原材料——80mm圆钢	167 000	 90 000 77 000

根据上述资料及会计凭证对原材料和应付账款总账及明细账进行平行登记，原材料总账及明细账如图5-11所示，应付账款总账及明细账如图5-12所示。

总分类账

账户名称：**原材料** 第19页

202×年 月	日	凭证 字	号	摘要	借方金额	贷方金额	借或贷	余额
7	31			月末余额			借	116000.00
8	8	记	18	购料入库	80000.00		借	196000.00
8	15	记	29	购料入库	44000.00		借	240000.00
8	31	记	50	领用材料		167000.00	借	73000.00
8	31			本月合计	124000.00	167000.00	借	73000.00

(a)

原材料明细账

类别：原料及主要材料 存放地点：1号仓库
品名及规格：60 mm圆钢 计量单位：吨 第32页

202×年 月	日	凭证 字	号	摘要	收入 数量	单价	金额	发出 数量	单价	金额	结存 数量	单价	金额
7	31			月末结存							25	2000	50000.00
8	8	记	18	购料入库	40	2000	80000.00				65	2000	130000.00
8	31	记	50	领用材料				45	2000	90000.00	20	2000	40000.00
8	31			本月合计	40	2000	80000.00	45	2000	90000.00	20	2000	40000.00

(b)

原材料明细账

类别：原料及主要材料 存放地点：2号仓库
品名及规格：80 mm圆钢 计量单位：吨 第38页

202×年 月	日	凭证 字	号	摘要	收入 数量	单价	金额	发出 数量	单价	金额	结存 数量	单价	金额
7	31			月末结存							30	2200	66000.00
8	15	记	29	购料入库	20	2200	44000.00				50	2200	110000.00
8	31	记	50	领用材料				35	2200	77000.00	15	2200	33000.00
8	31			本月合计	20	2200	44000.00	35	2200	77000.00	15	2200	33000.00

(c)

图5-11 原材料总账及明细账

总分类账

账户名称：应付账款　　　　　　　　　　　　　　　　　　　　　　　　第66页

202×年		凭证		摘　要	借方金额	贷方金额	借或贷	余　额
月	日	字	号		百十万千百十元角分	百十万千百十元角分		百十万千百十元角分
7	31			月末余额			贷	8 0 0 0 0 0 0
8	3	记	6	偿还货款	8 0 0 0 0 0 0		平	Ø
8	8	记	18	购料入库，部分款暂欠		4 0 0 0 0 0 0	贷	4 0 0 0 0 0 0
8	15	记	29	购料入库，未付款		4 9 7 2 0 0 0	贷	8 9 7 2 0 0 0
8	31			本月合计	8 0 0 0 0 0 0	8 9 7 2 0 0 0	贷	8 9 7 2 0 0 0

(a)

应付账款明细账

明细账户：宏润公司　　　　　　　　　　　　　　　　　　　　　　　　第76页

202×年		凭证		摘　要	借方金额	贷方金额	借或贷	余　额
月	日	字	号		百十万千百十元角分	百十万千百十元角分		百十万千百十元角分
7	31			月末余额			贷	5 0 0 0 0 0 0
8	3	记	6	偿还货款	5 0 0 0 0 0 0		平	Ø
8	8	记	18	购料入库，部分款暂欠		4 0 0 0 0 0 0	贷	4 0 0 0 0 0 0
8	31			本月合计	5 0 0 0 0 0 0	4 0 0 0 0 0 0	贷	4 0 0 0 0 0 0

(b)

应付账款明细账

明细账户：通惠公司　　　　　　　　　　　　　　　　　　　　　　　　第82页

202×年		凭证		摘　要	借方金额	贷方金额	借或贷	余　额
月	日	字	号		百十万千百十元角分	百十万千百十元角分		百十万千百十元角分
7	31			月末余额			贷	3 0 0 0 0 0 0
8	3	记	6	偿还货款	3 0 0 0 0 0 0		平	Ø
8	15	记	29	购料入库，未付款		4 9 7 2 0 0 0	贷	4 9 7 2 0 0 0
8	31			本月合计	3 0 0 0 0 0 0	4 9 7 2 0 0 0	贷	4 9 7 2 0 0 0

(c)

图 5-12　应付账款总账及明细账

从以上各表中可以看出，明细账期初余额之和、本期发生额之和及期末结存额之和与总账相应的指标是相等的。原材料总账与明细账的金额关系表如表 5-6 所示。应付账款总账与明细账的金额关系表表 5-7 所示。

表 5-6 原材料总账与明细账的金额关系表

金额项目及方向	明细账金额之和	总账金额
期初余额（借方）	50 000+66 000=116 000	116 000
本期增加（借方）	80 000+44 000=124 000	124 000
本期减少（贷方）	90 000+77 000=167 000	167 000
期末结存（借方）	40 000+33 000=73 000	73 000

表 5-7 应付账款总账与明细账的金额关系表

金额项目及方向	明细账金额之和	总账金额
期初余额（贷方）	50 000+30 000=80 000	80 000
本期增加（贷方）	40 000+49 720=89 720	89 720
本期减少（借方）	50 000+30 000=80 000	80 000
期末结存（贷方）	40 000+49 720=89 720	89 720

由于总账和明细账是按平行登记方法登记的，因此对总账和明细账的登记结果应当进行相互核对。在实际工作中，通过总账与明细账的账账核对，编制"总账与明细账发生额及余额对照表"，检查总账金额与所辖的明细账金额是否相等，来判断账簿记录是否正确，以便及时发现错账并加以更正，保证账簿记录的准确无误。原材料总账与明细账发生额及余额对照表如表 5-8 所示。应付账款总账与明细账发生额及余额对照表如表 5-9 所示。

表 5-8 原材料总账与明细账发生额及余额对照表

账户名称	期初余额		本期发生额		期末余额	
	借方	贷方	借方	贷方	借方	贷方
60mm 圆钢明细账	50 000		80 000	90 000	40 000	
80mm 圆钢明细账	66 000		44 000	77 000	33 000	
明细账金额合计	116 000		124 000	167 000	73 000	
总账金额	116 000		124 000	167 000	73 000	

表 5-9 应付账款总账与明细账发生额及余额对照表

账户名称	期初余额		本期发生额		期末余额	
	借方	贷方	借方	贷方	借方	贷方
宏润公司明细账		50 000	50 000	40 000		40 000
通惠公司明细账		30 000	30 000	49 720		49 720
明细账金额合计		80 000	80 000	89 720		89 720
总账金额		80 000	80 000	89 720		89 720

模块三　错账的查找与更正方法

学习导入

在模块二的会计账簿的登记要求中曾经论述过，会计账簿是重要的经济档案，应保持整洁、正确、清楚，如果账簿记录发生错误，不允许用涂改、刮擦、挖补、药水消除字迹等手段更正错误，也不允许重抄。如果出现了账簿错误，首先要查出来，然后根据情况按规定的更正方法进行更正。那么，出现了错账，应采用哪些方法查找呢？查找出的错账又应该如何更正呢？这就是本模块所学习的内容。

学习内容

5.3.1　错账的查找方法

错账的查找方法

在日常的会计核算中，发生记账差错的现象是难以避免的。如果出现了错账，应根据产生差错的具体情况，分析可能产生差错的原因，采取相应的查找方法，以便于缩短查找差错的时间，减少查账工作量。

查找错误的方法有很多，常用的主要有顺查法、逆查法及个别抽查法等。

1. 顺查法

顺查法又称正查法，是按照账务处理的顺序，从原始凭证开始，到编制记账凭证，再到登记账簿和编制试算平衡表，全过程进行查找的一种方法。首先检查会计凭证是否正确，然后将记账凭证、原始凭证同有关账簿记录一笔一笔地进行核对，最后检查有关账户的发生额和余额。通过这种检查方法，可以发现重记、漏记、错记科目、错记金额等记账错误。其优点是查找范围全面，不易遗漏；其缺点是工作量大，需要的时间比较长。所以在实际工作中，一般是在采用其他方法查找不到错误的情况下才采用顺查法。

2. 逆查法

逆查法又称反查法，与顺查法相反，是按照账务处理的顺序，从试算平衡表开始，到账簿记录，再到会计凭证，全过程进行查找的一种方法。首先检查各有关账户的余额和发生额是否正确，然后将有关账簿按照记录的顺序由后向前同有关记账凭证或原始凭证进行逐笔核对，最后检查有关记账凭证的填制是否正确。这种方法的优缺点与顺查法相同，所不同的是，逆查法是根据实际工作的需要，在由于某种原因造成后期产生差错的可能性较大时被采用。

3. 个别抽查法

个别抽查法是根据账簿记录差错常见的规律，推测与差错有关的记录而进行查找的一类技术方法，主要适用于重记、漏记、借贷方向记反（反向）、数字颠倒、数字错位、错记等错账的查找。这种方法的优点是范围小，可以节省时间，减少工作量。个别抽查法的具体方法有以下几种。

1) 差数法

差数法是指按照错账的差数查找错账的方法。在记账过程中，只登记了其中的借方或贷方，漏记了另一方，或者其中的一方多记了一次，从而形成试算平衡中借方合计与贷方合计不等。其表现形式是借方金额遗漏，会使该金额在贷方超出；贷方金额遗漏，会使该金额在借方超出；

或者借方金额重记，会使该金额在借方超出；贷方金额重记，会使该金额在贷方超出。对于这样的差错，可由会计人员通过回忆和与相关金额的记账核对来查找。在通常情况下，如果发现同一账户记录中，某一金额与借方或贷方超出金额相等时，有可能就是一方数字重记；而一方漏记时，可在记账凭证中直接查找有没有借贷差额的经济业务。当然，如果整张的记账凭证漏记或重记，就没有明显的错账特征，只能采用顺查法或逆查法进行逐笔查找。

2）尾数法

对于只有金额发生差错，且发生的差错只涉及角、分的，可以只查找小数部分，以提高查错的效率。

3）除2法

除2法是指以差数除以2来查找错账的方法，适用于查找记错方向的错误。记错方向就是在记账过程中把发生额的方向记错，将借方发生额误记入贷方，或者将贷方发生额误记入借方。如果某个数字记错了方向，使得一方的合计数增加，另一方的合计数减少，其差额正好是应记准确数字的2倍。所以，将差额除以2，所得商数可能就是记错的数字。如果在账簿记录中有这个数字，就有了查找的目标，不必再逐笔查找。例如，应记入"原材料——A材料"科目借方的3 000元误记入贷方，则该明细账的期末余额将小于其总账期末余额6 000元，被2除后，所得商为3 000元，即为记错的金额；如果借方总额大于贷方800元，就应除以2后所得商为400元，这400元即为记错金额，表明误将贷方金额400元记入了借方。如非此类错误，则应另寻差错的原因。

4）除9法

除9法是指以差数除以9来查找错账的方法，适用于以下3种情况。

① 将数字写小。例如，将600写为60，错误数字小于正确数字9倍。查找的方法是，以差数除以9后得出的商即为写错的数字，商乘以10即为正确的数字。上例差数540（600–60）除以9后得出的商为60，即为错数，扩大10倍后即可得出正确的数字600。

② 将数字写大。例如，将30写为300，错误数字大于正确数字9倍。查找的方法是，以差数除以9后得出的商为正确的数字，商乘以10后所得的积为错误数字。上例差数270（300-30）除以9后得出的商为30，即为正确数字，30乘以10后所得的积为300，即为错误数字。

需要注意的是，无论是数写大还是数写小，在查找时正确数字和错误数字均应查找，因为在查找前，并不知道数写大了，还是写小了。

③ 邻数颠倒。又称倒码，就是将相邻的数字写颠倒，例如，将56写为65，将82写为28，将45写为54等。如果两个数字颠倒，其差数是9的倍数，差数除以9所得商数正好等于颠倒的两个数之差。所以，检查时，可根据差数除以9所得商数，去推断有哪些两个数字之差与其相等，并查找账簿中的这个颠倒数。发生相邻数颠倒错误，可借助于"相邻数字颠倒便查表"进行查找。相邻数字颠倒便查表如图5-13所示。

相邻数字颠倒便查表

大数颠倒成小数									差数	商	小数颠倒成大数								
89	78	67	56	45	34	23	12	01	9	1	10	21	32	43	54	65	76	87	98
	79	68	57	46	35	24	13	02	18	2	20	31	42	53	64	75	86	97	
		69	58	47	36	25	14	03	27	3	30	41	52	63	74	85	96		
			59	48	37	26	15	04	36	4	40	51	62	73	84	95			
				49	38	27	16	05	45	5	50	61	72	83	94				
					39	28	17	06	54	6	60	71	82	93					
						29	18	07	63	7	70	81	92						
							19	08	72	8	80	91							
								09	81	9	90								

图5-13　相邻数字颠倒便查表

例如，如果差数是 45，差数 45 除以 9 得出的商为 5，在图 5-13 中找到商为 5 的一行，其颠倒数可能就是 49、38、27、16、05、50、61、72、83、94 中的一个。例如，将 83 错记成 38，或者将 38 错记成 83，其差数为 45，除以 9 的商为 5，在商为 5 的这一行中就能找到 83 或 38，如有 83 的业务，极有可能是颠倒的数字。

5.3.2 错账的更正方法

错账的更正方法通常有划线更正法、红字更正法和补充登记法等。

1. 划线更正法

划线更正法是指在记账凭证填制正确，而在记账或结账过程中发现账簿记录中文字或数字有错误时应采用的错账更正方法。具体的更正方法：先在错误的文字或数字上画一条红线，表示注销，画线时必须使原有字迹仍可辨认；然后在画线处的上方将正确的文字或数字用蓝黑字做更正记录，并由记账人员在更正处盖章，以明确责任。对于文字的错误，可以只画去错误的部分，并更正错误的部分，对于错误的数字，应当全部画红线更正，不能只更正其中的个别错误数码。例如，把 3 694.00 元误记为 8 694.00 元时，应将错误数字 8 694.00 全部用红线注销后，再写上正确的数字 3 694.00，而不是只注销一个"8"字，更正一个"3"字。划线更正法（正确做法）如图 5-14 所示。划线更正法（错误做法）如图 5-15 所示。

图 5-14　划线更正法（正确做法）

图 5-15　划线更正法（错误做法）

值得注意的是，如果记账凭证中的文字或数字发生错误，在尚未过账前，应重新填制记账凭证，而不能采用划线更正法更正。

2. 红字更正法

红字更正法又称红字冲销法，是指在记账以后，如果发现记账凭证中会计科目、借贷方向或金额发生错误时应采用的错账更正方法。红字更正法包括红字全部更正法和红字部分更正法。

划线更正法

红字更正法

1）红字全部更正法

红字全部更正法又称红字全部冲销法，是指在记账以后，如果发现记账凭证中会计科目、借贷方向错误而引起金额发生错误时应采用的错账更正方法。具体的更正方法：首先用红色墨水，填写一张与错误记账凭证内容完全相同的记账凭证，且在摘要栏注明"注销某月某日第×号凭证"字样，并据以红字金额登记入账，以注销账簿中原有的错误记录，然后用蓝黑字重新填制一张正确的记账凭证，并在摘要栏注明"更正某月某日第×号凭证"字样，再登记入账。这样，原来的错误记录便得以更正。

【例5-2】 某公司于202×年8月10日，为生产甲产品领用8 000元A材料。

（1）填制记账凭证时，误将借方科目写成"制造费用"，并已登记入账。原错误记账凭证如图5-16所示。

（2）202×年8月30日发现错误后，用红字金额填制一张与原错误记账凭证内容完全相同的记账凭证，并登记入账，以注销原错误记录。用红字金额填制的转账凭证如图5-17所示。

（3）用蓝黑字填制一张正确的记账凭证，并登记入账。更正后的转账凭证如图5-18所示。

转 账 凭 证

202×年8月10日　　　　　　　　　　转字第36号

摘　要	总账科目	明细科目	借方金额								√	贷方金额								√
			十	万	千	百	十	元	角	分		十	万	千	百	十	元	角	分	
车间领用材料	制造费用				8	0	0	0	0	0	√									
	原材料	A材料												8	0	0	0	0	0	√
附件 1 张	合　计			￥	8	0	0	0	0	0			￥	8	0	0	0	0	0	

财务主管：×××　　　　稽核：×××　　　　记账：×××　　　　制单：×××

图5-16　原错误的转账凭证

转 账 凭 证

202×年 8月 30 日　　　　　　　　　　转字第88 号

摘　要	总账科目	明细科目	借方金额								√	贷方金额								√
			十	万	千	百	十	元	角	分		十	万	千	百	十	元	角	分	
注销8月10日转字第36号凭证	制造费用				8	0	0	0	0	0	√									
	原材料	A材料												8	0	0	0	0	0	√
附件 0 张	合　计			￥	8	0	0	0	0	0			￥	8	0	0	0	0	0	

财务主管：×××　　　　稽核：×××　　　　记账：×××　　　　制单：×××

图5-17　用红字金额填制的转账凭证

转　账　凭　证

202×年 8 月 30 日　　　　　　　　　　　　　　　　　转字第 *89* 号

摘　　要	总账科目	明细科目	借方金额								√	贷方金额									√
			十万	千	百	十	元	角	分			十万	千	百	十	元	角	分		
更正8月10日转字第36号凭证	生产成本	甲产品		8	0	0	0	0	0	√										
	原材料	A材料											8	0	0	0	0	0	√	
附件 0 张		合　计		￥	8	0	0	0	0	0			￥	8	0	0	0	0	0	

财务主管：×××　　　　　　稽核：×××　　　　　　　　记账：×××　　　　　　　制单：×××

图 5-18　更正后的转账凭证

2）红字部分更正法

红字部分更正法又称红字部分冲销法，是指在记账以后，如果发现记账凭证和账簿记录中会计科目及借贷方向没有错误，只是所记金额大于应记金额时，根据其差额进行冲销多记金额。具体的更正方法：将多记的金额用红字填制一张与原错误记账凭证账户名称及记账方向相同的记账凭证，并在摘要栏注明"冲销某月某日第 × 号凭证多记金额"字样，并登记入账，以冲销多记的金额，使错账得以更正。

【例 5-3】202×年 8 月 15 日，某公司行政管理部门购买 38 元办公用品，用现金支付。

（1）填制记账凭证时，误将金额 38 元写成了 83 元，并已登记入账。原错误的付款凭证如图 5-19 所示。

付　款　凭　证

贷方科目：库存现金　　　　　　　　　*202×年 8 月 15 日*　　　　　　　　　　现付字第 *18* 号

摘　　要	借方总账科目	明细科目	√	金　额									
				千	百	十	万	千	百	十	元	角	分
行政部门购买办公用品	管理费用	办公费	√							8	3	0	0
合　计			√						￥	8	3	0	0

附单据 × 张

财务主管：×××　　　　稽核：×××　　　　出纳：×××　　　　记账：×××　　　　制单：×××

图 5-19　原错误的付款凭证

（2）202×年 8 月 30 日，发现错误后，应将多记金额用红字编制记账凭证，并登记入账，以冲销多记的金额。用红字编制的付款凭证如图 5-20 所示。

付 款 凭 证

贷方科目：库存现金　　　　　　　　202×年 8 月 30 日　　　　　　　　　现付字第 48 号

摘　要	借方总账科目	明细科目	√	金　额
				千 百 十 万 千 百 十 元 角 分
冲销8月15日现付字第18号凭证多记金额	管理费用	办公费	√	4 5 0 0
合　计			√	¥4 5 0 0

财务主管：×××　　　稽核：×××　　　出纳：×××　　　记账：×××　　　制单：×××

图 5-20　用红字编制的付款凭证

需要说明的是，为了便于和银行对账，对涉及银行存款的错误凭证，一般不使用红字部分更正法进行错误更正，而通常使用红字全部更正法进行错误更正。

3.补充登记法

补充登记法是指在记账以后，如果发现记账凭证中会计科目及借贷方向没有错误，只是所记金额小于应记金额时，根据其差额进行补充登记。具体的更正方法：将少记金额用蓝黑字填制一张与原错误记账凭证会计科目及借贷方向相同的记账凭证，在摘要栏内注明"补记某月某日第 × 号凭证少记金额"字样，并登记入账，使错账得以更正。

【例5-4】 202× 年 8 月 20 日，某公司生产车间购买 600 元办公用品，以现金支付。

（1）填制记账凭证时，误将金额 600 元写成了 60 元，并已登记入账。原错误付款凭证如图 5-21 所示。

付 款 凭 证

贷方科目：库存现金　　　　　　　　202×年 8 月 20 日　　　　　　　　　现付字第 29 号

摘　要	借方总账科目	明细科目	√	金　额
				千 百 十 万 千 百 十 元 角 分
生产车间购买办公用品	制造费用	办公费	√	6 0 0 0
合　计			√	¥6 0 0 0

财务主管：×××　　　稽核：×××　　　出纳：×××　　　记账：×××　　　制单：×××

图 5-21　原错误付款凭证

（2）202× 年 8 月 30 日，发现错误后，应将少记金额用蓝黑字编制记账凭证，并登记入账，以补记少记的金额。补记的付款凭证如图 5-22 所示。

付　款　凭　证

| 贷方科目：库存现金 | | | 202×年 8月 30日 | | | | 现付字第 49 号 | | | | | | | | | |

摘　　要	借方总账科目	明细科目	√	金　额										
				千	百	十	万	千	百	十	元	角	分
补记8月20日现付字第29号凭证少记金额	制造费用	办公费	√						5	4	0	0	0
合　计			√						¥ 5	4	0	0	0

附单据 0 张

财务主管：×××　　　　稽核：×××　　　　出纳：×××　　　　记账：×××　　　　制单：×××

图 5-22　补记的付款凭证

需要说明的是，补充登记法同样不能用于涉及银行存款的错账，以免造成与银行对账的麻烦。对于采用补充登记法的错账更正，采用红字全部更正法进行更正也是可以的，但要编制两张记账凭证，工作量大一些。

以上 3 种方法是对当年内发现填写记账凭证或登记账簿错误而采用的更正方法，如果发现以前年度记账凭证中有错误（指会计科目和金额）并导致账簿登记出现差错的，应当用蓝字或黑字填制一张更正的记账凭证。因错误的账簿记录已经在以前会计年度终了进行了结账或决算，不可能将已经决算的数字进行红字冲销，只能用蓝字或黑字凭证对除文字外的一切错误进行更正，并在更正凭证上特别注明"更正××××年度错账"字样。

模块四　对账与结账

学习导入

登记账簿作为会计核算的方法之一，除了包括记账外，还包括对账与结账两项工作。那么什么是对账与结账？如何进行对账与结账呢？这就是本模块所要学习的内容。

学习内容

5.4.1　对账

对账

对账就是核对账目，是对账簿记录所进行的核对工作，也就是在会计期末，结账之前或财产清查之前，对账簿记录的有关数字与会计凭证、各种实物资产及各账簿之间的有关数字所进行的核对工作。对账是保证会计账簿记录质量的重要程序。在会计工作中，由于种种原因，难免会发生记账、计算等差错，也难免会出现账实不符的现象。为了保证各账簿记录和财务报表的真实性、完整性和准确性，如实地反映和监督经济活动，各单位必须做好对账工作。

账簿记录的准确与真实可靠，不仅取决于账簿本身，还涉及账簿与凭证的关系、账簿记录与实际情况是否相符等问题。所以，对账一般可以分为账证核对、账账核对和账实核对，把账簿记录的数字核对清楚，做到账证相符、账账相符和账实相符。对账工作至少每年进行一次。

1. 账证核对

账证核对是指对账簿记录与会计凭证（包括记账凭证和原始凭证）记载的时间、凭证字号、业务内容、记账方向及金额所进行的核对。由于会计凭证是登记账簿的依据，账簿是根据会计凭证登记的，两者之间存在勾稽关系。账簿与原始凭证核对，主要是对账簿记录的经济业务的真实性、合法性进行检查；账簿与记账凭证核对，主要是检查过账工作是否正确，即账簿记录是否按照记账凭证指明的账户名称、记账方向和金额进行登记。通过账证核对，可以检查、验证账簿记录与会计凭证的内容是否正确无误，以保证账证相符。如有不符之处，应当及时查明原因，予以更正。保证账证相符，是会计核算的基本要求之一，也是账账相符和账实相符的基础。

2. 账账核对

账账核对是指对各种账簿之间相对应的记录及账簿内部记录的必然关系所进行的核对。由于账簿之间相对应的记录存在内在联系，因此，通过账账核对，可以检查、验证账簿记录的正确性，以便及时发现错账，予以更正，保证账账相符。账账核对的内容主要包括以下几点。

1）总账记录的必然关系核对

① 核对依据：会计基本等式和记账规则。

② 核对公式：

$$全部总账账户借方余额合计数 = 全部总账账户贷方余额合计数$$
$$全部总账账户借方发生额合计数 = 全部总账账户贷方发生额合计数$$

③ 核对方式：编制"试算平衡表"。

2）总账与所辖明细账的核对

① 核对依据：总账与明细账的平行登记。

② 核对公式：

$$总账金额 = 该账户所辖的明细账金额之和$$

③ 核对方式：编制账户的"总账与明细账发生额及余额对照表"。

3）总账与日记账的核对

总账与日记账的核对，即总账中的"库存现金"和"银行存款"账户余额与库存现金日记账和银行存款日记账的余额核对相符。

4）财产物资明细账与财产物资保管账的核对

财产物资明细账与财产物资保管账的核对，即会计部门有关财产物资的明细账数量、余额与财产物资保管或使用部门登记的明细账核对相符。

3. 账实核对

账实核对是指在账账核对的基础上，对各项财产物资、债权债务和款项的账面余额与实有数额所进行的核对。由于财产物资、债权债务的增减变化和款项的收付都要在有关账簿中如实记录，因此，通过对账簿记录与财产物资、款项的实有数所进行的核对，可以检查、验证财产物资、债权债务和款项账簿记录的正确性，以便及时发现财产物资、债权债务和货币资金管理中存在的问题，查明原因、分清责任、改善管理，保证账实相符。账实核对的主要内容如下。

① 库存现金日记账账面余额与库存现金实际库存数逐日核对是否相符。

② 银行存款日记账账面记录与银行对账单的记录定期核对是否相符。

③ 各项财产物资明细账账面余额与财产物资的实有数额定期核对是否相符。

④ 有关债权债务明细账账面余额与对方单位的账面记录核对是否相符。

在实际工作中，账实核对一般是通过财产清查进行的。有关财产清查的内容和方法将在项目六介绍。

5.4.2　结账

1. 结账的概念

结账是一项将账簿记录定期结算清楚的账务工作。在一定时期结束时（如月末、季末或年末），为了编制财务报表，必须进行结账。结账的内容通常包括两个方面：一是结清各种损益类账户，并计算确定本期利润；二是结出各资产、负债和所有者权益账户的本期发生额合计和期末余额。

通过结账，可以正确反映一定时期内账簿记录的经济活动情况及其结果，为编制财务报表提供资料。结账必须在会计期末进行，不得为赶制财务报表而提前结账，更不得先编财务报表后结账。为保证结账的顺利进行，必须做好相应的准备工作。

2. 结账的程序

结账时，应按以下程序进行。

① 结账前，将本期发生的经济业务全部登记入账，并保证其正确性。对于发现的错误，应采用适当的方法进行更正。

② 在本期经济业务全面入账的基础上，根据权责发生制的要求，调整有关账项，合理确定应计入本期的收入和费用。

③ 将各损益类账户余额全部转入本年利润账户，结平所有损益类账户。

④ 结出资产、负债和所有者权益账户的本期发生额和余额，并转入下期。

上述工作完成后，就可以根据总分类账和明细分类账的本期发生额和期末余额，分别进行试算平衡。

3. 结账的方法

结账，即结出每个账户的本期发生额和期末余额。会计期间一般按日历时间划分为月度、季度和年度，结账也相应分为月度结账、季度结账和年度结账，并分别简称月结、季结和年结。

须要结出当月（季、年）发生额的账户，如各项收入、费用账户等，应单列一行登记发生额，在摘要栏内注明"本月（季）合计"或"本年累计"。

结出余额后，应在余额前的借或贷栏内写"借"或"贷"字样，没有余额的账户，应在余额栏前的借或贷栏内写"平"字，并在余额栏内用"Ø"表示。对于没有标明借或贷余额方向的账户，如出现负数余额，则用红字书写。

注意结账线的画法哦！

为了突出本期发生额及期末余额，表示本会计期间的会计记录已经截止或结束，应将本期与下期的会计记录明显分开，结账一般都画"结账线"。画线时，月结、季结用单红线，年结用双红线。画线应通栏画红线，不能只在账页中的金额部分画线。

结账时应根据不同的账户记录，分别采用不同的结账方法。

1）总账账户的结账方法

总账账户平时只要结出月末余额。但考虑总账账户的登记依据因选择的账务处理程序（将在项目八中讲述）不同而不同，就应采取不同的结账方法。

① 在记账凭证账务处理程序、汇总记账凭证账务处理程序及科目汇总表账务处理程序下，

除按月编制科目汇总表的情形外，月结时都要结计本月发生额和月末余额。其基本做法：要在每月最后一笔经济业务的下面通栏画单红线，在摘要栏内注明"本月合计"字样，结出本月发生额和月末余额，并在下面再通栏画单红线。

② 在采用科目汇总表账务处理程序下，如果按月编制科目汇总表，总账账户平时可只结计月末余额，无须结计本月发生额。其基本做法：每月结账时，应将月末余额计算出来并写在本月最后一笔经济业务记录的同一行内，在下面通栏画单红线。

③ 年终结账时，为了反映全年各会计要素增减变动的全貌，便于核对账目，要将所有总账账户结计全年发生额和年末余额。其基本做法：在摘要栏内注明"本年合计"字样，结计全年发生额和年末余额，并在"本年合计"行的下面通栏画双红线。

2）日记账和要按月结计发生额的明细账户的结账方法

对于库存现金日记账、银行存款日记账和要按月结计发生额的各种明细账户，每月结账时，要在每月最后一笔经济业务的下面通栏画单红线，在摘要栏内注明"本月合计"字样，结出本月发生额和月末余额，并再在下面通栏画单红线。

3）不用按月结计发生额的明细账户的结账方法

对这类明细账户，每次记账后，都应在该行余额栏内随时结出余额，每月最后一笔余额即为月末余额。也就是说，月末余额就是本月最后一笔经济业务记录的同一行内的余额。月末结账时，只要在最后一笔经济业务记录的下面通栏画单红线即可，无须再结计一次余额。

4）要结计本年累计发生额的明细账户的结账方法

对这类明细账户，每月结账时，应在"本月合计"行下结出自年初起至本月末止的累计发生额，登记在月份发生额下面，在摘要栏内注明"本年累计"字样，并在下面通栏画单红线。12月月末的"本年累计"就是全年累计发生额，在全年累计发生额的下面通栏画双红线。

5）结转到下一会计年度的结账方法

年度终了结账后，有余额的账户，要将其余额结转到下一会计年度，并在摘要栏内注明"结转下年"字样；在下一会计年度新建有关会计账簿的第一行余额栏内填写上年结转的余额，并在摘要栏内注明"上年结转"字样。结转下年时，既不用编制记账凭证，也不必将余额再记入本年账户的借方或贷方，使本年有余额的账户的余额变为零，而是使有余额的账户的余额如实地反映在账户中，以免混淆有余额的账户和无余额的账户。

若由于会计准则或会计制度改变而要在新账中改变原有账户名称及其核算内容的，可将年末余额按新会计准则或会计制度的要求编制余额调整分录，或者编制余额调整工作底稿，将调整后的账户余额抄入新账的有关账户余额栏内。

模块五　会计账簿的更换与保管

会计账簿的
更换和保管

学习导入

模块四告诉我们：年度终了结账后，有余额的账户，要将其余额结转到下一会计年度，并在摘要栏内注明"结转下年"字样；在下一会计年度新建有关会计账簿的第一行余额栏内填写上年结转的余额，并在摘要栏内注明"上年结转"字样。

这就意味着新的会计年度要更换新的会计账簿，并保管好以前年度的会计账簿。那么如何进行会计账簿的更换和保管呢？这就是本模块所要解决的问题。下面就让我们开启学习会计账簿的更换和保管之旅吧！

学习内容

5.5.1　会计账簿的更换

会计账簿是记录和反映经济业务的重要历史资料和证据。为了使每个会计年度的账簿资料明晰和便于保管，通常在新会计年度建账时进行会计账簿的更换。

一般来说，总账、日记账和多数明细账要每年更换一次，这些账簿在每年年终按规定办理完结账手续后，就应更换、启用新的账簿，并将余额结转记入新账簿中。但有些财产物资明细账和债权、债务明细账，由于材料等财产物资的品种、规格繁多，债权、债务单位也较多，如果更换新账簿，其重抄一遍的工作量相当大，因此，可以跨年度使用，不必每年都更换一次。卡片式账簿如固定资产卡片等，以及各种备查账簿，也都可以跨年度连续使用。

5.5.2　会计账簿的保管

会计账簿同会计凭证和财务报表一样，都属于会计档案，是重要的经济档案，各单位必须按规定妥善保管，确保其安全与完整，并充分加以利用。

1. 会计账簿的装订整理

在年度终了更换新账簿后，应将使用过的各种账簿（跨年度使用的账簿除外）按时装订，整理立卷。

① 装订前，首先要按账簿启用和经管人员一览表及账户目录的使用页数核对各个账户是否相符、账页数是否齐全、序号排列是否连续；然后按会计账簿封面、账簿启用表、账户目录、该账簿按页数顺序排列的账页、装订封底的顺序装订。

② 对于活页式账簿，首先要除去空白页并撤掉账夹，编写页码，按页码顺序排好，并加装账户目录，注明账户所在的页码范围；然后加装封面和封底，按账户性质和账簿厚度分别装订成册。三栏式、多栏式、数量金额式等活页账不得混装，应按同类业务、同类账页装订在一起。装订好后，应在封面上填明账目的种类，编好卷号，并由会计主管人员和装订人员签章。

③ 装订后，会计账簿的封口要严密，封口处要加盖有关印章。封面要齐全、平整，并注明所属年度、账簿名称和编号。会计账簿不得有折角、缺角、错页、掉页、加空白纸的现象。会计账簿要按保管期限分别编制卷号。

2. 会计账簿的保管

年度结账后，更换下来的账簿，可暂由本单位财务会计部门保管1年，期满后原则上应由财务会计部门移交至本单位档案部门保管。移交时，须要编制移交清册，填写交接清单，交接人员按移交清册和交接清单项目核查无误后签章，并在账簿使用日期栏内填写移交日期。

已归档的会计账簿作为会计档案只为本单位提供利用，原件不得借出，如有特殊需要，须经上级主管单位或本单位负责人、会计主管人员批准，在不拆散原卷册的前提下，可以提供查阅或复制，并要办理登记手续。

会计账簿是重要的会计档案之一，必须严格按《会计档案管理办法》规定的保管年限妥善保管，不得丢失和任意销毁。通常总账、明细账、日记账和其他辅助性账簿的保管期限为30年；固定资产卡片账在固定资产报废清理后保管5年。在实际工作中，各单位可以根据实际利用的经验、规律和特点，适当延长有关会计档案的保管期限，但必须有较为充分的理由。

项目小结

案例：会计账簿的造假手段

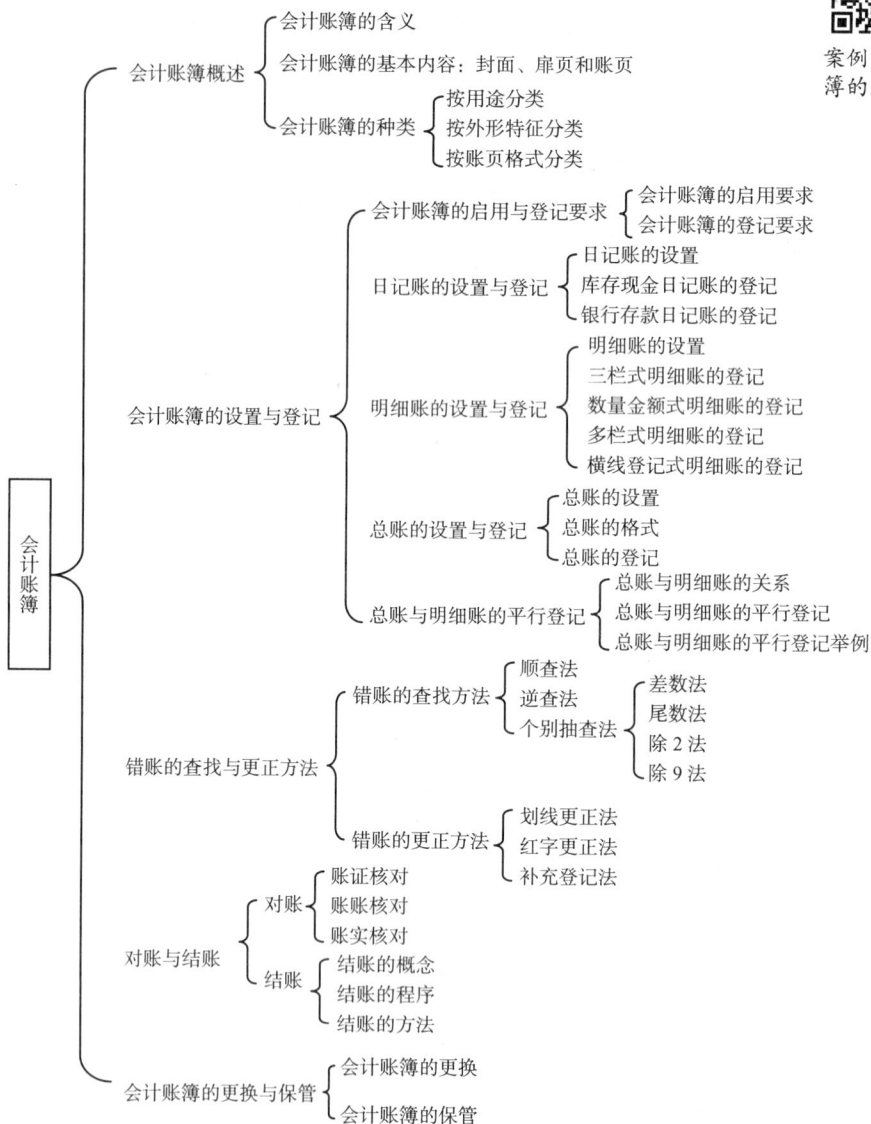

会计账簿
- 会计账簿概述
  - 会计账簿的含义
  - 会计账簿的基本内容：封面、扉页和账页
  - 会计账簿的种类
    - 按用途分类
    - 按外形特征分类
    - 按账页格式分类
- 会计账簿的设置与登记
  - 会计账簿的启用与登记要求
    - 会计账簿的启用要求
    - 会计账簿的登记要求
  - 日记账的设置与登记
    - 日记账的设置
    - 库存现金日记账的登记
    - 银行存款日记账的登记
  - 明细账的设置与登记
    - 明细账的设置
    - 三栏式明细账的登记
    - 数量金额式明细账的登记
    - 多栏式明细账的登记
    - 横线登记式明细账的登记
  - 总账的设置与登记
    - 总账的设置
    - 总账的格式
    - 总账的登记
  - 总账与明细账的平行登记
    - 总账与明细账的关系
    - 总账与明细账的平行登记
    - 总账与明细账的平行登记举例
- 错账的查找与更正方法
  - 错账的查找方法
    - 顺查法
    - 逆查法
    - 个别抽查法
      - 差数法
      - 尾数法
      - 除2法
      - 除9法
  - 错账的更正方法
    - 划线更正法
    - 红字更正法
    - 补充登记法
- 对账与结账
  - 对账
    - 账证核对
    - 账账核对
    - 账实核对
  - 结账
    - 结账的概念
    - 结账的程序
    - 结账的方法
- 会计账簿的更换与保管
  - 会计账簿的更换
  - 会计账簿的保管

实践活动

【活动目标】

① 学会登记银行存款日记账、原材料和应付账款总账及明细账，并熟练进行结账。

② 能够根据经济业务熟练编制记账凭证。

③ 学会利用总账与明细账的平行登记要点熟练编制"总账与明细账发生额及余额对照表"。

④ 能够根据错账性质，采用适当的错账更正方法熟练进行错账更正。

【活动要求】

① 根据资料一登记银行存款日记账。

② 根据资料二开设原材料和应付账款总账和明细账，并登记8月份的期初余额。

③ 根据资料二的经济业务编制记账凭证。

④ 根据资料二所编制的审核无误的记账凭证，登记原材料和应付账款总账和明细账，并月末结账。

⑤ 将资料二中原材料和应付账款总账及明细账进行核对，编制有关"总账与明细账发生额及余额对照表"，检查是否正确。

⑥ 根据资料三，区别错账性质，采用适当的错账更正方法予以更正（更正错账前的转账凭证最后一笔经济业务编号为"转字第51号"）。

【活动过程】

【资料一】 国华公司于202×年5月31日银行存款日记账余额为200 000元，6月上旬发生下列银行存款业务。

① 1日，投资者投入60 000元银行存款，已存入银行（银行进账单）。

② 1日，以银行存款归还借款利息为7 000元（银行支付凭证）。

③ 2日，收到应收账款为30 000元，已存入银行（委托银行收款通知单）。

④ 3日，以银行存款购入20 000元材料（不考虑增值税），材料已验收入库（转账支票）。

⑤ 6日，将3 000元现金存入银行（银行进账单）。

⑥ 8日，以银行存款支付行政管理部门5 000元水电费（委托银行收款付款通知单）。

⑦ 9日，销售一批产品，货款为80 000元（不考虑增值税），已存入银行（银行进账单）。

⑧ 10日，以银行存款缴纳所得税为18 000元（税收缴款凭证）。

根据以上资料，登记银行存款日记账。银行存款日记账的格式如图5-22所示。

银行存款日记账   第 × 页

202×年		凭证		摘要	结算凭证		对方科目	收入	支出	余额
月	日	字	号		字	号		百十万千百十元角分	百十万千百十元角分	百十万千百十元角分

图5-22　银行存款日记账的格式

【资料二】国瑞公司为增值税一般纳税人，202×年7月31日有关账户的余额如下。

原材料总账的借方期末余额为72 000元。其中，A材料有4 000千克，每千克6元，计24 000元；B材料有6 000千克，每千克8元，计48 000元。

应付账款总账的贷方期末余额为68 000元。其中，甲公司占40 000元，乙公司占28 000元。

国瑞公司8月份发生如下有关的经济业务。

① 2日，从甲公司购入2 000千克A材料，单价为6元/千克，计12 000元，增值税为1 560元；从乙公司购入3 000千克B材料，单价为8元/千克，计24 000元，增值税为3 120元。材料验收入库，货款尚未支付。

② 5日，以40 000元银行存款偿还前欠甲公司货款。

③ 8日，从乙公司购入1 000千克B材料，单价为8元/千克，计8 000元，增值税为1 040元。材料已验收入库，货款暂欠。

④ 12日，以28 000元银行存款偿还前欠乙公司货款。

⑤ 14日，以银行存款支付甲公司13 560元货款和乙公司36 160元货款。

⑥ 15日，为生产W产品领用3 000千克A材料，每千克5元，计15 000元；领用4 000千克B材料，每千克8元，计32 000元。

⑦ 22日，从甲公司购入1 500千克A材料，单价为5元/千克，计7 500元，增值税为975元。材料已验收入库，货款暂欠。

⑧ 24日，为生产W产品领用2 000千克A材料，每千克5元，计10 000元；领用4 500千克B材料，每千克8元，计36 000元。

⑨ 30日，从乙公司购入2 500千克B材料，每千克8元，计20 000元，增值税为2 600元。材料已验收入库，货款暂欠。

【资料三】国强公司于202×年8月底结账前发现下列几笔错账。

① 8月11日，生产甲产品领用一批材料，计25 000元。编制记账凭证（转字第12号）如下：

借：生产成本　　　　　　　　　　　　　　　　　　　　　　　2 500

　　贷：原材料　　　　　　　　　　　　　　　　　　　　　　　　　2 500

② 8月31日，分配结转本月发生的制造费用为7 900元。编制记账凭证（转字第35号）如下：

借：生产成本　　　　　　　　　　　　　　　　　　　　　　　9 700

　　贷：制造费用　　　　　　　　　　　　　　　　　　　　　　　　9 700

③ 8月31日，计提应由本月负担的短期借款利息为800元。编制记账凭证（转字第37号）如下：

借：管理费用　　　　　　　　　　　　　　　　　　　　　　　800

　　贷：应付利息　　　　　　　　　　　　　　　　　　　　　　　　800

④ 8月31日，结转本月完工产品生产成本为76 000元。编制记账凭证（转字第41号）如下：

借：库存商品　　　　　　　　　　　　　　　　　　　　　　　76 000

　　贷：生产成本　　　　　　　　　　　　　　　　　　　　　　　　76 000

但在登记总账时，误记为56 000元。

【活动评价】

本活动评价的主要内容包括根据经济业务熟练编制记账凭证，根据记账凭证登记银行存款日记账、登记原材料和应付账款总账及明细账，根据账簿记录进行结账，利用总账与明细账的平行登记要点编制有关"总账与明细账发生额及余额对照表"，选择错账更正方法进行错账更正。

活动评价表参见书后附录A。

项目六

财产清查

学习目标

知识目标

1. 了解财产清查的意义与种类；

2. 理解财产清查的一般程序；

3. 掌握货币资金、实物资产和往来款项的清查方法；

4. 掌握银行存款余额调节表的编制方法；

5. 掌握财产清查结果的账务处理。

能力目标

1. 会根据财产清查的范围和时间判断财产清查的类型；

2. 能够根据企业的实际管理需要确定财产清查的一般程序；

3. 能够根据财产清查的对象熟练确定财产清查的方法；

4. 能够根据银行存款日记账和银行对账单进行核对，并能熟练编制银行存款余额调节表；

5. 能够根据财产清查结果做出准确的账务处理。

模块一 财产清查概述

学习导入

企业在年底进行财产清查时发现，甲产品多了 200 千克，价值为 5 600 元，经查属于计量不准造成的。请同学们思考：什么是财产清查？实际工作中为什么要进行财产清查？年底进行的清查属于哪种类型的清查？财产清查应按什么步骤进行？下面我们一起来学习财产清查的概念、意义、范围、种类及一般程序。

学习内容

6.1.1 财产清查的概念、意义与范围

1. 财产清查的概念

企业各种财产物资的增减变动和结存情况，通过会计凭证的填制与审核、账簿的登记与核对，已经在账簿体系中得到了正确反映，但账簿记录的正确性并不足以说明各种财产物资实际结存情况是正确的。在具体会计工作中，即使在账证相符、账账相符的情况下，财产物资的账面数与实际结存数仍可能存在不一致的情况。根据资产管理制度及为编制财务报表提供正确可靠的核算资料的要求，必须使账簿中所反映的有关财产物资和债权债务的结存数额与其实际数额保持一致，做到账实相符。因此，必须运用财产清查这一会计核算的专门方法。

> 财产清查是会计核算的专门方法之一！

所谓财产清查，是指通过对货币资金、实物资产和往来款项等财产物资进行盘点或核对，确定其实存数，查明账存数与实存数是否相符的一种专门方法。

在实际工作中，由于人为及自然的因素影响，账簿上的结存数和实存数往往不一致，造成账实不符的主要原因如下。

① 财产收发时，由于计量不准确而发生品种或数量上的差错。

② 财产保管过程中的自然损耗或自然盈溢。

③ 因管理不善而造成财产物资的毁损和短缺。

④ 因贪污盗窃、营私舞弊等违法行为造成财产物资的短缺。

⑤ 因制度不健全或手续不严密而发生的计算上或登记上的错误。

⑥ 因未达账项而引起的单位之间的账目不符。

2. 财产清查的意义

财产清查既是会计核算的一种专门方法，又是单位内部实施会计控制和会计监督的一种活动，企业应当建立健全财产物资清查制度，加强管理，以保证财产物资核算的真实性和完整性。具体而言，财产清查的意义主要表现在以下几个方面。

1）保证账实相符，提高会计资料的准确性

通过财产清查，可以查明财产物资有无短缺或盈余及其发生盈亏的原因，确定财产物资的实存数，并通过账项的调整达到账实相符，保证会计核算资料的真实性和准确性，为编制财务报表奠定基础。

2）切实保障各项财产物资的安全完整

通过财产清查，可以发现财产管理工作中存在的各种问题，如收发手续不健全、保管措施不得力、控制手续不严密等，以便采取对策加以改进，健全内部控制制度，保护资产的安全与完整。

3）加速资金周转，提高资金使用效益

通过财产清查，可以查明财产物资的利用情况，发现其有无超储积压或储备不足及不配套等现象，以便采取措施，对储备不足的设法补足，对呆滞积压和不配套的及时进行处理，充分挖掘财产物资的潜力，加速资金周转，提高资金使用效益。

同时，通过财产清查，可以促使保管人员总结经验，吸取教训，不断学习先进的管理技术，增强敬业精神，提高业务素质。

3.财产清查的范围

财产清查的范围不仅包括各种货币资金、实物资产的清点，还包括各种债权债务和往来款项的查询核对；不仅包括存放在本单位内部的财产物资，还包括属于本单位所有但不存放在本单位的财产物资。同时，为了明确经济责任，对于本单位借用的或其他单位暂时存放在本企业的财产物资也同样要进行清查。

6.1.2 财产清查的种类

1.按清查范围分类

按清查范围的不同，可分为全面清查和局部清查。

1）全面清查

全面清查是指对所有的财产进行全面盘点和核对，包括对货币资金、实物资产及债权债务等进行的全面彻底的盘点与核对。

其特点是清查范围大、投入人力多、耗费时间长。

一般只在下述情况下实施全面清查。

① 年终编制决算财务报表前。

② 企业撤销、合并或改变隶属关系时。

③ 企业改制等需要进行资产评估时。

④ 企业开展清产核资工作时。

2）局部清查

局部清查是指根据需要只对部分财产进行盘点和核对。

其特点是清查范围小、专业性强、人力与时间的耗费较少。其清查对象主要是流动性较强、易发生损耗及比较贵重的财产物资。

实际工作中，常见的局部清查如下。

① 材料、商品、在产品、库存商品等存货在年终进行的轮流盘点或重点清查。

② 对贵重物资进行的经常性盘点。

③ 对库存现金于每日营业终了进行的实地盘点。

④ 企业与银行之间进行的账项核对，通常应每月核对一次。

⑤ 企业与有关单位进行的债权和债务查询，年度内至少核对1～2次，有问题应及时核对、及时解决。

2.按清查时间分类

按清查时间的不同，可分为定期清查和不定期清查。

1）定期清查

定期清查是指按照预先计划安排的时间对财产进行的盘点和核对。定期清查一般在月末、季末和年末进行。定期清查可以是全面清查，如年终决算前的清查，也可以是局部清查，如月末结账前对库存现金、银行存款及一些贵重物资的清查。

2）不定期清查

不定期清查是指事前不规定清查时间，而是根据某种特殊需要进行的临时清查。例如，更换财产物资经管人员（出纳员、仓库保管员）时；财产物资遭受自然或其他损失时；单位合并、迁移、改制和改变隶属关系时；财政、审计、税务等部门进行会计检查时；按规定开展临时性清产核资工作时，都可以根据不同需求进行全面清查或局部清查。

3. 按清查执行系统分类

按清查执行系统的不同，可以分为内部清查和外部清查。

1）内部清查

内部清查是指由单位内部自行组织清查工作小组所进行的财产清查工作。大多数财产清查都是内部清查。

2）外部清查

外部清查是指由上级主管部门、审计机关、司法部门、注册会计师根据国家有关规定或情况需要对本单位所进行的财产清查。一般来讲，进行外部清查时应有本单位相关人员参加。

6.1.3 财产清查的一般程序

财产清查既是会计核算的一种专门方法，又是财产物资管理的一项重要制度。为了保证财产清查工作的顺利进行，企业必须有计划、有组织地进行财产清查。

财产清查一般包括以下程序。

① 建立财产清查组织。

成立由财会部门、资产管理和使用部门的业务领导、专业人员及有关职工代表组成的清查组织，负责组织领导和实施该项工作。其任务是制订具体的清查计划，安排合理的工作进度，配备足够的清查人员；清查过程中，要做好清查质量的监督工作；清查完毕后，应将清查结果及处理意见上报有关部门审批处理。

② 组织财产清查人员学习有关政策规定，掌握有关法律、法规和相关业务知识，以提高财产清查工作的质量。

③ 确定清查对象、范围，明确清查任务。

④ 制订清查方案，具体安排清查内容、时间、步骤、方法，以及必要的财产清查前准备。例如，应将清查日前所有的资产账簿登记齐全，并结出账面余额，做到账账相符，以便确定账实之间的差异；应将其使用和保管的各项资产，按其自然属性予以整理，有序排列，整齐堆放，并利用标签注明资产的品种、规格和结存的数量，以方便盘点核对；应准备好盘点清册（如盘点表、账存实存对比表等）和计量工具，校正度量器，以保证盘点结果的准确可靠。

⑤ 财产清查时，本着先清查数量、核对有关账簿记录等，后认定质量的原则进行。

⑥ 填制盘存清单。

⑦ 根据盘存清单，填制实物、往来款项清查结果报告表。

模块二　财产清查的方法

学习导入

由财产清查的范围得知，不同的财产采用同一种清查方法显然是不可行的，针对形态不同、价值不同、存放地点不同的资产必须采用各不相同的方法。下面我们一起学习财产清查的方法。

学习内容

由于货币资金、实物、往来款项的特点各有不同，在进行财产清查时，应采用与其特点和管理要求相适应的清查方法。

6.2.1 货币资金的清查方法

货币资金的清查主要包括库存现金的清查和银行存款的清查。

1. 库存现金的清查

库存现金的清查是采用实地盘点法确定库存现金的实存数，然后与库存现金日记账的账面余额相核对，确定账实相符。除出纳人员于每日结账后对其经管的现金进行清点外，清查小组还应对库存现金进行定期和不定期的清查。清查小组盘点时，要求出纳人员必须在场，以明确责任。在现金清查过程中，既要清点现金实存数并与现金日记账余额相核对，查明盈亏，又要注意是否遵守现金管理制度规定，有无不具有法律效力的借条、收据（如白条）抵充现金等情况，还要严格检查库存现金限额的遵守情况。盘点结束后，应根据盘点结果和现金日记账的结存余额填制"库存现金盘点报告表"，将现金盘点后的盈亏情况及其原因如实填入。该表是对库存现金进行差异分析和用以调整账项的原始凭证。库存现金盘点报告表的格式如图 6-1 所示。

库存现金盘点报告表

单位名称：　　　　　　　　　　　　　年　　月　　日

实存金额	账存金额	对比结果		原　因	处理意见
		盘盈（长款）	盘亏（短款）		

盘点人：　　　　　　　　　　　　　　　　　　出纳员：

图 6-1　库存现金盘点报告表的格式

2. 银行存款的清查

银行存款的清查是采用与开户银行核对账目的方法进行的，即将本单位的银行存款日记账的账簿记录与开户银行转来的对账单逐笔进行核对，来查明银行存款的实有数额。银行存款的清查一般在月末进行。

一般情况下，开户银行会定期将单位一定时期内在该行存款的变化和结存情况，以"银行对账单"的形式转给存款单位，供其核对。单位接到"银行对账单"后，应与银行存款日记账逐笔核对其发生额及余额。

1）银行存款日记账与银行对账单不一致的原因

将截止到清查日所有银行存款的收付业务都登记入账，并对发生的错账、漏账应及时查清更正后，再与银行对账单逐笔核对。如果两者余额相符，通常说明没有错误；如果两者余额不相符，则可能是企业或银行一方或双方记账过程有错误或者存在未达账项。

未达账项，是指企业与开户银行之间，由于记账时间不一致而发生的一方已经登记入账，而另一方尚未入账的事项。

未达账项一般有以下 4 种情况。

① 企业已收款记账，银行未收款未记账的款项。例如，企业销售产品收到转账支票一张，企业根据进账单的回单联登记收款入账，而银行要等到收妥款后方能记账，此时，银行尚未收款入账。

② 企业已付款记账，银行未付款未记账的款项。例如，企业开出支票或其他支款凭证后，已作为存款减少记入银行存款日记账，但持票人尚未到银行办理转账，故银行未作为减少入账。

③ 银行已收款记账，企业未收款未记账的款项。例如，银行代单位收进的款项已作为单位存款增加记账，而单位因未接到收款通知单尚未入账。

④ 银行已付款记账，企业未付款未记账的款项。例如，银行代单位支付的款项已作为单位存款减少记账，而单位因未接到付款通知单尚未入账。

上述第一、第四两种情况，会使单位的银行存款日记账余额大于开户银行的对账单余额，而第二、第三两种情况，则会使单位的银行存款日记账余额小于开户银行的对账单余额。所以任何一种未达账项的存在，都会使企业银行存款日记账的余额与银行出具的对账单的余额不相符。因此，在与银行对账时首先应查明是否存在未达账项，如果存在未达账项，就应该编制"银行存款余额调节表"，据以调节双方的账面余额，确定企业银行存款实有数。

2）银行存款清查的步骤

银行存款的清查按以下4个步骤进行。

① 根据经济业务、结算凭证的种类、号码和金额等资料逐日逐笔核对银行存款日记账和银行对账单。凡双方都有记录的，用铅笔在金额旁打上记号"√"。

② 找出未达账项，即银行存款日记账和银行对账单中没有打"√"的款项。

③ 将银行存款日记账和银行对账单的月末余额及未达账项填入"银行存款余额调节表"，并计算出调整后的余额。

④ 将调整平衡的"银行存款余额调节表"经主管会计签章后，呈报给开户银行。

银行存款余额调节表的编制，以双方账面期末余额为基础，各自加上对方已收款入账而己方尚未入账的数额，减去对方已付款入账而己方尚未入账的数额。其计算公式如下：

$$\frac{企业银行存款}{日记账余额} + \frac{银行已收}{企业未收款} - \frac{银行已付}{企业未付款} = \frac{银行对账单}{存款余额} + \frac{企业已收}{银行未收款} - \frac{企业已付}{银行未付款}$$

3）银行存款余额调节表的作用

① 银行存款余额调节表是一种对账记录或对账工具，不是原始凭证，不能作为调整账面记录的依据，即不能根据银行存款余额调节表中的未达账项来调整银行存款账面记录。未达账项不是错账、漏账等原因造成的，只有在收到有关凭证后（由未达账项变成已达账项）才能进行有关的账务处理。

② 调节后的余额如果相等，通常说明企业和开户银行的账面记录一般没有错误，该余额通常为企业可以动用的银行存款实有数额。

③ 调节后的余额如果不相等，通常说明企业和开户银行之间一方或双方记账有误，需进一步追查，查明原因后予以更正和处理。

4）银行存款余额调节表的编制方法

现举例说明银行存款余额调节表的编制方法。

【例6-1】 某企业202×年5月31日银行存款日记账余额为90 000元，银行对账单余额为92 425元，经核对发现如下未达账项。

① 5月26日，企业送存银行转账支票一张，金额为8 000元，已登记银行存款增加，银行尚未登记入账；

② 5月29日，企业委托银行代收的销货款为4 075元，银行已于29日收妥入账，企业未接到收款通知单，尚未入账；

③ 5月30日，企业开出一张6 850元支票支付广告费用，银行尚未收到支票，尚未入账；

④ 5月31日，银行代企业支付水费为500元，已登记入账，企业未接到付款通知单，尚未入账。

根据上述未达账项，编制银行存款余额调节表，如图6-2所示。

银行存款余额调节表

户名：结算户存款　　　　　　　　　　202×年5月31日

项 目	金 额	项 目	金 额
企业银行存款日记账余额	90 000	银行对账单余额	92 425
加：银行已收，企业未收的款项	4 075	加：企业已收，银行未收的款项	8 000
减：银行已付，企业未付的款项	500	减：企业已付，银行未付的款项	6 850
调节后的余额	93 575	调节后的余额	93 575

图 6-2　编制银行存款余额调节表

图 6-2 所示双方余额经调节后是相等的，表明双方的账簿记录一般没有差错，调节前之所以不相等，是由于未达账项所致。

必须注意，调节后的银行存款余额，既不等于企业银行存款日记账账面余额，也不等于银行对账单余额，它表示企业当时可以动用的银行存款的实有数额。

6.2.2　实物资产的清查方法

实物资产主要包括固定资产、存货（如原材料、在产品、周转材料及库存商品）等。实物资产的清查就是对实物资产在数量和质量上所进行的清查。常用的清查方法主要有实地盘点法和技术推算法两种。

实物资产的
清查方法

1．实地盘点法

实地盘点法是指通过点数、过磅、量尺等方式，确定财产物资的实有数量。该方法适用范围较广且易于操作，大部分实物资产的清查均可采用。

2．技术推算法

技术推算法是指通过技术推算（如量方、计尺等）测定财产物资实有数量的方法。该方法适用于大堆存放、物体笨重、价值低廉、不便于逐一盘点的实物资产。从本质上讲，它是实地盘点法的一种补充方法。

对实物资产进行盘点时，实物保管人员必须在场，并与清查人员一起参与盘点，以明确经济责任。盘点时，有关人员要认真核实、及时记录，对清查中发现的异常情况如腐烂、破损、过期失效等，致使不能使用或销售的实物资产，应详细注明并提出处理意见。盘点结果应由有关人员如实填制"盘存单"，并由盘点人和实物保管人签字或盖章。盘存单是用来记录实物盘点结果，反映实物资产实存数额的原始凭证。盘存单的格式如图 6-3 所示。

盘存单

单位名称：　　　　　　　　　　　　　　　　　　　　　　　　　　存放地点：

财产类别：　　　　　　　　　　　　年　月　日　　　　　　　　　编　　号：

编 号	名 称	单 位	数 量	单 价	金 额	备 注

盘点人：　　　　　　　　　　　　　　　　　实物保管人：

图 6-3　盘存单的格式

为了查明各种实物资产的实存数与账存数是否一致，应根据"盘存单"和会计账簿记录，编制"账存实存对比表"，以便确定各种账实不符资产的具体盈亏数额。"账存实存对比表"又称"盘点盈亏报告单"，是用来反映实物资产实存数与账存数之间的差异，并作为调整账簿记录的原始凭证。账存实存对比表的格式如图 6-4 所示。

账存实存对比表

单位名称：　　　　　　　　　　　　　　　　　　　　年　月　日　　　　　　　　　　　　　　编号：

编号	名称规格	计量单位	单价	实存数		账存数		对比结果				备注
								盘盈		盘亏		
				数量	金额	数量	金额	数量	金额	数量	金额	

复核人：　　　　　　　　　　　　　　　　　　　　　　　　　　　编制人：

图 6-4　账存实存对比表的格式

图 6-4 中的"实存数"栏，应根据盘存单记录填列；"账存数"栏应根据各种实物资产的明细账余额填列。实存数大于账存数，差额填列在"盘盈"栏内；反之，填列在"盘亏"栏内。其盘盈、盘亏的原因则在"备注"栏内反映。清查人员应以该表为基础核准各种资产的盈亏情况，查明分析账实不符的性质和原因，划清经济责任，按规定程序报请有关部门领导予以审批处理，并针对清查中发现的资产管理方面存在的问题，提出改进措施，促使各项资产管理制度的健全和完善。

在清查实物资产时，对于委托外单位加工、保管的材料、商品及在途的材料、商品等，可采用询证方法与有关单位核对查实。

6.2.3　往来款项的清查方法

往来款项主要包括应收、应付款项和预收、预付款项等。往来款项的清查一般采用发函询证的方法进行核对，即通过函调与债权债务单位核对账目的方法。单位应将清查日截止时的有关结算凭证全部登记入账，在确保本单位应收、应付款项余额正确的基础上，编制一式两联的"往来款项对账单（询证函）"，送交对方单位进行核对。对方单位核对后，应将核对结果在回单联上注明，加盖公章后退回清查单位。

往来款项的清查方法

往来款项清查以后，将清查结果编制"往来款项清查报告单"，填列各项债权、债务的余额。若发现未达账项，也可采用前述诸如银行存款的调节方法，编制"往来款项余额调节表"，予以调整相符。对于清查过程中有争执的款项，以及无法收回及不需支付的款项，应在报告单上详细列明情况，以便及时采取措施进行处理，避免或减少坏账损失。

按规定为个人垫付的各种款项，也应定期列示清单与本人核对，并督促其及时归还。

知识拓展

财产物资的盘存制度

会计核算中，在计算各种财产物资期末结存数额时有两种方法，由此形成两种盘存制度，即永续盘存制和实地盘存制。

永续盘存制又称"账面盘存制"，是指对于各种财产物资的增减变化，平时要根据会计凭证在账簿上予以连续登记，并随时结算出账面结存数额的一种方法。采用这种盘存制度，可以及时反映和掌握各种资产的收、发、存的数量和金额，随时了解资产变动情况，有利于加强对资产的控制和管理，但登记账簿的工作量较大。可用公式表示如下：

永续盘存制与实地盘存制

账面期末余额 = 账面期初余额 + 本期增加额 − 本期减少额

采用永续盘存制计算的期末结存数与资产的实存数并不一定相符，因此，仍须定期对

各种资产进行实地盘点，确定账实是否相符及不符的原因。

实地盘存制又称"盘存计销制"，是指对于各种财产物资的增减变化，平时在账簿上只登记其增加数，而不登记其减少数，期末通过实地盘点确定出财产物资的结存数后，倒挤出本期减少数并登记入账的一种方法。可用公式表示如下：

$$本期减少额 = 账面期初余额 + 本期增加额 - 期末结存额$$

采用实地盘存制度，核算工作较简便，但手续不够严密，容易造成工作上的弊端，如因浪费、被盗、被挪用及自然损耗等而引起的资产短缺，往往都视同为正常的减少入账，从而影响资产减少数额计算的正确性，难以通过会计记录对资产实施日常控制。

模块三　财产清查结果的处理

学习导入

财产清查的目的是通过清查达到账实相符。不同的财产造成账实不符的原因也各不相同，但都必须按一定的要求与步骤进行处理。同学们，让我们一起以货币资金、实物和往来款项为例，学习财产清查结果的处理。

学习内容

6.3.1　财产清查结果处理的要求

对于财产清查中发现的问题，如财产物资的盘盈、盘亏、毁损或其他各种损失，应核实情况，调查分析产生的原因，按照国家有关法律法规的规定，进行相应的处理。

财产清查结果处理的具体要求如下。

① 分析产生差异的原因和性质，提出处理建议。

② 积极处理多余积压财产，清理往来款项。

③ 总结经验教训，建立和健全各项管理制度。

④ 及时调整账簿记录，保证账实相符。

6.3.2　财产清查结果处理的步骤

对于财产清查结果的处理可分为以下两个步骤。

1. 审批之前的处理

根据"清查结果报告表""盘点报告表"等已经查实的数据资料，填制记账凭证，记入有关账簿，使账簿记录与实际盘存数相符，同时根据权限，将处理建议报股东大会或董事会，或经理（厂长）会议或类似机构批准。

2. 审批之后的处理

企业清查的各种财产的损益，应于期末前查明原因，并根据企业的管理权限，经股东大会或董事会，或经理（厂长）会议或类似机构批准后，在期末结账前处理完毕。企业应严格按照有关部门对财产清查结果提出的处理意见填制有关记账凭证，登记有关账簿，并追回应由责任者承担的财产损失。

期末结账前，如果企业清查的各种财产的损益尚未经批准，在对外提供财务报表时，先按上述规定进行处理，并在附注中做出说明；其后批准处理的金额与已处理金额不一致的，调整财务报表相关项目的年初数。

6.3.3 "待处理财产损溢"账户的设置

由于财产清查结果的处理要分成两步，报批前已经调整了账簿记录，报批后才能针对盈亏原因做出相应的处理，因此，必须有一个过渡性的账户解决报批前后的相关记录。"待处理财产损溢"账户就是为满足会计核算这一要求而设置的。

为了反映和监督企业在财产清查过程中查明的各种财产物资的盘盈、盘亏、毁损及其处理情况，应设置"待处理财产损溢"账户（固定资产盘盈和毁损应分别通过"以前年度损益调整"和"固定资产清理"账户核算）。该账户属于双重性质的资产类账户，下设"待处理流动资产损溢"和"待处理非流动资产损溢"两个明细分类账户进行明细分类核算。

该账户的借方登记财产物资的盘亏数、毁损数和批准转销的财产物资盘盈数；贷方登记财产物资的盘盈数和批准转销的财产物资盘亏及毁损数。企业清查的各种财产的盘盈、盘亏和毁损应在期末结账前处理完毕，所以"待处理财产损溢"账户在期末结账后没有余额。"待处理财产损溢"账户的基本结构如图6-5所示。

借方	待处理财产损溢	贷方
财产物资的盘亏数	财产物资的盘盈数	
财产物资的毁损数	批准转销的财产物资盘亏数	
批准转销的财产物资盘盈数	批准转销的财产物资毁损数	

图6-5 "待处理财产损溢"账户的基本结构

6.3.4 财产清查结果的账务处理

1. 库存现金清查结果的账务处理

1）库存现金盘盈的账务处理

库存现金盘盈时，应及时根据"库存现金盘点报告表"办理库存现金的入账手续，调整库存现金账簿记录，即按盘盈的金额借记"库存现金"账户，贷记"待处理财产损溢——待处理流动资产损溢"账户。

对于盘盈的库存现金，应及时查明原因，按管理权限报经批准后，按盘盈的金额借记"待处理财产损溢——待处理流动资产损溢"账户，按需要支付或退还他人的金额贷记"其他应付款"账户，按无法查明原因的金额贷记"营业外收入"账户。

2）库存现金盘亏的账务处理

库存现金盘亏时，应及时办理盘亏的确认手续，根据"库存现金盘点报告表"调整库存现金账簿记录，即按盘亏的金额借记"待处理财产损溢——待处理流动资产损溢"账户，贷记"库存现金"账户。

对于盘亏的库存现金，应及时查明原因，按管理权限报经批准后，按可收回的保险赔偿和过失人赔偿的金额借记"其他应收款"账户，按管理不善等原因造成净损失的金额借记"管理费用"账户，按自然灾害等原因造成净损失的金额借记"营业外支出"账户，按原记入"待处

理财产损溢——待处理流动资产损溢"账户借方的金额贷记本账户。

【例6-2】 宏盛公司202×年10月末现金清查结束后，发现140元短款，其中50元应由出纳员承担责任，另90元属于管理不善造成的。

报经批准前调整账面记录：

借：待处理财产损溢——待处理流动资产损溢　　　　　　　　　　140

　　贷：库存现金　　　　　　　　　　　　　　　　　　　　　　　　140

报经批准后，分清责任进行处理：

借：其他应收款——出纳员　　　　　　　　　　　　　　　　　　50

　　管理费用　　　　　　　　　　　　　　　　　　　　　　　　　90

　　贷：待处理财产损溢——待处理流动资产损溢　　　　　　　　　140

2. 存货清查结果的账务处理

1）存货盘盈的账务处理

存货盘盈时，应及时办理存货入账手续，根据"账存实存对比表"调整存货账簿的实存数。盘盈的存货应按其重置成本作为入账价值，借记"原材料""库存商品"等账户，贷记"待处理财产损溢——待处理流动资产损溢"账户。

存货清查结果
的账务处理

对于盘盈的存货，应及时查明原因，按管理权限报经批准后，冲减管理费用，即按其入账价值，借记"待处理财产损溢——待处理流动资产损溢"账户，贷记"管理费用"账户。

【例6-3】 宏盛公司202×年10月末在存货清查中，发现盘盈1 000千克甲材料，实际单位成本为60元/千克，经查属于材料收发计量不准造成的。

批准处理前，根据"账存实存对比表"做如下会计分录：

借：原材料——甲材料　　　　　　　　　　　　　　　　　　　60 000

　　贷：待处理财产损溢——待处理流动资产损溢　　　　　　　　　60 000

批准处理后，编制会计分录如下：

借：待处理财产损溢——待处理流动资产损溢　　　　　　　　　60 000

　　贷：管理费用　　　　　　　　　　　　　　　　　　　　　　　60 000

2）存货盘亏的账务处理

存货盘亏时，应根据"账存实存对比表"，按盘亏的金额借记"待处理财产损溢——待处理流动资产损溢"账户，贷记"原材料""库存商品"等账户。材料、产成品、商品采用计划成本（或售价）核算的，还应同时结转材料成本差异（或商品进销差价）。涉及增值税的，还应进行相应的处理。

对于盘亏的存货，应及时查明原因，按管理权限报经批准后，按可收回的保险赔偿和过失人赔偿的金额借记"其他应收款"账户，按管理不善等原因造成净损失的金额借记"管理费用"账户，按自然灾害等原因造成净损失的金额借记"营业外支出"账户，按原记入"待处理财产损溢——待处理流动资产损溢"账户借方的金额贷记本账户。

【例6-4】 宏盛公司202×年10月末在存货清查中，发现盘亏5吨乙材料，账面实际成本为50 000元。经查原因如下：由于管理不善造成损失为2 200元，收回200元残料，净损失为2 000元；由于自然灾害造成损失为47 800元，大地保险公司同意赔偿28 000元，净损失为19 800元。编制会计分录如下。

报经批准前调整账面记录：

借：待处理财产损溢——待处理流动资产损溢　　　　　　　　　50 000

　　贷：原材料——乙材料　　　　　　　　　　　　　　　　　　　50 000

报经批准后，查明原因进行处理：

借：原材料——乙材料 200
　　管理费用 2 000
　　其他应收款——大地保险公司 28 000
　　营业外支出——非常损失 19 800
　　贷：待处理财产损溢——待处理流动资产损溢 50 000

3. 固定资产清查结果的账务处理

1）固定资产盘盈的账务处理

企业在财产清查过程中盘盈的固定资产，经查明确属企业所有，按管理权限报经批准后，应根据盘存凭证填制固定资产交接凭证，经有关人员签字后送交企业会计部门，填写固定资产卡片账，并作为前期差错处理，通过"以前年度损益调整"账户核算。盘盈的固定资产通常按其重置成本作为入账价值借记"固定资产"账户，贷记"以前年度损益调整"账户。涉及增值税、所得税和盈余公积的，还应按相关规定进行处理。

2）固定资产盘亏的账务处理

固定资产盘亏时，应及时办理固定资产注销手续，按盘亏固定资产的账面价值借记"待处理财产损溢——待处理非流动资产损溢"账户，按已提折旧额借记"累计折旧"账户，按其原价贷记"固定资产"账户。涉及增值税和递延所得税的，还应按相关规定进行处理。

对于盘亏的固定资产，应及时查明原因，按管理权限报经批准后，由过失人及保险公司的赔偿额借记"其他应收款"账户，按盘亏固定资产的原价扣除累计折旧和过失人及保险公司赔偿后的差额借记"营业外支出"账户，按盘亏固定资产的账面价值贷记"待处理财产损溢——待处理非流动资产损溢"账户。

【例6-5】 202×年10月末，宏盛公司在财产清查过程中，发现盘亏小型运输车辆一部，账面原价为32 000元，已提折旧为16 000元，经查为管理不善造成的，责任不清，经批准转作营业外支出处理。

批准前，编制如下会计分录：

借：待处理财产损溢——待处理非流动资产损溢 16 000
　　累计折旧 16 000
　　贷：固定资产 32 000

批准后，编制如下会计分录：

借：营业外支出 16 000
　　贷：待处理财产损溢——待处理非流动资产损溢 16 000

4. 往来款项清查结果的账务处理

在财产清查过程中，发现的长期未结算的往来款项，应及时清查。确认已经无法收回的应收款项和无法支付的应付款项，在报经批准前不做账务处理，即不需通过"待处理财产损溢"账户核算，在报经批准后，应按规定的方法予以转销。

对于经查明确实无法支付的应付款项可按规定程序报经批准后，转作营业外收入。

对于无法收回的应收款项则作为坏账损失冲减坏账准备。坏账是指企业无法收回或收回的可

重要提示：
坏账损失的具体内容将在有关专业课中学习，这里仅做提示性说明。

能性极小的应收款项。由于发生坏账而产生的损失称为坏账损失。

企业通常应将符合下列条件之一的应收款项确认为坏账。

① 债务人死亡，以其遗产清偿后仍然无法收回。

② 债务人破产，以其破产财产清偿后仍然无法收回。

③ 债务人较长时间内未履行其偿债义务，并有足够的证据表明无法收回或者收回的可能性极小。

企业对有确凿证据表明确实无法收回的应收款项，经批准后作为坏账损失。

对于已确认为坏账的应收款项，并不意味着企业放弃了追索权，一旦重新收回，应及时入账。

【例6-6】 宏盛公司前欠华欣公司货款为3 000元，因对方单位撤销而无法清偿，按规定作为营业外收入处理。应编制的会计分录如下：

借：应付账款——华欣公司   3 000

 贷：营业外收入   3 000

项目小结

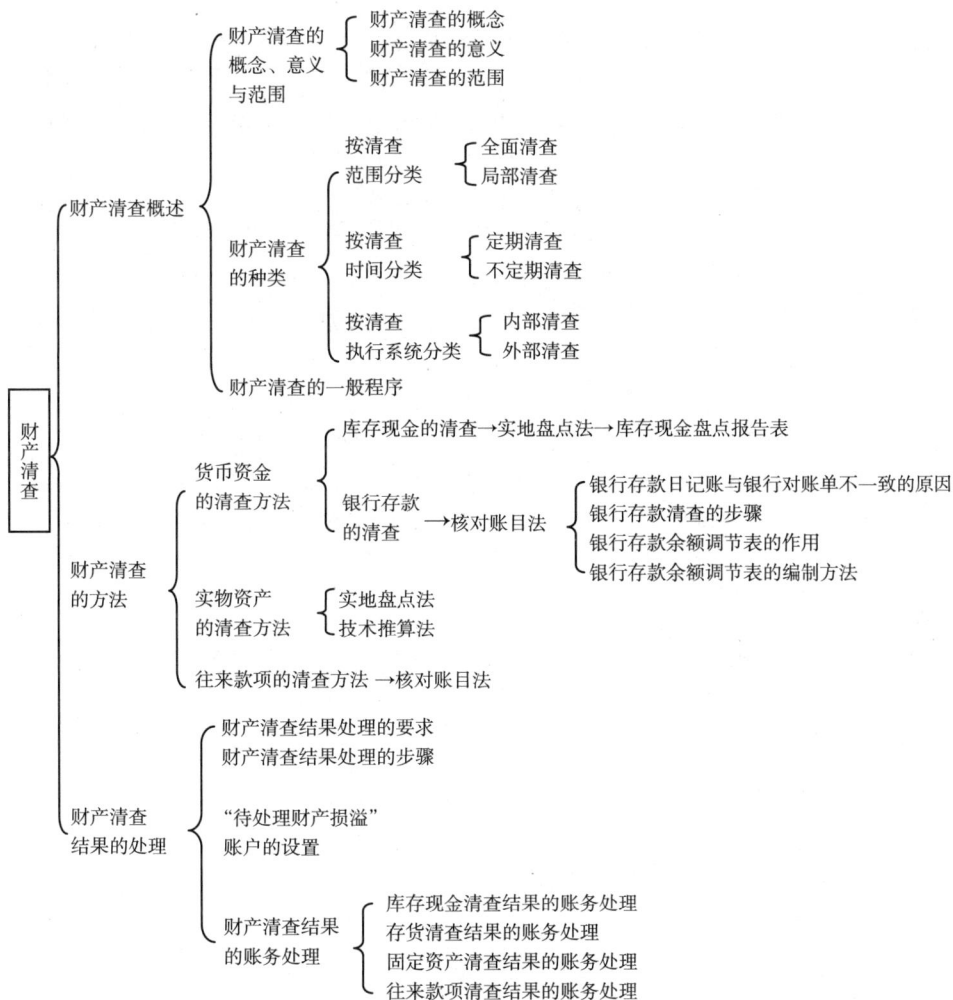

实践活动

【活动目标】

（1）学会编制"银行存款余额调节表"，并能确定期末可动用的银行存款实有数额。

（2）能够根据财产清查的经济业务熟练地进行账务处理。

【活动要求】

（1）根据资料一的核查内容，编制"银行存款余额调节表"，并指出企业月末可动用的银行存款实有数额。

（2）根据资料二的财产清查经济业务，做出相关的会计分录。

【活动过程】

【资料一】 嘉利工厂的 202× 年 6 月 30 日"银行存款日记账"账面余额为 41 353 元，开户银行送达的"银行对账单"余额为 43 835 元。经核查，发现有以下几笔未达账项。

① 企业已送存银行一张 # 34875 转账支票，面额为 1 765 元，企业已记银行存款增加，开户银行尚未入账。

② 银行代企业支付水费为 183 元，银行已入账，减少企业银行存款，企业尚未接到入账通知，没有入账。

③ 银行代企业收取销货款为 3 950 元，银行已入账，增加企业银行存款，企业尚未接到入账通知，没有入账。

④ 企业开出 # 49201 转账支票一张，购买办公物品花费为 480 元，企业已记银行存款减少，银行尚未入账。

【资料二】 华欣公司于 202× 年 7 月末进行财产清查时，发现以下问题。

① 在库存现金盘点中，发现库存现金短缺 89 元，经查属于出纳员的责任，责令其赔偿。

② 盘亏 20 千克钢材，每千克 1 500 元，计 30 000 元。

③ 上述盘亏钢材原因查明，属于定额内损耗，经领导批准列作管理费用。

④ 在财产清查过程中，盘盈 10 千克铝型材，每千克 50 元，计 500 元。

⑤ 上述盘盈材料已查明原因，属于计量不准造成的，经领导批准，冲减管理费用。

⑥ 盘亏一台机床，账面原值为 18 000 元，已提折旧为 12 000 元，原因待查。

⑦ 上述盘亏机床已查明原因，经审核批准，转作营业外支出。

【活动评价】

本活动评价的主要内容包括：根据银行存款日记账余额和银行对账单余额所确定的未达账项编制"银行存款余额调节表"，根据财产清查的经济业务进行账务处理。

活动评价表参见附录 A。

财务报表

模块一　财务报表概述

学习导入

财务报表概述

201×年，A公司由于经营管理和市场方面的原因，经营业绩滑坡，需向银行贷款。A公司的主要负责人张山便要求公司的财务负责人李斯对该年度的财务数据进行调整，增加企业利润以助于公司形象的改进。李斯组织公司会计人员王武以虚做营业额、隐瞒费用和成本开支等方法调整了公司财务数据，编制了虚假的财务报表。A公司根据调整后的财务资料成功取得银行贷款。

思考：

① 上述案例中，有哪些当事人分别存在何种违法行为？

② 上述当事人的行为给银行造成了什么损失？

分析：

① A公司李斯、王武均存在编制虚假财务报表及骗取银行贷款的行为；A公司张山是单位负责人，存在授意、指使他人编制虚假财务报表及骗取银行贷款的行为。

② 由于A公司提供了虚假的财务报表，导致银行判断错误，造成了错误的放贷行为，很有可能导致该笔贷款最终无法收回，从而给国家带来损失。

由此可见，财务报表必须向会计信息使用者提供真实的会计信息，为使用者的决策行为提供参考。为保证财务报表的真实可信，必须有健全的内部控制及规范的规章制度，职权明确、程序规范、控制严密，将舞弊和差错控制在最低限度。

那么，财务报表能够提供什么样的信息？如何提供会计信息？下面让我们来学习财务报表的有关知识。

学习内容

7.1.1 财务报表的概念与分类

1. 财务报表的概念

财务报表简称财报，是对企业财务状况、经营成果和现金流量的结构性表述，是企业对外传递会计信息的主要途径，是企业从会计核算角度对一定时期生产经营活动情况的总结。

财务报表至少应当包括资产负债表、利润表、现金流量表、所有者权益变动表、附注。财务报表上述组成部分具有同等的重要程度。

> 编制财务报表是会计核算的专门方法之一！

会计最基本的职能是核算职能，为了向企业管理者和与企业有关的外部各单位及个人提供对决策有用的会计信息，需要对日常的会计核算资料进一步进行加工整理，并按照一定的要求和格式，定期编制财务报表。

财务报表的作用主要体现在以下4个方面。

① 为企业内部的经营管理者进行日常经营管理提供必要的信息资料。

财务报表能够全面、系统地揭示企业一定时期的财务状况、经营成果和现金流量，有利于经营管理人员了解本单位各项任务指标的完成情况，评价管理人员的经营业绩，以便及时发现问题，调整经营方向，制定措施，改善经营管理水平，提高经济效益，为经济预测和决策提供依据。

② 为投资者、债权人和其他有关各方提供必要的信息资料。

投资者、债权人和其他有关各方通过财务报表了解企业的财务状况、经营成果和现金流量情况，进而分析企业的盈利能力、偿债能力、投资收益、发展前景等，为他们投资、贷款和贸易提供决策依据。

③ 有利于财政、税务、工商、审计等行政管理部门监督企业的经营管理。

财政、税务、工商、审计等行政管理部门，履行国家管理企业的职能，通过财务报表可以检查、监督各企业是否遵守国家的各项法律、法规和制度，有无偷税漏税的行为。

④ 有利于国家经济管理部门了解国民经济的运行状况。

通过对各单位提供的财务报表资料进行汇总和分析，了解和掌握各行业、各地区的经济发展情况，以便宏观调控经济运行，优化资源配置，保证国民经济稳定持续发展。

2. 财务报表的分类

就企业而言，其所编制的财务报表可以按照以下标准划分为不同的种类。

1）按编报期间分类

（1）中期财务报表

中期财务报表也称中报，是用以总括反映企业以短于一个会计年度的报告期间为基础编制的财务报表，包括月报、季报、半年报等。中期财务报表至少应当包括资产负债表、利润表、现金流量表和附注。其中，中期资产负债表、利润表、现金流量表应当是完整报表，其格式和内容应与年度财务报表一致，而其中的附注披露与年度财务报表相比可适当简略。

月度财务报表应当于月度终了后 6 天内（节假日顺延，下同）对外提供；季度财务报表应当于季度终了后 15 天内对外提供；半年度财务报表应当于年度中期结束后 60 天内（相当于两个连续的月份）对外提供。即半年报披露时间是 7 月、8 月；季报披露的时间是 1 月、4 月、7 月、10 月。

（2）年度财务报表

年度财务报表也称年报，是全面反映企业以整个会计年度（自公历 1 月 1 日起至 12 月 31 日止）为基础编制的财务报表。主要包括资产负债表、利润表、现金流量表、所有者权益变动表和财务报表附注等。企业每年年底必须编制并报送年度财务报表。

年度财务报表应当于年度终了后 5 个月内对外提供。即年报披露时间是 1 ～ 5 月。

2）按编报的会计主体分类

（1）个别财务报表

个别财务报表是指企业在自身会计核算基础上对账簿记录进行加工而编制的财务报表，主要反映企业自身的财务状况、经营成果和现金流量情况。

（2）合并财务报表

合并财务报表是指以母公司和子公司组成的企业集团为一会计主体，以母公司和所属子公司单独编制的个别财务报表为基础，由母公司编制的综合反映企业集团经营成果、财务状况及其资金变动情况的财务报表。

3）按财务报表所反映的经济内容分类

（1）反映企业财务状况的财务报表

这类报表是用来总括反映企业在某一特定日期或某一会计期间的财务状况的财务报表，如资产负债表、现金流量表、所有者权益变动表。

（2）反映企业经营成果的财务报表

这类报表是总括反映企业在一定时期的经营成果情况的财务报表，如利润表。

4）按财务报表的报送对象分类

（1）对外财务报表

按照我国现行会计准则的规定，企业对外报送的财务报表包括资产负债表、利润表、现金流量表和所有者权益变动表等财务报表。企业对外报送的财务报表的具体格式、编制方法和报送时间均由财政部统一规定，任何单位不得随意增减。

（2）对内财务报表

企业对内财务报表的种类、格式、编制方法及编制时间均由各单位根据本单位的经营特点和管理要求自行规定和设计。对于制造业，对内财务报表一般包括反映企业收支情况的财务报表和反映企业成本、费用情况的财务报表。本教材只对资产负债表、利润表进行较详细的介绍，其他财务报表将在以后的专业课程中进行学习。

5）按财务报表反映的资金运动状态分类

（1）静态财务报表

静态财务报表也称时点报表，是指反映企业资金处于某一相对时点状态的财务报表，一般情况下，反映企业某一特定日期的财务状况的财务报表为静态财务报表，如"资产负债表"。

（2）动态财务报表

动态财务报表也称时期报表，是指反映企业资金处于某一会计期间状态的财务报表，一般情况下，反映企业某一特定时期内的经营成果的"利润表"和反映企业在一定时期内经营活动、投资活动和筹资活动形成的现金流量的"现金流量表"均为动态财务报表。

7.1.2 财务报表编制的基本要求

1. 以持续经营为基础编制

企业应当以持续经营为基础，根据实际发生的交易和事项，按照《企业会计准则——基本准则》和其他各项会计准则的规定进行确认和计量，并在此基础上编制财务报表。企业不应以附注披露代替确认和计量，不恰当的确认和计量也不能通过充分披露相关会计政策而纠正。

在编制财务报表时，企业管理层应当利用所有可获得信息来评价企业自报告期末起至少12个月的持续经营能力。

评价时需要考虑宏观政策风险、市场经营风险、企业目前或长期的盈利能力、偿债能力、财务弹性及企业管理层改变经营政策的意向等因素。

① 评价结果表明对持续经营能力产生重大怀疑的，企业应当在附注中披露导致对持续经营能力产生重大怀疑的因素及企业拟采取的改善措施。

② 企业正式决定或被迫在当期或将在下一个会计期间进行清算或停止营业的，则表明以持续经营为基础编制财务报表不再合理。在这种情况下，企业应当采用其他基础编制财务报表，并在附注中声明财务报表未以持续经营为基础编制的事实、披露未以持续经营为基础编制的原因和财务报表的编制基础。

③ 企业如有近期获利经营的历史且有财务资源支持，则通常表明以持续经营为基础编制财务报表是合理的。

2. 采用正确的会计基础

除现金流量表按照收付实现制原则编制外，企业应当按照权责发生制原则编制财务报表。

3. 至少按年编制财务报表

企业至少应当按年编制财务报表。年度财务报表涵盖期间短于一年的，应当披露年度财务报表的涵盖期间短于一年的原因及报表数据不具可比性的事实。

4. 项目列报遵守重要性原则

1）重要性的含义

重要性，是指在合理预期下，财务报表某项目的省略或错报会影响使用者据此做出经济决策的，则该项目具有重要性。

2）重要性的判断

重要性应当根据企业所处的具体环境，从项目

> **会计术语：**
> 项目是对大量的交易和事项按其性质或功能汇总以后形成的在财务报表中列报的内容。

性质和金额两方面予以判断是否具有重要性，且各项目重要性的判断标准一经确定，不得随意变更。

① 判断项目性质的重要性，应当考虑该项目在性质上是否属于企业日常活动，是否显著影响企业的财务状况、经营成果和现金流量等因素。

② 判断项目金额大小的重要性，应当考虑该项目金额占资产总额、负债总额、所有者权益总额、营业收入总额、营业成本总额、净利润、综合收益总额等直接相关项目金额的比重或所属报表单列项目金额的比重。

3）列报

① 性质或功能不同的项目，应当在财务报表中单独列报，但不具有重要性的项目除外。如应收账款、实收资本等，在性质或功能上都有本质差别，必须在资产负债表中单独列报。

② 性质或功能类似的项目，其所属类别具有重要性的，应当按其类别在财务报表中单独列报。如原材料、在产品、库存商品等在性质上类似，均通过生产过程形成企业的产品存货，因此在资产负债表上按照"存货"类别列报。

③ 某些项目的重要性程度不足以在资产负债表、利润表、现金流量表或所有者权益变

动表中单独列示，但对附注却具有重要性，则应当在附注中单独披露。《企业会计准则第30号——财务报表列报》规定在财务报表中单独列报的项目，应当单独列报。其他会计准则规定单独列报的项目，应当增加单独列报项目。

5. 保持各个会计期间财务报表项目列报的一致性

财务报表项目的列报应当在各个会计期间保持一致，除会计准则要求改变财务报表项目的列报或企业经营业务的性质发生重大变化后，变更财务报表项目的列报能够提供更可靠、更相关的会计信息外，不得随意变更。

6. 各项目之间的金额不得相互抵销

财务报表中的资产项目和负债项目的金额、收入项目和费用项目的金额、直接计入当期利润的利得项目和损失项目的金额不得相互抵销。例如，企业的应收账款（资产）和应付账款（负债）若相互抵销，就掩盖了交易的性质（债权/债务）。但其他会计准则另有规定的除外。

一组类似交易形成的利得和损失应当以净额列示，但具有重要性的除外。

资产或负债项目按扣除备抵项目后的净额列示，不属于抵销。

非日常活动产生的利得和损失，以同一交易形成的收益扣减相关费用后的净额列示更能反映交易实质的，不属于抵销。例如，以非流动资产处置收入扣除该资产账面金额和相关费用的差额列示，不属于抵销。

7. 至少应当提供所有列报项目上一个会计期间的可比数据

当期财务报表的列报，至少应当提供所有列报项目上一个会计期间的可比数据，以及与理解当期财务报表相关的说明，但其他会计准则另有规定的除外。

财务报表的列报项目发生变更的，至少应当对可比数据按照当期的列报要求进行调整，并在附注中披露调整的原因和性质，以及调整的各项目金额。对可比数据进行调整不切实可行的，应当在附注中披露不能调整的原因。

不切实可行，是指企业在做出所有合理努力后仍然无法采用某项规定。

8. 应当在财务报表的显著位置披露编报企业的名称等重要信息

企业应当在财务报表的显著位置（如表首）至少披露下列各项。

① 编报企业的名称。

② 资产负债表日或财务报表涵盖的会计期间。

③ 金额单位。

④ 财务报表是合并财务报表的，应当予以标明。

7.1.3 财务报表编制前的准备工作

在编制财务报表前，须要完成下列工作。

① 严格审核会计账簿的记录和有关资料。

② 进行全面财产清查、核实债务，发现有问题，应及时查明原因，按规定程序报批后，进行相应的会计处理。

③ 按规定的结账日结账（年度结账日为公历年度每年的 12 月 31 日；半年度、季度、月度结账日分别为公历年度每半年、每季、每月的最后一天），结出有关会计账簿的余额和发生额，并核对各会计账簿之间的余额。

④ 检查相关的会计核算是否按照国家统一的会计制度的规定进行。

⑤ 检查是否存在因会计差错、会计政策变更等原因需要调整前期或本期相关项目的情况等。

模块二 资产负债表

学习导入

201×年9月1日，欣欣有限公司张总经理要求查看本公司8月31日的财务状况，于是，报表编制人员小王很快拿来了连夜编制的8月31日的资产负债表。那么，什么是资产负债表？有什么作用？如何编制？让我们一起来探讨吧！

学习内容

7.2.1 资产负债表的概念与作用

资产负债表又称财务状况表，是反映企业在某一特定日期的财务状况的财务报表。

资产负债表的编制原理是"资产＝负债＋所有者权益"这一会计基本等式。它既是一张平衡报表，反映资产总计（左方）与负债及所有者权益总计（右方）相等；又是一张静态报表，反映企业在某一时点的财务状况，如月末或年末。通过在资产负债表上设立"年初数"和"期末数"栏，能反映企业财务状况的变动情况。

> 注意资产负债表的编制原理！

资产负债表的作用主要体现在以下几个方面。

① 可以提供某一日期资产的总额及其结构，表明企业拥有或控制的资源及其分布情况。

资产代表企业的经济资源，是企业经营的基础，资产总量的高低在一定程度上可以说明企业的经营规模和盈利基础大小、企业的结构及资产的分布；企业的资产结构反映其生产经营过程的特点，有利于报表使用者进一步分析企业生产经营的稳定性。

② 可以提供某一日期的负债总额及其结构，表明企业未来需要清偿债务的数额及清偿时间。

负债的总额表示企业承担的债务的多少，反映了企业的财务安全程度；负债结构反映了企业偿还负债的紧迫性和偿债压力的大小。因此，通过资产负债表可以了解企业负债的基本信息。

③ 可以反映所有者所拥有的权益，据以判断资本保值、增值的情况及对负债的保障程度。

实收资本和留存收益是分析所有者权益的重要内容，反映了企业投资者对企业的初始投入和资本积累的多少，也反映了企业的资本结构和财务实力，有助于报表使用者分析、预测企业生产经营的安全程度和抗风险的能力。

7.2.2 资产负债表的列示要求与一般格式

1.资产负债表的列示要求

1）资产负债表列报的总体要求

（1）分类列报

资产负债表应当按照资产、负债和所有者权益三大类别分类列报。

（2）资产和负债按流动性列报

资产应当按照流动性（变现能力的大小）分为流动资产和非流动资产列示；负债应当按照

流动性（按照偿还时间长短）分为流动负债和非流动负债列示。

（3）列报相关的合计、总计项目

资产负债表中的资产类项目至少应当列示流动资产和非流动资产的合计项目；负债类项目至少应当列示流动负债、非流动负债及负债的合计项目；所有者权益类项目应当列示所有者权益的合计项目。

资产负债表应当分别列示资产总计项目和负债与所有者权益之和的总计项目，并且这两者的金额应当相等。

2）资产的列报

资产负债表中的资产类项目至少应当单独列示反映下列信息的项目：货币资金、交易性金融资产、应收款项、预付款项、存货、持有待售资产、债权投资、长期应收款、长期股权投资、投资性房地产、固定资产、生产性生物资产、无形资产、递延所得税资产。

3）负债的列报

资产负债表中的负债类项目至少应当单独列示反映下列信息的项目：短期借款、交易性金融负债、应付款项、预收款项、应付职工薪酬、应交税费、持有待售负债、长期借款、应付债券、长期应付款、预计负债、递延所得税负债。

4）所有者权益的列报

资产负债表中的所有者权益类至少应当单独列示反映下列信息的项目：实收资本（或股本）、资本公积、盈余公积、未分配利润。

2. 资产负债表的一般格式

资产负债表的结构有账户式和报告式两种。在我国，资产负债表采用账户式格式，即左侧列示资产，右侧列示负债及所有者权益。资产负债表由表头和表体两部分组成：表头部分应列明报表名称、编表单位名称、资产负债表日和人民币金额单位；表体部分反映资产、负债和所有者权益的内容。其中，表体部分是资产负债表的主体和核心，资产项目按流动性大小排列，负债项目按偿还期限长短排列，所有者权益项目按来源和特定用途排列。我国企业资产负债表的一般格式如图 7-1 所示。

资 产 负 债 表　　　　　　　　会企 01 表

编制单位：　　　　　　　　　　___年__月__日　　　　　　　　　　单位：元

资　产	期末余额	年初余额	负债及所有者权益	期末余额	年初余额
流动资产：			流动负债：		
货币资金			短期借款		
交易性金融资产			交易性金融负债		
衍生金融资产			衍生金融负债		
应收票据			应付票据		
应收账款			应付账款		
预付款项			预收款项		
其他应收款			合同负债		
存货			应付职工薪酬		
合同资产			应交税费		
持有待售资产			其他应付款		
一年内到期的非流动资产			持有待售负债		

图 7-1　我国企业资产负债表的一般格式

资　产	期末余额	年初余额	负债及所有者权益	期末余额	年初余额
其他流动资产			一年内到期的非流动负债		
流动资产合计			其他流动负债		
非流动资产：			流动负债合计		
债权投资			非流动负债：		
其他债权投资			长期借款		
长期应收款			应付债券		
长期股权投资			长期应付款		
投资性房地产			预计负债		
固定资产			递延收益		
在建工程			递延所得税负债		
生产性生物资产			其他非流动负债		
油气资产			非流动负债合计		
无形资产			**负债合计**		
开发支出			所有者权益（或股东权益）：		
商誉			实收资本（或股本）		
长期待摊费用			其他权益工具		
递延所得税资产			资本公积		
其他非流动资产			减：库存股		
非流动资产合计			其他综合收益		
			盈余公积		
			未分配利润		
			所有者权益（或股东权益）合计		
资产总计			**负债和所有者权益(或股东权益)总计**		

图 7-1　我国企业资产负债表的一般格式（续）

7.2.3　资产负债表编制的基本方法

由于资产负债表是反映企业某一特定日期资产和权益的分布状况及其数额的财务报表，而企业某一特定日期资产和权益的分布状况及其数额则表现为资产类账户和权益类账户的期末余额，所以，资产负债表上各项目的金额，总体上讲是根据资产类账户和权益类账户的期末余额来填列的。

资产负债表编制的基本方法

1."年初余额"栏的填列方法

本表的"年初余额"栏通常根据上年年末的有关项目期末余额填列，且与上年年末资产负债表"期末余额"栏一致。如果企业上年度资产负债表规定的项目名称和内容与本年度不一致，应当对上年年末资产负债表相关项目的名称和数字按照本年度的规定进行调整，填入"年初余额"栏。

2."期末余额"栏的填列方法

资产负债表"期末余额"栏内各项数字，一般应根据资产、负债和所有者权益类科目的期末（月末、季末、年末）余额填列，具体方法如下。

1）根据一个或几个总账科目的余额填列

（1）根据有关总账账户的期末余额直接填列

资产负债表中的有些项目，可直接根据有关总账账户的余额填列。

如"应收票据""短期借款""应付票据""应交税费""应付职工薪酬""实收资本""资本公积""盈余公积"等项目，可以直接根据有关总分类账户的余额填列。

（2）根据总账账户期末余额计算填列

资产负债表中一部分项目的"期末余额"需要根据有关总账账户的期末余额计算填列。例如：

① "货币资金"项目，应根据"库存现金""银行存款""其他货币资金"等账户的期末余额合计数填列。

② "其他应付款"项目，应根据"应付利息""应付股利""其他应付款"账户的期末余额合计数值列。

③ "未分配利润"项目，在1～11月，应根据"本年利润"账户和"利润分配"账户的期末余额相加（若"利润分配"账户是负数，即为未弥补亏损，则相减）后的余额计算填列；年末结账后，"本年利润"账户已无余额，"未分配利润"项目应根据"利润分配"账户的年末余额直接填列，贷方余额以正数填列，如为借方余额，应以"—"号填列。

2）根据明细账科目的余额计算填列

资产负债表中一部分项目的"期末余额"需要根据有关明细账户的期末余额分析计算填列。例如：

① "预付款项"项目，应根据"预付账款"账户和"应付账款"账户所属明细账户的期末借方余额合计数填列。

② "应付账款"项目，应根据"应付账款"账户所属明细账户的期末贷方余额合计数，加上"预付账款"账户所属明细账户的期末贷方余额合计数填列。

③ "预收款项"项目，应根据"预收账款"账户和"应收账款"账户所属明细账户的期末贷方余额合计数填列。

3）根据总账科目和明细账科目的余额分析计算填列

例如："长期借款"项目应根据"长期借款"账户的期末余额，扣除其中在资产负债日起一年内到期且企业不能自主地将清偿义务展期的部分后的金额；同时，把该扣除部分在流动负债类项目下的"一年内到期的非流动负债"项目内反映。

4）根据有关科目余额减去其备抵科目余额后的净额填列

资产负债表中部分项目的"期末余额"是根据有关科目余额减去其备抵科目余额后的净额填列的。例如：

① "固定资产"项目，应根据"固定资产"账户的期末余额减去"累计折旧""固定资产减值准备"账户期末余额后的净额，再加上或减去"固定资产清理"账户期末余额填列。

② "无形资产"项目，应根据"无形资产"账户的期末余额减去"累计摊销""无形资产减值准备"账户期末余额后的净额填列。

③ "长期股权投资"项目，应根据其相应总账账户的期末余额减去其相应减值准备后的净额填列。

> **会计术语：**
> 备抵账户是用来抵减被调整账户的余额，以求得被调整账户所反映的实际净额的账户。

5）综合运用上述填列方法分析填列

资产负债表中有些项目的"期末余额"要综合运用上述填列方法分析填列。例如：

①"应收账款"项目，应根据"应收账款"账户所属明细账户的期末借方余额合计数，加上"预收账款"账户所属明细账户的期末借方余额合计数，减去"坏账准备"账户所属明细账户中有关应收账款的坏账准备期末余额后的金额填列。

②"其他应收款"项目，应根据"应收利息"账户的期末余额，加上"应收股利"账户的期末余额，再加上"其他应款"账户的期末余额，减去"坏账准备"账户所属明细账户中有关其他应收款的坏账准备期末余额后的金额填列。

③"存货"项目，应根据"材料采购""在途物资""原材料""材料成本差异""库存商品""发出商品""委托加工物资""周转材料""生产成本"等总账账户期末余额的分析汇总数，减去"存货跌价准备"账户期末余额后的金额填列。

另外，有些项目要根据资产负债表内有关项目金额计算填列，如"流动资产合计""非流动资产合计""资产总计""流动负债合计""非流动负债合计""负债合计""所有者权益合计""负债及所有者权益总计"等项目。

7.2.4　资产负债表编制举例

【例7-1】　202×年8月31日，欣欣有限公司有关总账和明细账的余额如图7-2所示。根据图7-2中的资料，完成资产负债表的编制。

编制后的资产负债表如图7-3所示。

表中有关项目的计算：

货币资金项目 = "库存现金"账户余额 + "银行存款"账户余额 + "其他货币资金"账户余额 = 1 500 + 800 000 + 90 000 = 891 500（元）

应收账款项目 = 应收甲公司账款账户借方余额 − 坏账准备账户贷方余额 = 80 000 − 2 000 = 78 000（元）

预付款项项目 = 预付A公司账款账户借方余额 + 预付B公司账款账户借方余额 + 应付丁企业账款账户借方余额 = 31 000 + 5 100 + 20 000 = 56 100（元）

存货项目 = "原材料"账户余额 + "生产成本"账户余额 + "库存商品"账户余额 − "材料成本差异"账户贷方余额 = 816 600 + 265 400 + 193 200 − 42 200 = 1 233 000（元）

固定资产项目 = "固定资产"账户余额 − "累计折旧"贷方余额 = 2 888 000 − 4 900 = 2 883 100（元）

应付账款项目 = 应付丙企业账款账户贷方余额 = 91 000（元）

预收款项项目 = 预收C公司账款账户贷方余额 + 应收乙公司账款账户贷方余额 = 14 700 + 5 000 = 19 700（元）

长期借款项目 = "长期借款"账户余额 − 一年内到期的长期借款
= 506 000 − 23 000 = 483 000（元）

未分配利润项目 = "利润分配——未分配利润"账户贷方余额 + "本年利润"账户贷方余额
= 1 900 + 950 000 = 951 900（元）

账 户 期 末 余 额 表

202×年8月31日 单位：元

资 产	借或贷	余 额	负债及所有者权益	借或贷	余 额
库存现金	借	1 500	短期借款	贷	250 000
银行存款	借	800 000	应付票据	贷	25 500
其他货币资金	借	90 000	应付账款	贷	71 000
交易性金融资产	借	115 000	——丙企业	贷	91 000
应收票据	借	20 000	——丁企业	借	20 000
应收账款	借	75 000	预收账款	贷	14 700
——甲公司	借	80 000	——C公司	贷	14 700
——乙公司	贷	5 000	其他应付款	贷	12 000
坏账准备	贷	2 000	应交税费	贷	28 000
预付账款	借	36 100	长期借款	贷	506 000
——A公司	借	31 000	其中一年内到期的长期借款	贷	23 000
——B公司	借	5 100	应付债券	贷	563 700
其他应收款	借	8 500			
原材料	借	816 600	实收资本	贷	3 100 000
生产成本	借	265 400	资本公积	贷	170 000
库存商品	借	193 200	盈余公积	贷	64 800
材料成本差异	贷	42 200	利润分配	贷	1 900
固定资产	借	2 888 000	——未分配利润	贷	1 900
累计折旧	贷	4 900	本年利润	贷	950 000
无形资产	借	50 000			
在建工程	借	44/ 400			
资产合计		5 757 600	**负债及所有者权益合计**		5 757 600

图 7-2 欣欣有限公司有关总账和明细账的余额

资 产 负 债 表（简表）

会企01表

编制单位：欣欣有限公司 202×年8月31日 单位：元

资 产	期末余额	年初余额	负债及所有者权益	期末余额	年初余额
流动资产：			流动负债：		
货币资金	891 500	（略）	短期借款	250 000	（略）
交易性金融资产	115 000	（略）	交易性金融负债		（略）
应收票据	20 000	（略）	应付票据	25 500	（略）
应收账款	78 000	（略）	应付账款	91 000	（略）
预付款项	56 100	（略）	预收账款	19 700	（略）
其他应收款	8 500	（略）	应付职工薪酬		（略）
存货	1 233 000	（略）	应交税费	28 000	（略）

图 7-3 编制后的资产负债表

资　产	期末余额	年初余额	负债及所有者权益	期末余额	年初余额
一年内到期的非流动资产		（略）	其他应付款	12 000	（略）
其他流动资产		（略）	一年内到期的非流动负债	23 000	（略）
流动资产合计	2 402 100	（略）	其他流动负债		（略）
非流动资产：			流动负债合计	449 200	（略）
债权投资		（略）	非流动负债：		
其他债权投资		（略）	长期借款	483 000	（略）
长期应收款		（略）	应付债券	563 700	（略）
长期股权投资		（略）	长期应付款		（略）
投资性房地产		（略）	专项应付款		（略）
固定资产	2 883 100	（略）	预计负债		（略）
在建工程	447 400		递延收益		
生产性生物资产		（略）	递延所得税负债		（略）
油气资产		（略）	其他非流动负债		（略）
无形资产	50 000	（略）	非流动负债合计	1 046 700	（略）
开发支出		（略）	**负债合计**	1 495 900	（略）
商誉		（略）	所有者权益（或股东权益）		
长期待摊费用		（略）	实收资本（或股本）	3 100 000	（略）
递延所得税资产		（略）	其他权益工具		
其他非流动资产		（略）	资本公积	170 000	（略）
非流动资产合计	3 380 500	（略）	减：库存股		
			盈余公积	64 800	（略）
			未分配利润	951 900	（略）
			所有者权益（或股东权益）合计	4 286 700	（略）
资产总计	5 782 600	（略）	**负债及所有者权益（或股东权益）总计**	5 782 600	（略）

图 7-3　编制后的资产负债表（续）

模块三　利润表

📝 **学习导入**

　　202×年9月1日，欣欣有限公司张总经理看完本公司8月31日的资产负债表后，接着想了解8月份的经营成果。于是，小王立刻递上了一起带来的8月份的利润表。那么，利润表的有关知识有哪些呢？让我们一起来学一学吧！

学习内容

7.3.1 利润表的概念与作用

利润表是反映企业在一定会计期间（如月度、季度、半年度或年度）的经营成果的财务报表，又称动态报表。企业一定会计期间的经营成果既可能表现为盈利，也可能表现为亏损，因此，利润表也被称为损益表或收益表。

利润表的编制原理是"收入−费用 = 利润"这一会计等式，其具体内容取决于收入、费用、利润等会计要素及其内容。利润表项目是收入、费用和利润要素内容的具体体现。从反映企业经营资金运动的角度看，它是一种反映企业经营资金动态表现的报表，主要提供有关企业经营成果方面的信息，属于动态会计报表。

利润表的作用主要如下。

① 反映一定会计期间收入的实现情况。

通过利润表列示的收入项目，可以了解某一期间企业的营业收入、投资收益、营业外收入情况。

② 反映一定会计期间的费用耗费情况。

通过利润表列示的费用项目，可以了解某一期间营业成本、税金及附加、期间费用、营业外支出情况等。

③ 反映企业经济活动成果的实现情况，据以判断资本保值增值等情况。

④ 可以提供进行财务分析的基本资料。

将利润表中的信息与资产负债表中的信息相结合，还可以提供进行财务分析的基本资料，如将赊销收入净额与应收账款平均余额进行比较，计算出应收账款周转率；将销货成本与存货平均余额进行比较，计算出存货周转率；将净利润与资产总额进行比较，计算出资产收益率等，可以表现企业资金周转情况及企业的盈利能力和水平，便于账务报表使用者判断企业未来的发展趋势，做出经济决策。

7.3.2 利润表的列示要求与一般格式

1. 利润表的列示要求

利润表列示的基本要求如下。

① 企业在利润表中应当对费用按照功能分类，分为从事经营业务发生的成本、管理费用、销售费用和财务费用等。

② 利润表至少应当单独列示反映下列信息的项目（其他会计准则另有规定的除外）：营业收入、营业成本、税金及附加、管理费用、销售费用、财务费用、投资收益、公允价值变动损益、资产减值损失、非流动资产处置损失、所得税费用、净利润、其他综合收益各项目分别扣除所得税影响后的净额、综合收益总额。

金融企业可以根据其特殊性列示利润表项目。

③ 其他综合收益项目应当根据其他相关会计准则的规定，分为以后会计期间不能重分类进损益的其他综合收益项目和以后会计期间在满足规定条件时将重分类进损益的其他综合收益项目两类列报。

2. 利润表的一般格式

目前，国际上常用的利润表的格式主要有单步式和多步式两种。在我国，企业应当采用多步式利润表，将不同性质的收入和费用分别进行对比，以便得出一些中间性的利润数据，帮助使用者理解企业经营成果的不同来源。

利润表通常包括表头和表体两部分。表头应列明报表名称、编表单位名称、财务报表涵盖的会计期间和人民币金额单位等内容；利润表的表体，反映形成经营成果的各个项目和计算过程。我国企业利润表的一般格式如图7-4所示。

利 润 表（简表）

编制单位：　　　　　　　　　　　　　　　　　　年　月　　　　　　　　　　　　　单位：元

项　目	本期金额	上期金额
一、营业收入		
减：营业成本		
税金及附加		
销售费用		
管理费用		
研发费用		
财务费用		
其中：利息费用		
利息收入		
资产减值损失		
信用减值损失		
加：其他收益		
投资收益（损失以"－"号填列）		
公允价值变动收益（损失以"－"号填列）		
资产处置收益（损失以"－"号填列）		
二、营业利润（亏损以"－"号填列）		
加：营业外收入		
减：营业外支出		
三、利润总额（亏损总额以"－"号填列）		
减：所得税费用		
四、净利润（净亏损以"－"号填列）		
五、其他综合收益的税后净额		
六、综合收益总额		
七、每股收益：		
（一）基本每股收益		
（二）稀释每股收益		

图7-4　我国企业利润表的一般格式

7.3.3　利润表编制的基本方法

由于利润表是反映企业一定时期内收入实现、费用发生和利润形成情况的动态财务报表，这一情况反映在账户中是损益类账户的发生额，所以，利润表上各项目的金额是依据损益类账户的发生额分别填列的。利润表的每个项目通常又分为"上期金额"和"本期金额"两栏分别填列。

利润表编制的
基本方法

1. "上期金额"栏内各项数字的填列

"上期金额"栏根据上年该期利润表的"本期金额"栏内所列数字填列。如果上年该期利润表规定的各个项目的名称和内容同本期不一致，应对上年该期利润表各项目的名称和数字按本期的规定进行调整，填入利润表"上期金额"栏内。

2. "本期金额"栏内各项数字的填列

"本期金额"栏根据"主营业务收入""其他业务收入""主营业务成本""其他业务成本""税金及附加""销售费用""财务费用""资产减值损失""公允价值变动损益""投资收益""营业外收入""营业外支出""所得税费用"等科目的发生额分析填列。"管理费用"项目应根据"管理费用"账户发生额减去"研发费用"明细账户的发生额、分析填列。其中，"营业利润""利润总额""净利润"等项目根据该表中相关项目计算填列，其计算公式如下。

① 营业利润：

营业利润＝营业收入－营业成本－税金及附加－销售费用－管理费用－研发费用－财务费用－资产减值损失－信用减值损失＋其他收益＋投资收益（－投资损失）＋公允价值变动收益（－公允价值变动损失）＋资产处置收益（－资产处置损失）

其中，

营业收入＝主营业务收入＋其他业务收入

营业成本＝主营业务成本＋其他业务成本

② 利润总额：

利润总额＝营业利润＋营业外收入－营业外支出

③ 净利润：

净利润＝利润总额－所得税费用

7.3.4 利润表编制举例

【例7-2】

【资料】202×年8月31日，欣欣有限公司各损益类账户的本期发生额如图7-5所示，该企业适用的所得税税率为25%，假设无其他纳税调整事项。

【要求】根据图7-5中的资料，完成利润表的编制。

欣欣有限公司损益类账户发生额

202×年8月   单位：元

账户名称	借 方	贷 方
主营业务收入		1 800 000
其他业务收入		280 000
投资收益		120 000
营业外收入		100 000
主营业务成本	650 000	
其他业务成本	80 000	
税金及附加	300 000	
销售费用	120 000	

图7-5 欣欣有限公司各损益类账户的本期发生额

账户名称	借　方	贷　方
管理费用（无研发费用）	120 000	
财务费用	80 000	
营业外支出	150 000	
所得税费用	200 000	

图 7-5　欣欣有限公司各损益类账户的本期发生额（续）

编制的利润表如图 7-6 所示。

利　润　表（简表）　　　　　　　　　　　　　会企02表

编制单位：欣欣有限公司　　　　　　　202×年8月　　　　　　　　单位：元

项　目	本期金额	上期金额
一、营业收入	2 080 000	（略）
减：营业成本	730 000	（略）
税金及附加	300 000	（略）
销售费用	120 000	（略）
管理费用	120 000	（略）
研发费用		
财务费用	80 000	（略）
其中：利息费用		
利息收入		
资产减值损失		（略）
信用减值损失		
加：其他收益		（略）
投资收益（损失以"－"号填列）	120 000	（略）
公允价值变动收益（损失以"－"号填列）		（略）
资产处置收益（损失以"－"号填列）		
二、营业利润（亏损以"－"号填列）	850 000	（略）
加：营业外收入	100 000	（略）
减：营业外支出	150 000	（略）
三、利润总额（亏损总额以"－"号填列）	800 000	（略）
减：所得税费用	200 000	（略）
四、净利润（净亏损以"－"号填列）	600 000	（略）
五、其他综合收益的税后净额		
六、综合收益总额		
七、每股收益：		
（一）基本每股收益		
（二）稀释每股收益		

图 7-6　编制的利润表

项目小结

案例：报表间
的关系

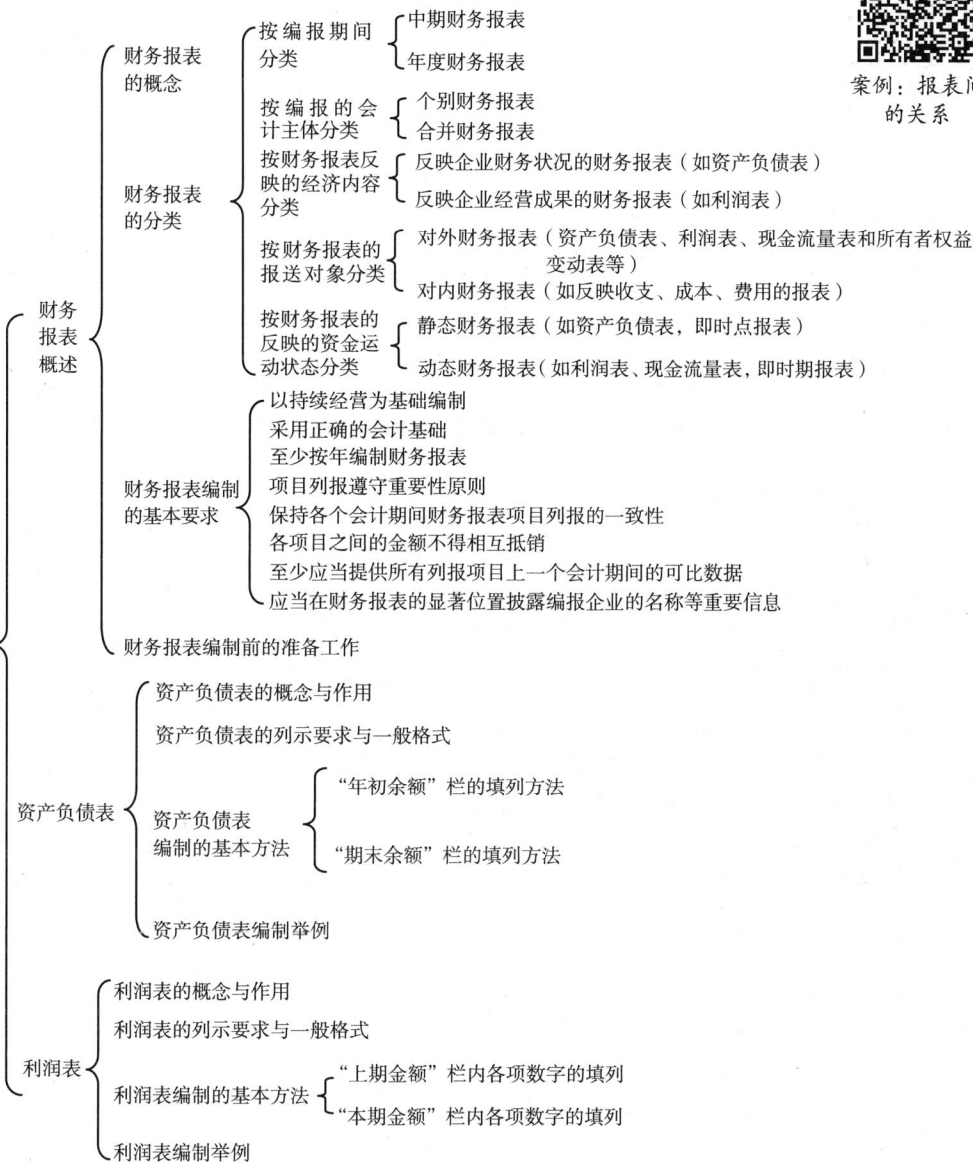

实践活动

【活动目标】

掌握资产负债表和利润表的编制方法。

【活动要求】

202×年11月30日，兴通公司有关总账和明细账的余额如图7-7所示，请完成资产负债表的编制（空白资产负债表自备）。

【活动资料】

兴通公司账户期末余额

202×年11月30日   单位：元

资　产	借或贷	余　额	负债及所有者权益账户	借或贷	余　额
库存现金	借	5 000	短期借款	贷	50 000
银行存款	借	200 000	应付票据	贷	2 000
其他货币资金	借	25 000	应付账款	贷	40 000
交易性金融资产	借	9 000	——腾飞企业	贷	60 000
应收票据	借	10 000	——腾晟企业	借	20 000
应收账款	借	55 000	预收账款	贷	15 000
——中兴公司	借	60 000	——腾讯企业	贷	30 000
——中通公司	贷	5 000	——腾起企业	借	15 000
坏账准备	贷	550	应付职工薪酬	贷	20 250
预付账款	借	20 000	其他应付款	贷	8 000
——兴盛公司	借	21 000	应交税费	贷	18 000
——兴茂公司	贷	1 000	长期借款	贷	100 000
其他应收款	借	2 000	应付债券	贷	500 000
原材料	借	34 000	其中一年内到期的应付债券	贷	28 000
生产成本	借	12 000	实收资本	贷	522 250
库存商品	借	80 000	资本公积	贷	50 000
材料成本差异	贷	1 200	盈余公积	贷	123 000
固定资产	借	900 000	利润分配	贷	50 000
累计折旧	贷	8 000	——未分配利润	贷	50 000
无形资产	借	80 000	本年利润	贷	113 750
在建工程	借	190 000			
资产合计		**1 612 250**	**负债及所有者权益合计**		**1 612 250**

图7-7　兴通公司有关总账和明细账的余额

通达公司所得税税率为25%。202×年10月，通达公司有关损益类账户的发生额资料如图 7-8 所示，请完成利润表的编制（空白利润表自备）。

通达公司损益类账户发生额

202× 年 10 月 单位：元

账户名称	借方发生额	贷方发生额
主营业务收入		3 680 000
其他业务收入		197 000
营业外收入		23 500
投资收益	20 000	
主营业务成本	2 380 000	
其他业务成本	94 000	
税金及附加	25 800	
销售费用	98 000	
管理费用	152 000	
财务费用	6 200	
资产减值损失	6 000	
营业外支出	9 000	

图 7-8 通达公司有关损益类账户的发生额资料

【活动评价】

本活动评价的主要内容包括资产负债表的一般格式、资产负债表中各项目的填列方法、资产负债表的编制方法、利润表的一般格式、利润表中各项目的计算公式、利润表的编制方法。

活动评价表参见附录 A。

项目八

账务处理程序

模块一　账务处理程序概述

账务处理程序
概述

学习导入

当企业发生经济业务时，要根据经济业务的原始凭证填制记账凭证，根据记账凭证登记明细账、总账，根据账簿编制财务报表。那么如何将它们有机地结合在一起呢？这实际上就是企业账务处理程序的问题，面对经济业务较少的企业，可以根据记账凭证逐笔登记总账，但是如果企业经济业务繁多，该种方法的工作量就非常大，因此，如何选择适合企业规模的账务处理程序是会计学习必须解决的问题。首先，让我们来认识账务处理程序。

学习内容

8.1.1　账务处理程序的概念与意义

1. 账务处理程序的概念

账务处理程序又称会计核算组织程序或会计核算形式，是指会计凭证、会计账簿、财务报表相结合的方式，包括账簿组织和记账程序。账簿组织是指会计凭证和会计账簿的种类、格式，是会计凭证与账簿之间的联系方法；记账程序是指由填制、审核原始凭证到填制、审核记账凭证，登记日记账、明细分类账和总分类账，编制财务报表的工作程序和方法等。

2. 账务处理程序的意义

① 有利于规范会计工作，保证会计信息加工过程的严密性，提高会计信息质量。

② 有利于保证会计记录的完整性和正确性，增强会计信息的可靠性。

③ 有利于减少不必要的会计核算环节，提高会计工作效率，保证会计信息的及时性。

8.1.2 账务处理程序的种类

企业常用的账务处理程序主要包括记账凭证账务处理程序、科目汇总表账务处理程序和汇总记账凭证账务处理程序等。它们之间的主要区别在于登记总分类账的依据和方法不同。

1. 记账凭证账务处理程序

记账凭证账务处理程序是指对发生的经济业务，先根据原始凭证或汇总原始凭证填制记账凭证，再直接根据记账凭证登记总分类账的一种账务处理程序。

2. 科目汇总表账务处理程序

科目汇总表账务处理程序又称记账凭证汇总表账务处理程序，是指根据记账凭证定期编制科目汇总表，再根据科目汇总表登记总分类账的一种账务处理程序。

3. 汇总记账凭证账务处理程序

汇总记账凭证账务处理程序是指先根据原始凭证或汇总原始凭证填制记账凭证，定期根据记账凭证分类编制汇总收款凭证、汇总付款凭证和汇总转账凭证，再根据汇总记账凭证登记总分类账的一种账务处理程序。

8.1.3 选择账务处理程序的基本要求

为了全面、系统地反映会计主体的经济活动情况，给信息使用者提供及时、有效的会计信息，除了要及时、正确地填制会计凭证、登记账簿和编制财务报表外，会计部门还应当根据本单位的实际情况，选择适当的账务处理程序进行会计核算。

适当的账务处理程序应符合以下基本要求。

① 要与本单位的规模大小、经济业务繁简程度、经营管理的要求和特点相适应，有利于加强会计核算工作的分工协作，实现会计核算和监督目标。

② 要能正确、及时、完整地提供会计信息使用者所需要的会计核算资料。

③ 要在保证会计核算工作质量的前提下，力求简化核算手续，节约人力和物力，降低会计信息成本，提高会计核算的工作效率。

知识拓展

账务处理程序和会计循环不是同一个概念。账务处理程序研究的是单位账务处理的具体步骤，是指会计凭证的组织、账簿组织、记账程序和记账方法相互配合的方式的有机结合。其中，账簿组织是指账簿种类、格式和各种账簿间的关系；而记账程序和记账方法是指会计凭证的整理、传递，账簿的登记和根据账簿编制财务报表的程序和方法。账簿作为存放原始会计数据与派生的中间汇总数据的载体，同时也是财务报表揭示信息的数据源，起着承上启下的桥梁和纽带作用；记账程序和记账方法则直接影响着会计处理流程和数据接口的设计及实现方法。

模块二　记账凭证账务处理程序

学习导入

模块一提到的经济业务量较少的企业，可以根据记账凭证逐笔登记总账、明细账，然后编制财务报表，也就是本模块中我们要学习的记账凭证账务处理程序。

学习内容

8.2.1　记账凭证账务处理程序的一般步骤

记账凭证账务处理程序的一般步骤如下。

① 根据有关原始凭证填制汇总原始凭证。

② 根据原始凭证或汇总原始凭证，填制收款凭证、付款凭证和转账凭证，也可以填制通用记账凭证。

③ 根据收款凭证和付款凭证逐笔登记库存现金日记账和银行存款日记账。

④ 根据原始凭证、汇总原始凭证和记账凭证逐笔登记各种明细分类账。

⑤ 根据记账凭证逐笔登记总分类账。

⑥ 期末，将库存现金日记账、银行存款日记账和明细分类账的余额与有关总分类账的余额核对相符。

⑦ 期末，根据总分类账和明细分类账的记录，编制财务报表。

记账凭证账务处理程序的一般步骤如图 8-1 所示。

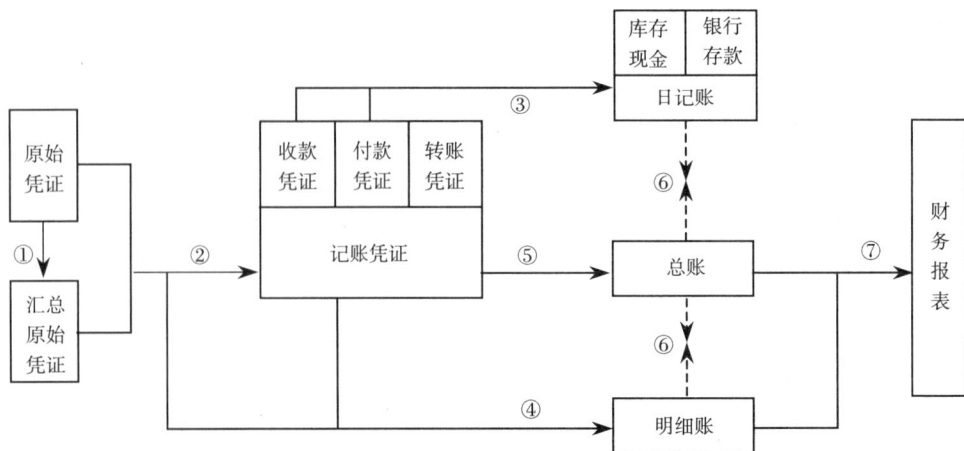

图 8-1 记账凭证账务处理程序的一般步骤

8.2.2　记账凭证账务处理程序应用举例

【例 8-1】 长江有限责任公司为一般纳税人。有关资料如下。

202×年8月31日，各资产、负债、所有者权益类账户余额如图8-2所示。

总分类账户期末余额表

单位：元

账户名称	借方余额	账户名称	贷方余额
库存现金	5 000	应付账款	165 100
银行存款	5 210 550	应付利息	96 000
应收账款	180 000	应交税费	27 000
其他应收款	5 000	实收资本	16 000 000
在途物资	60 000	盈余公积	162 000
原材料	720 000	本年利润	2 308 150
库存商品	2 200 000	利润分配	796 000
固定资产	13 385 700	累计折旧	2 212 000
合　计	21 766 250	合　计	21 766 250

图 8-2　各资产、负债、所有者权益类账户余额

有关明细账户余额如图8-3所示。

有关明细账户期末余额表

单位：元

账户名称	借方余额	账户名称	贷方余额
应收账款——E 单位	180 000	应付账款——C 单位	80 000
其他应收款——李平	5 000	——B 单位	85 100
在途物资——A 单位	60 000	应交税费——应交所得税	27 000
原材料——甲材料（10 000 千克，每千克 15 元）	150 000		
——乙材料（9 500 千克，每千克 60 元）	570 000		
库存商品——M 商品（4 000 件，每件 550 元）	2 200 000		

图 8-3　有关明细账户余额

该企业9月份生产的M产品全部未完工，发生的经济业务如下。

①1日，上月从A单位购进1 000千克乙材料，每千克60元，计60 000元（上月已付款），今日到货，验收入库。

②2日，上月委托银行向E单位收取180 000元货款，银行已收妥入账，收到收账通知。

③2日，管理人员李萍出差归来，报销3 800元差旅费，余款为1 200元，交回现金。

④2日，向D企业销售3 000件M产品，单价为700元/件，计2 100 000元，增值税为273 000元，收到转账支票，当即送存银行。

⑤3日，签发转账支票偿还前欠B单位85 100元货款。

⑥6日，从A单位购买3 000千克甲材料，单价为15元/千克，计45 000元，增值税为5 850元，货款通过银行汇出，材料入库。

⑦7日，开出转账支票上缴上月所得税。

⑧10日，签发转账支票支付电费为16 200元（不含税），其中，车间耗用电费为12 000元，厂部耗用电费为3 000元，销售部门耗用电费为1 200元；增值税为2 106元，共计支付18 306元。

⑨12日，从C单位购买5 000千克乙材料，单价为60元/千克，计300 000元，增值税为

39 000元，货款签发转账支票付讫，材料入库。

⑩ 15日，签发现金支票，从银行提取2 000元备用。

⑪ 16日，发放职工工资为69 000元，通过银行转入职工个人工资账户。

⑫ 20日，销售人员李文出差，预借差旅费为3 000元，出纳员付给现金。

⑬ 27日，分配本月工资为69 000元，其中，M产品生产工人工资为38 000元，车间管理人员工资为4 000元，行政管理人员工资为15 000元，销售人员工资为12 000元。

⑭ 28日，计提固定资产折旧为300 000元，其中，车间计提160 000元，厂部计提110 000元，销售部门计提30 000元。

⑮ 29日，生产M产品，领用11 000千克甲材料，金额为165 000元；领用11 000千克乙材料，金额为660 000元；另外，行政部门领用20千克乙材料，金额为1 200元，用于维修使用。

⑯ 30日，结转本月制造费用，将其计入M产品的生产成本。

⑰ 30日，结转本月已销产品成本为1 650 000元。

⑱ 30日，经计算，本月应交城市维护建设税为15 283.08元，教育费附加为6 781.32元。

⑲ 30日，将损益类账户本月发生额结转到"本年利润"账户。

⑳ 30日，计算并结转所得税费用（所得税税率为25%）。

【要求】采用记账凭证账务处理程序完成账务处理。

① 根据上述经济业务编制记账凭证，简易记账凭证如表8-1所示。

表8-1 简易记账凭证

202×年		凭证		摘 要	账户名称	借方金额	贷方金额
月	日	字	号				
9	1	转	1	材料入库	原材料——乙材料	60 000	
					在途物资——乙材料		60 000
9	2	银收	1	收款入账	银行存款	180 000	
					应收账款——E单位		180 000
9	2	转	2	报销差旅费	管理费用——差旅费	3 800	
					其他应收款——李萍		3 800
		现收	1	收回差旅费余款	库存现金	1 200	
					其他应收款——李萍		1 200
9	2	银收	2	销售商品	银行存款	2 373 000	
					主营业务收入		2 100 000
					应交税费——应交增值税（销项税额）		273 000
9	3	银付	1	偿还欠款	应付账款——B单位	85 100	
					银行存款		85 100
9	6	银付	2	购料	原材料——甲材料	45 000	
					应交税费——应交增值税（进项税额）	5 850	
					银行存款		50 850
9	7	银付	3	缴所得税	应交税费——应交所得税	27 000	
					银行存款		27 000
9	10	银付	4	支付水电费	制造费用——水电费	12 000	
					管理费用——水电费	3 000	
					销售费用——水电费	1 200	
					应交税费——应交增值税（进项税额）	2 106	
					银行存款		18 306

202×年		凭证		摘要	账户名称	借方金额	贷方金额
月	日	字	号				
9	12	银付	5	购料	原材料——乙材料	300 000	
					应交税费——应交增值税（进项税额）	39 000	
					银行存款		339 000
9	15	银付	6	提现备用	库存现金	2 000	
					银行存款		2 000
9	16	银付	7	发放工资	应付职工薪酬——工资	69 000	
					银行存款		69 000
9	20	现付	1	预借差旅费	其他应收款——李文	3 000	
					库存现金		3 000
9	27	转	3	分配工资	生产成本——M产品	38 000	
					制造费用——工资	4 000	
					管理费用——工资	15 000	
					销售费用——工资	12 000	
					应付职工薪酬——工资		69 000
9	28	转	4	计提折旧费	制造费用——折旧费	160 000	
					管理费用——折旧费	110 000	
					销售费用——折旧费	30 000	
					累计折旧		300 000
9	29	转	5	生产领料	生产成本——M产品	825 000	
					管理费用	1 200	
					原材料——甲材料		165 000
					——乙材料		661 200
9	30	转	6	结转制造费用	生产成本——M产品	176 000	
					制造费用		176 000
9	30	转	7	结转已销产品成本	主营业务成本	1 650 000	
					库存商品——M产品		1 650 000
9	30	转	8	计算结转税金及附加	税金及附加	22 604.40	
					应交税费——应交城市维护建设税		15 823.08
					——应交教育费附加		6 781.32
		转	9	结转收入类账户发生额	主营业务收入	2 100 000	
					本年利润		2 100 000
9	30	转	10	结转费用类账户发生额	本年利润	1 848 804.40	
					主营业务成本		1650 000
					税金及附加		22 604.40
					销售费用		43 200
					管理费用		133 000
		转	11	计算所得税费用	所得税费用	62 798.90	
9	30				应交税费——应交所得税		62 798.90
		转	12	结转所得税费用	本年利润	62 798.90	
					所得税费用		62 798.90

② 根据收款凭证、付款凭证，逐日、逐笔地登记库存现金日记账和银行存款日记账。库存现金日记账如图8-4所示。银行存款日记账如图8-5所示。

库存现金日记账   第　页

202×年 月	日	凭证 字	号	摘要	对方科目	收入	支出	结余
8	31			月末结余				5 000.00
9	2	现收	1	收回旅费差余款	其他应收款	1 200.00		6 200.00
9	15	银付	6	提现备用	银行存款	2 000.00		8 200.00
9	20	现付	1	预借差旅费	其他应收款		3 000.00	5 200.00
9	30			本月合计		3 200.00	3 000.00	5 200.00

图 8-4　库存现金日记账

银行存款日记账   第　页

202×年 月	日	凭证 字	号	摘要	结算凭证 字	号	对方科目	收入	支出	余额
8	31			月末结余						5 210 550.00
9	2	银收	1	收款入账			应收账款	180 000.00		5 390 550.00
9	2	银收	2	销售商品	转支	×	主营业务收入	2 373 000.00		7 763 550.00
9	3	银付	1	偿还欠款	转支	×	应付账款		85 100.00	7 678 450.00
9	6	银付	2	购料			原材料等		50 850.00	7 627 600.00
9	7	银付	3	缴所得税	转支	×	应交税费		27 000.00	7 600 600.00
9	10	银付	4	支付电费	转支	×	制造费用等		18 306.00	7 582 294.00
9	12	银付	5	购料	转支	×	原材料等		339 000.00	7 243 294.00
9	15	银付	6	提现备用	现支	×	库存现金		2 000.00	7 241 294.00
9	16	银付	7	发放工资			应付职工薪酬		69 000.00	7 172 294.00
9	30			本月合计				2 553 000.00	591 256.00	7 172 294.00

图 8-5　银行存款日记账

③ 根据原始凭证、原始凭证汇总表和记账凭证，登记有关的明细账（只登记应收账款、原材料、制造费用、生产成本和库存商品明细账，其他从略）。应收账款明细账如图 8-6 所示。原材料明细账如图 8-7 所示。制造费用明细账如图 8-8 所示。生产成本明细账如图 8-9 所示。库存商品明细账如图 8-10 所示。

应收账款明细账

明细账户：E 单位   第　页

202×年 月	日	凭证 字	号	摘要	借方金额	贷方金额	借或贷	余额
8	31			月末结余			借	180 000.00
9	2	银收	1	收款入账		180 000.00	平	Ø
9	30			本月合计		180 000.00	平	Ø

图 8-6　应收账款明细账

原材料明细账

类别：原料及主要材料　　　　　　　　　　　　　　　　　　存放地点：1号仓库

品名及规格：甲材料　　　　　　　　　　　　　　　　　　　计量单位：千克

202×年 月	日	凭证 字	号	摘要	收入 数量	单价	金额	发出 数量	单价	金额	结存 数量	单价	金额
8	31			月末结存							10000	15	150000.00
9	6	银付	2	购料	3000	15	45000.00				13000	15	195000.00
9	29	转	5	生产领料				11000	15	165000.00	2000	15	30000.00
9	30			本月合计	3000	15	45000.00	11000	15	165000.00	2000	15	30000.00

（a）

原材料明细账

类别：原料及主要材料　　　　　　　　　　　　　　　　　　存放地点：2号仓库

品名及规格：乙材料　　　　　　　　　　　　　　　　　　　计量单位：千克

202×年 月	日	凭证 字	号	摘要	收入 数量	单价	金额	发出 数量	单价	金额	结存 数量	单价	金额
8	31			月末结存							9500	60	570000.00
9	1	转	1	材料入库	1000	60	60000.00				10500	60	630000.00
9	12	银付	5	购料	5000	60	300000.00				15500	60	930000.00
9	29	转	5	生产领料				11020	60	661200.00	4480	60	268800.00
9	30			本月合计	6000	60	360000.00	11020	60	661200.00	4480	60	268800.00

（b）

图 8-7　原材料明细账

制造费用明细账

202×年 月	日	凭证 字	号	摘要	借方金额 水电费	工资	折旧费	……	其他费用	合计
9	10	银付	4	支付水电费	12000.00					12000.00
9	27	转	3	分配工资		4000.00				4000.00
9	28	转	4	计提折旧			160000.00			160000.00
9	30	转	6	分配转出	12000.00	4000.00	160000.00			176000.00

图 8-8　制造费用明细账

生产成本明细账

产品名称：M产品

202×年 月	日	凭证 字	号	摘要	直接材料	直接人工	制造费用		合计
9	27	转	3	分配工资		38000.00			38000.00
9	29	转	5	生产领料	825000.00				825000.00
9	30	转	6	结转制造费用			176000.00		176000.00
9	30			本月合计	825000.00	38000.00	176000.00		1039000.00

图 8-9　生产成本明细账

库存商品明细账

存放地点：3号仓库

品名及规格：M产品　　计量单位：件

202×年 月	日	凭证 字	号	摘要	收入 数量	单价	金额	发出 数量	单价	金额	结存 数量	单价	金额
8	31			月末结存							4000	550	2200000.00
9	30	转	7	结转已销产品成本				3000	550	1650000.00	1000	550	550000.00

图 8-10　库存商品明细账

④ 根据记账凭证，逐笔登记总分类账。总分类账（1）～总分类账（25）如图8-11～图8-35所示。

总 分 类 账

账户名称：库存现金　　　　　　　　　　　　　　　　　　　　　　第　页

202×年 月	日	凭证 字	号	摘要	借方金额	贷方金额	借或贷	余额
8	31			月末余额			借	50000.00
9	2	现收	1	收回差旅费余款	12000.00		借	62000.00
9	15	银付	6	提现备用	20000.00		借	82000.00
9	20	现付	1	预借差旅费		30000.00	借	52000.00
9	30			本月合计	32000.00	30000.00	借	52000.00

图 8-11　总分类账（1）

总 分 类 账

账户名称：银行存款　　　　　　　　　　　　　　　　　　　　　　　　　　第　页

202×年 月	日	凭证 字	号	摘要	借方金额	贷方金额	借或贷	余额
8	31			月末余额			借	5 2 1 0 5 5 0 0 0
9	2	银收	1	收款入账	1 8 0 0 0 0 0 0 0		借	5 3 9 0 5 5 0 0 0
9	2	银收	2	销售商品	2 3 7 3 0 0 0 0 0		借	7 7 6 3 5 5 0 0 0
9	3	银付	1	偿还前欠货款		8 5 1 0 0 0 0 0	借	7 6 7 8 4 5 0 0 0
9	6	银付	2	购料		5 0 8 5 0 0 0	借	7 6 2 7 6 0 0 0 0
9	7	银付	3	缴所得税		2 7 0 0 0 0 0	借	7 6 0 0 6 0 0 0 0
9	10	银付	4	支付水电费		1 8 3 0 6 0 0	借	7 5 8 2 2 9 4 0 0
9	12	银付	5	购料		3 3 9 0 0 0 0 0	借	7 2 4 3 2 9 4 0 0
9	15	银付	6	提现备用		2 0 0 0 0 0 0	借	7 2 4 1 2 9 4 0 0
9	16	银付	7	发放工资		6 9 0 0 0 0 0	借	7 1 7 2 2 9 4 0 0
9	30			本月合计	2 5 5 3 0 0 0 0 0	5 9 1 2 5 6 0 0	借	7 1 7 2 2 9 4 0 0

图 8-12　总分类账（2）

总 分 类 账

账户名称：应收账款　　　　　　　　　　　　　　　　　　　　　　　　　　第　页

202×年 月	日	凭证 字	号	摘要	借方金额	贷方金额	借或贷	余额
8	31			月末余额			借	1 8 0 0 0 0 0 0
9	2	银收	1	收款入账		1 8 0 0 0 0 0 0	平	0
9	30			本月合计		1 8 0 0 0 0 0 0	平	0

图 8-13　总分类账（3）

总 分 类 账

账户名称：其他应收款　　　　　　　　　　　　　　　　　　　　　　　　　第　页

202×年 月	日	凭证 字	号	摘要	借方金额	贷方金额	借或贷	余额
8	31			月末余额			借	5 0 0 0 0 0
9	2	转	2	报销差旅费		3 8 0 0 0 0	借	1 2 0 0 0 0
9	2	现收	1	收回差旅费余款		1 2 0 0 0 0	平	0
9	20	现付	1	预借差旅费	3 0 0 0 0 0		借	3 0 0 0 0 0
9	30			本月合计	3 0 0 0 0 0	5 0 0 0 0 0	借	3 0 0 0 0 0

图 8-14　总分类账（4）

总 分 类 账

账户名称：在途物资   第　页

月	日	字	号	摘要	借方金额	贷方金额	借或贷	余额
8	31			月末余额			借	60 000.00
9	1	转	1	材料入库		60 000.00	平	Ø
9	30			本月合计		60 000.00	平	Ø

图 8-15　总分类账（5）

总 分 类 账

账户名称：原材料   第　页

月	日	字	号	摘要	借方金额	贷方金额	借或贷	余额
8	31			月末余额			借	720 000.00
9	1	转	1	材料入库	60 000.00		借	780 000.00
9	6	银付	2	购料入库	45 000.00		借	825 000.00
9	12	银付	5	购料入库	300 000.00		借	1 125 000.00
9	29	转	5	生产领料		826 200.00	借	298 800.00
9	30			本月合计	405 000.00	826 200.00	借	298 800.00

图 8-16　总分类账（6）

总 分 类 账

账户名称：库存商品   第　页

月	日	字	号	摘要	借方金额	贷方金额	借或贷	余额
8	31			月末余额			借	2 200 000.00
9	30	转	7	结转已销产品成本		1 650 000.00	借	550 000.00
9	30			本月合计		1 650 000.00	借	550 000.00

图 8-17　总分类账（7）

总 分 类 账

账户名称：固定资产   第　页

月	日	字	号	摘要	借方金额	贷方金额	借或贷	余额
8	31			月末余额			借	13 385 700.00

图 8-18　总分类账（8）

总 分 类 账

账户名称：累计折旧   第　页

月	日	字	号	摘要	借方金额	贷方金额	借或贷	余额
8	31			月末余额			贷	2 212 000.00
9	28	转	4	计提折旧		300 000.00	贷	2 512 000.00
9	30			本月合计		300 000.00	贷	2 512 000.00

图 8-19　总分类账（9）

总 分 类 账

账户名称：应付账款　　　　　　　　　　　　　　　　　　　　　　　　　　第　页

202×年 月	日	凭证 字	号	摘要	借方金额	贷方金额	借或贷	余额
8	31			月末余额			贷	165 100 00
9	3	银付	1	偿还前欠货款	85 100 00		贷	80 000 00
9	30			本月合计	85 100 00		贷	80 000 00

图 8-20　总分类账（10）

总 分 类 账

账户名称：应付职工薪酬　　　　　　　　　　　　　　　　　　　　　　　　第　页

202×年 月	日	凭证 字	号	摘要	借方金额	贷方金额	借或贷	余额
9	16	银付	7	发放工资	69 000 00		借	69 000 00
9	27	转	3	分配工资		69 000 00	平	Ø
9	30			本月合计	69 000 00	69 000 00	平	Ø

图 8-21　总分类账（11）

总 分 类 账

账户名称：应交税费　　　　　　　　　　　　　　　　　　　　　　　　　　第　页

202×年 月	日	凭证 字	号	摘要	借方金额	贷方金额	借或贷	余额
8	31			月末余额			贷	27 000 00
9	2	银收	2	销售商品		273 000 00	贷	300 000 00
9	6	银付	2	购料	5 850 00		贷	294 150 00
9	7	银付	3	缴所得税	27 000 00		贷	267 150 00
9	7	银付	4	付电费	2 106 00		贷	265 044 00
9	12	银付	5	购料	3 900 00		贷	261 144 00
9	30	转	8	计算结转税金及附加		22 604 40	贷	248 648 40
9	30	转	11	计算所得税费用		62 798 90	贷	311 447 30
9	30			本月合计	73 956 00	358 403 30	贷	311 447 30
								311 447 30

图 8-22　总分类账（12）

总 分 类 账

账户名称：应付利息　　　　　　　　　　　　　　　　　　　　　　　　　　第　页

202×年 月	日	凭证 字	号	摘要	借方金额	贷方金额	借或贷	余额
8	31			月末余额			贷	9 600 00

图 8-23　总分类账（13）

总 分 类 账

账户名称：实收资本　　　　　　　　　　　　　　　　　　　　　　　　第　页

202×年 月	日	凭证 字	号	摘要	借方金额	贷方金额	借或贷	余额
8	31			月末余额			贷	16 000 000 00

图 8-24　总分类账（14）

总 分 类 账

账户名称：盈余公积　　　　　　　　　　　　　　　　　　　　　　　　第　页

202×年 月	日	凭证 字	号	摘要	借方金额	贷方金额	借或贷	余额
8	31			月末余额			贷	162 000 00

图 8-25　总分类账（15）

总 分 类 账

账户名称：本年利润　　　　　　　　　　　　　　　　　　　　　　　　第　页

202×年 月	日	凭证 字	号	摘要	借方金额	贷方金额	借或贷	余额
8	31			月末余额			贷	2 308 150 00
9	30	转	9	结转收益类账户发生额		2 100 000 00	贷	4 408 150 00
9	30	转	10	结转费用类账户发生额	1 848 804 40		贷	2 559 345 60
9	30	转	12	结转所得税费用	62 798 90		贷	2 496 546 70
9	30			本月合计	1 911 603 30	2 100 000 00	贷	2 496 546 70

图 8-26　总分类账（16）

总 分 类 账

账户名称：利润分配　　　　　　　　　　　　　　　　　　　　　　　　第　页

202×年 月	日	凭证 字	号	摘要	借方金额	贷方金额	借或贷	余额
8	31			月末余额			贷	796 000 00

图 8-27　总分类账（17）

总 分 类 账

账户名称：生产成本　　　　　　　　　　　　　　　　　　　　　　　　第　页

202×年 月	日	凭证 字	号	摘要	借方金额	贷方金额	借或贷	余额
9	27	转	3	分配工资	38 000 00		借	38 000 00
9	29	转	5	生产领料	825 000 00		借	863 000 00
9	30	转	6	结转制造费用	176 320 00		借	1 039 320 00
9	30			本月合计	1 039 320 00		借	1 039 320 00

图 8-28　总分类账（18）

总 分 类 账

账户名称：制造费用   第 页

202×年 月	日	凭证 字	号	摘 要	借方金额 百十万千百十元角分	贷方金额 百十万千百十元角分	借或贷	余 额 百十万千百十元角分
9	10	银付	4	支付水电费	1 2 0 0 0 0 0		借	1 2 0 0 0 0 0
9	27	转	3	分配工资	4 0 0 0 0 0		借	1 6 0 0 0 0 0
9	28	转	4	计提折旧	1 6 0 0 0 0 0		借	1 7 6 0 0 0 0 0
9	30	转	6	结转制造费用		1 7 6 0 0 0 0 0	平	Ø
9	30			本月合计	1 7 6 0 0 0 0 0	1 7 6 0 0 0 0 0	平	Ø

图 8-29 总分类账（19）

总 分 类 账

账户名称：主营业务收入   第 页

202×年 月	日	凭证 字	号	摘 要	借方金额 百十万千百十元角分	贷方金额 百十万千百十元角分	借或贷	余 额 百十万千百十元角分
9	2	银收	2	销售商品		2 1 0 0 0 0 0 0	贷	2 1 0 0 0 0 0 0
9	30	转	9	转到"本年利润"账户	2 1 0 0 0 0 0 0		平	Ø
9	30			本月合计	2 1 0 0 0 0 0 0	2 1 0 0 0 0 0 0	平	Ø

图 8-30 总分类账（20）

总 分 类 账

账户名称：主营业务成本   第 页

202×年 月	日	凭证 字	号	摘 要	借方金额 百十万千百十元角分	贷方金额 百十万千百十元角分	借或贷	余 额 百十万千百十元角分
9	30	转	7	结转已销产品成本	1 6 5 0 0 0 0 0		借	1 6 5 0 0 0 0 0
9	30	转	10	转到"本年利润"账户		1 6 5 0 0 0 0 0	平	Ø
9	30			本月合计	1 6 5 0 0 0 0 0	1 6 5 0 0 0 0 0	平	Ø

图 8-31 总分类账（21）

总 分 类 账

账户名称：税金及附加   第 页

202×年 月	日	凭证 字	号	摘 要	借方金额 百十万千百十元角分	贷方金额 百十万千百十元角分	借或贷	余 额 百十万千百十元角分
9	30	转	8	计算结转税金及附加	2 2 6 0 4 0		借	2 2 6 0 4 0
9	30	转	10	转到"本年利润"账户		2 2 6 0 4 0	平	Ø
9	30			本月合计	2 2 6 0 4 0	2 2 6 0 4 0	平	Ø

图 8-32 总分类账（22）

总 分 类 账

账户名称：销售费用 　　　　　　　　　　　　　　　　　　　　　　　　　第　页

月	日	凭证字	凭证号	摘要	借方金额	贷方金额	借或贷	余额
9	10	银付	8	支付水电费	1 200 00		借	1 200 00
9	27	转	3	分配工资	12 000 00		借	13 200 00
9	28	转	4	计提折旧	30 000 00		借	43 200 00
9	30	转	10	转到"本年利润"账户		43 200 00	平	0
9	30			本月合计	43 200 00	43 200 00	平	0

图 8-33　总分类账（23）

总 分 类 账

账户名称：管理费用 　　　　　　　　　　　　　　　　　　　　　　　　　第　页

月	日	凭证字	凭证号	摘要	借方金额	贷方金额	借或贷	余额
9	2	转	2	报销差旅费	3 800 00		借	3 800 00
9	10	银付	4	支付水电费	3 000 00		借	6 800 00
9	27	转	3	分配工资	15 000 00		借	21 800 00
9	28	转	4	计提折旧费	110 000 00		借	131 800 00
9	29	转	5	生产领料	1 200 00		借	133 000 00
9	30	转	10	转到"本年利润"账户		133 000 00	平	0
9	30			本月合计	133 000 00	133 000 00	平	0

图 8-34　总分类账（24）

总 分 类 账

账户名称：所得税费用 　　　　　　　　　　　　　　　　　　　　　　　　第　页

月	日	凭证字	凭证号	摘要	借方金额	贷方金额	借或贷	余额
9	30	转	11	计算所得税费用	6 279 8 90		借	6 279 8 90
9	30	转	12	转到"本年利润"账户		6 279 8 90	平	0
9	30			本月合计	6 279 8 90	6 279 8 90	平	0

图 8-35　总分类账（25）

⑤ 编制 202×年9月份的试算平衡表和"原材料"总账与明细账对照表（其他总账与明细账对照表从略）。试算平衡表如表 8-2 所示。"原材料"总账与明细账发生额及余额对照表如表 8-3 所示。

表 8-2　试算平衡表

单位：元

账户名称	期初余额		本期发生额		期末余额	
	借方金额	贷方金额	借方金额	贷方金额	借方金额	贷方金额
库存现金	5 000		3 200	3 000	5 200	
银行存款	5 210 550		2 553 000	591 256	7 172 294	
应收账款	180 000			180 000		
其他应收款	5 000		3 000	5 000	3 000	
在途物资	60 000			60 000		
原材料	720 000		405 000	826 200	298 800	
库存商品	2 200 000			1 650 000	550 000	
固定资产	13 385 700				13 385 700	
累计折旧		2 212 000		300 000		2 512 000
应付账款		165 100	85 100			80 000
应付职工薪酬			69 000	69 000		
应交税费		27 000	73 956	358 403.30		311 447.30
应付利息		96 000				96 000
实收资本		16 000 000				16 000 000
盈余公积		162 000				162 000
本年利润		2 308 150	1 911 603.30	2 100 000		2 496 546.70
利润分配		796 000				796 000
生产成本			1 039 000		1 039 000	
制造费用			176 000	176 000		
主营业务收入			2 100 000	2 100 000		
主营业务成本			1 650 000	1 650 000		
税金及附加			22 604.40	22 604.40		
销售费用			43 200	43 200		
管理费用			133 000	133 000		
所得税费用			62 798.90	62 798.90		
合　计	21 766 250	21 766 250	10 330 462.60	10 330 462.60	22 453 994	22 453 994

表 8-3　"原材料"总账与明细账发生额及余额对照表

账户名称	期初余额		发生额		期末余额	
	借方	贷方	借方	贷方	借方	贷方
甲材料明细账	150 000		45 000	165 000	30 000	
乙材料明细账	570 000		360 000	661 200	268 800	
明细账合计	720 000		405 000	826 200	298 800	
总　账	720 000		405 000	826 200	298 800	

从表 8-2 和表 8-3 可以看出，试算是平衡的，总账和明细账的发生额和余额也是相符的，这说明账务处理过程是正确的。

⑥ 根据总账和有关的明细账及试算平衡表，编制资产负债表和利润表。资产负债表如表8-4
所示。利润表如表8-5所示。

表8-4　资产负债表（简表） 　　　　　　　　　　　　　　　　　　会企01表

编制单位：长江有限责任公司　　　　　　　　202×年9月30日　　　　　　　　　　单位：元

资　产	期末余额	年初余额	负债及所有者权益	期末余额	年初余额
流动资产：			流动负债：		
货币资金	7 177 494		短期借款		
交易性金融资产			交易性金融负债		
应收票据			应付票据		
应收账款			应付账款	80 000	
预付账项			预收账项		
其他应收款	3 000		应付职工薪酬		
存货	1 887 800		应交税费	311 447.30	
一年内到期的非流动资产			其他应付款	96 000	
其他流动资产			一年内到期的非流动负债		
流动资产合计	9 068 294		其他流动负债		
非流动资产：			流动负债合计	487 447.30	
长期应收款			非流动负债：		（略）
长期股权投资			长期借款		
投资性房地产			应付债券		
固定资产	10 873 700		长期应付款		
在建工程			预计负债		
生产性生物资产			递延所得税负债		
油气资产			其他非流动负债		
无形资产			非流动负债合计		
开发支出			**负债合计**	487 447.30	
长期待摊费用			所有者权益（或股东权益）：		
递延所得税资产			实收资本（或股本）	16 000 000	
其他非流动资产			资本公积		
非流动资产合计	10 873 700		盈余公积	162 000	
			未分配利润	3 292 546.70	
			所有者权益合计	19 454 546.70	
资产总计	19 941 994		**负债及所有者权益总计**	19 941 994	

表 8-5　利　润　表（简表）

会企 02 表

编制单位：长江有限责任公司　　　　　　　　　　　　　202×年9月　　　　　　　　　　　　　　单位：元

项　目	本期金额	上期金额
一、营业收入	2 100 000	
减：营业成本	1 650 000	
税金及附加	22 604.40	
销售费用	43 200	
管理费用	133 000	
财务费用		（略）
加：投资收益（损失以"–"号填列）		
二、营业利润（亏损以"–"号填列）	251 195.60	
加：营业外收入		
减：营业外支出		
三、利润总额（亏损总额以"–"号填列）	251 195.60	
减：所得税费用	62 798.90	
四、净利润（净亏损以"–"号填列）	188 396.70	

8.2.3　记账凭证账务处理程序的评价

1. 记账凭证账务处理程序的特点

记账凭证账务处理程序的特点是直接根据记账凭证对总分类账进行逐笔登记。

记账凭证账务处理程序的评价

2. 记账凭证账务处理程序的优点与缺点

记账凭证账务处理程序的优点是简单明了，易于理解，总分类账可以较详细地反映经济业务的发生情况，便于进行会计分析和会计检查；其缺点是由于这种会计账务处理程序是根据记账凭证逐笔登记总分类账的，因而登记总分类账的工作量较大。

3. 记账凭证账务处理程序的适用范围

记账凭证账务处理程序一般适用于规模较小、经济业务量较少的单位。

模块三　科目汇总表账务处理程序

学习导入

经济业务量较多的企业，填制的记账凭证也会较多，如果仍采用记账凭证账务程序，根据记账凭证逐笔登记总账的工作量就会很大，既浪费时间，又增加了出错的概率。这时企业就应选择适合自己的账务处理程序，本模块我们就将学习经济业务量较多的企业适用的账务处理程序。

学习内容

8.3.1 科目汇总表账务处理程序的一般步骤

① 根据有关原始凭证填制汇总原始凭证。

② 根据原始凭证或汇总原始凭证填制记账凭证。

③ 根据收款凭证、付款凭证逐笔登记库存现金日记账和银行存款日记账。

④ 根据原始凭证、汇总原始凭证和记账凭证登记各种明细分类账。

⑤ 根据各种记账凭证编制科目汇总表。

⑥ 根据科目汇总表登记总分类账。

⑦ 期末，将库存现金日记账、银行存款日记账和明细分类账的余额同有关总分类账的余额核对相符。

⑧ 期末，根据总分类账和明细分类账的记录编制财务报表。

科目汇总表账务处理程序一般步骤如图 8-36 所示。

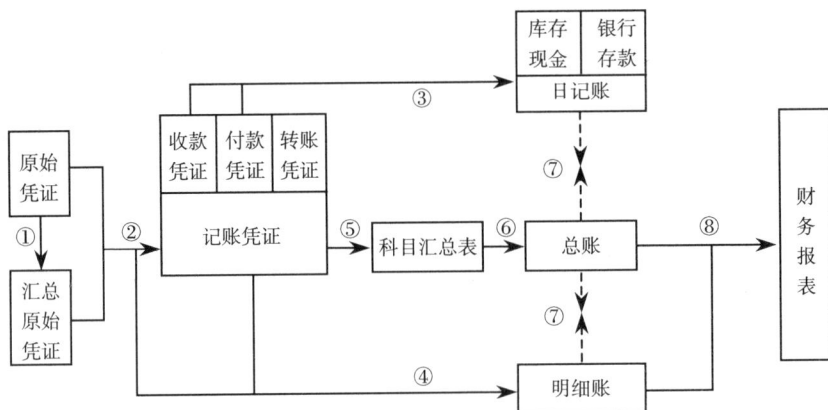

图 8-36 科目汇总表账务处理程序一般步骤

8.3.2 科目汇总表的编制方法

1. 科目汇总表的含义

科目汇总表，又称记账凭证汇总表，是企业通常定期对全部记账凭证进行汇总后，按照不同的会计科目分别列示各账户借方发生额和贷方发生额的一种汇总凭证。

2. 科目汇总表的编制方法

科目汇总表的编制方法是，根据一定时期内的全部记账凭证，按照不同会计科目进行归类，定期汇总出每一个账户的借方本期发生额和贷方本期发生额，并填写在科目汇总表的相关栏内。

① 科目汇总表可每月编制一张，按旬汇总，也可每旬汇总一次，编制一张。

② 科目汇总表既可以按全部汇总方式编制，

重要提示：

科目汇总表起到试算平衡的作用，即为发生额的试算平衡表，所以在进行试算平衡时，只编制余额试算平衡表即可，不再另行编制发生额试算平衡表。

也可以按分类汇总方式编制。按全部汇总方式编制的科目汇总表既适合于采用通用记账凭证格式，又适合于采用收、付、转专用记账凭证格式；按分类汇总方式编制的科目汇总表仅适合于采用收、付、转专用记账凭证格式。

任何格式的科目汇总表，都只反映各个账户的借方本期发生额和贷方本期发生额，不反映各个账户之间的对应关系。

为了便于科目汇总表的汇总编制，实际工作中还应注意以下几点。

① 科目汇总表汇总的间隔时间应根据各单位业务量的多少而定，如果业务量少，时间就可以长一些；如果业务量多，时间就可以短一些，但一般不宜过长。可以3天、5天汇总编制，也可以按旬汇总或按月汇总。将借方、贷方发生额分别汇总，计算出每个总账科目的借方本期发生额、贷方本期发生额，并填列在科目汇总表的相关栏内。按总账科目汇总完后，再将全部总账科目的借方发生额、贷方发生额分别汇总，进行借贷试算平衡。

② 在科目汇总表上，还应注明据以编制的各种记账凭证的起讫字号，以备检查。

8.3.3 科目汇总表账务处理程序应用举例

【例8-2】 根据模块二中的【例8-1】资料，假定长江有限责任公司采用科目汇总表账务处理程序进行会计核算。由于和记账凭证账务处理程序相比，科目汇总表账务处理程序在账务处理程序的前3个步骤和后两个步骤都是相同的，所以本例重点说明科目汇总表的编制和总账的登记，其他账务处理内容从略。

1. 编制科目汇总表

① 在全部汇总方式下，编制科目汇总表。全部汇总方式下的科目汇总表如图8-37所示。

科目汇总表

科汇字第 1 号

202×年 9 月 1 日至 30 日

单位：元

账户名称	借方金额	贷方金额	账页（√）	记账凭证起讫号数
库存现金	3 200	3 000		
银行存款	2 553 000	591 256		
应收账款		180 000		
其他应收款	3 000	5 000		
在途物资		60 000		
原材料	405 000	826 200		
库存商品		1 650 000		
累计折旧		300 000		
应付账款	85 100			
应付职工薪酬	69 000	69 000		
应交税费	73 956	358 403.30		（略）
本年利润	1 911 603.30	2 100 000		
生产成本	1 039 000			
制造费用	176 000	176 000		
主营业务收入	2 100 000	2 100 000		
主营业务成本	1 650 000	1 650 000		
税金及附加	22 604.40	22 604.40		
销售费用	43 200	43 200		
管理费用	133 000	133 000		
所得税费用	62 798.90	62 798.90		
合计	10 330 462.60	10 330 462.60		

会计主管：×××　　　　记账：×××　　　　审核：×××　　　　制单：×××

图 8-37　全部汇总方式下的科目汇总表

② 在分类汇总方式下，编制科目汇总表分类汇总方式下的科目汇总表如图 8-38 所示。

科目汇总表（收款凭证） 科汇收字第 × 号

202×年 9 月 1 日至 30 日 单位：元

账户名称	借方金额	记账符号	贷方金额	记账符号
库存现金	1 200			
银行存款	2 553 000			
应收账款			180 000	
其他应收款			1 200	
应交税费			273 000	
主营业务收入			2 100 000	
合计	2 554 200		2 554 200	

会计主管：××× 记账：××× 审核：××× 制单：×××

(a)

科目汇总表（付款凭证） 科汇付字第 × 号

202×年 9 月 1 日至 30 日 单位：元

账户名称	借方金额	记账符号	贷方金额	记账符号
库存现金	2 000		3 000	
银行存款			591 256	
原材料	345 000			
其他应收款	3 000			
应付账款	85 100			
应交税费	73 956			
应付职工薪酬	69 000			
制造费用	12 000			
管理费用	3 000			
销售费用	1 200			
合计	594 256		594 256	

会计主管：××× 记账：××× 审核：××× 制单：×××

(b)

图 8-38　分类汇总方式下的科目汇总表

科目汇总表（转账凭证）

202×年9月1日至30日 单位：元

账户名称	借方金额	记账符号	贷方金额	记账符号
原材料	60 000		826 200	
在途物资			60 000	
库存商品			1 650 000	
其他应收款			3 800	
累计折旧			300 000	
应交税费			85 403.30	
应付职工薪酬			69 000	
本年利润	1 911 603.30		2 100 000	
生产成本	1 039 000			
制造费用	164 000		176 000	
主营业务收入	2 100 000			
主营业务成本	1 650 000		1 650 000	
管理费用	130 000		133 000	
销售费用	42 000		43 200	
税金及附加	22 604.40		22 604.40	
所得税费用	62 798.90		62 798.90	
合计	7 182 006.60		7 182 006.60	

会计主管：×××　　　　记账：×××　　　　审核：×××　　　　制单：×××

(c)

图 8-38　分类汇总方式下的科目汇总表（续）

2. 登记总账

根据科目汇总表，登记总账，本例以"库存现金"和"应交税费"总账为例，其他总账登记过程从略。"库存现金"总分类账如图 8-39 所示。"应交税费"总分类账如图 8-40 所示。

总 分 类 账

账户名称：**库存现金** 第　页

202×年		凭证		摘　要	借方金额									贷方金额									借或贷	余　额								
月	日	字	号		百	十	万	千	百	十	元	角	分	百	十	万	千	百	十	元	角	分		百	十	万	千	百	十	元	角	分
8	31			月末余额																			借				5	0	0	0	0	0
9	30	汇	1	1—30日发生额				3	2	0	0	0	0				3	0	0	0	0	0	借				5	2	0	0	0	0

图 8-39　"库存现金"总分类账

总 分 类 账

账户名称：应交税费　　　　　　　　　　　　　　　　　　　　　　　　　　　　　　第　页

202×年		凭证		摘　要	借方金额										贷方金额										借或贷	余　额									
月	日	字	号		百	十	万	千	百	十	元	角	分		百	十	万	千	百	十	元	角	分			百	十	万	千	百	十	元	角	分	
8	31			月末余额																				贷			2	7	0	0	0	0	0	
9	30	汇	1	1—30日发生额			7	3	9	5	6	0	0			3	5	8	4	0	3	3	0	贷		3	1	1	4	4	7	3	0	

图 8-40 "应交税费"总分类账

8.3.4 科目汇总表账务处理程序的评价

1. 科目汇总表账务处理程序的特点

科目汇总表账务处理程序的特点是先将所有记账凭证汇总编制成科目汇总表，然后以科目汇总表为依据登记总分类账。

2. 科目汇总表账务处理程序的优点与缺点

科目汇总表账务处理程序的优点是采取汇总登记总分类账的方式，大大减轻了登记总账的工作量，易于理解，方便学习；通过科目汇总表的编制，将各科目本期借、贷方发生额的合计数进行试算平衡，从而保证了记账工作的质量。

科目汇总表账务处理程序的缺点是没有按对应科目进行汇总，不能反映各账户之间的对应关系，不便于对经济业务进行分析和检查，不便于查对账目。

3. 科目汇总表账务处理程序的适用范围

科目汇总表账务处理程序适用于经济业务量较多的单位。

模块四　汇总记账凭证账务处理程序

学习导入

在模块三中，我们学习了经济业务量较多的企业怎样采用科目汇总表账务处理程序处理账务，在本模块中我们将要学习另外一种账务处理程序，同样适合经济业务量较多的企业，但与科目汇总表账务处理程序又有一些区别，它就是汇总记账凭证账务处理程序。

学习内容

8.4.1 汇总记账凭证账务处理程序的一般步骤

① 根据有关原始凭证填制汇总原始凭证。

② 根据原始凭证或汇总原始凭证，填制收款凭证、付款凭证和转账凭证，也可以填制通用记账凭证。

③ 根据收款凭证、付款凭证逐笔登记库存现金日记账和银行存款日记账。

④ 根据原始凭证、汇总原始凭证和记账凭证，登记各种明细分类账。

⑤ 根据各种记账凭证编制有关汇总记账凭证。

⑥ 根据各种汇总记账凭证登记总分类账。

⑦ 期末，将库存现金日记账、银行存款日记账和明细分类账的余额与有关总分类账的余额核对相符。

⑧ 期末，根据总分类账和明细分类账的记录，编制财务报表。

汇总记账凭证账务处理程序的一般步骤如图 8-41 所示。

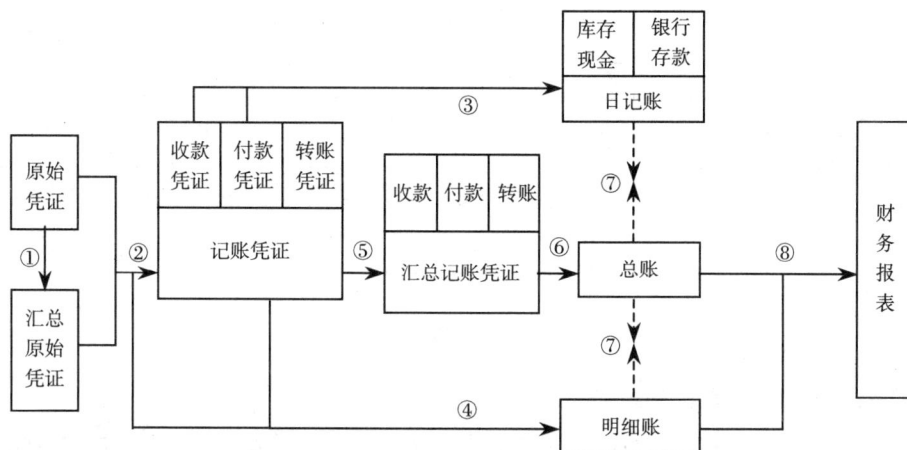

图 8-41 汇总记账凭证账务处理程序一般步骤

8.4.2 汇总记账凭证的编制方法

汇总记账凭证是指对一段时期内同类记账凭证进行定期汇总而编制的记账凭证。汇总记账凭证可以分为汇总收款凭证、汇总付款凭证和汇总转账凭证，这 3 种凭证有不同的编制方法。

1. 汇总收款凭证的编制

汇总收款凭证根据"库存现金"和"银行存款"账户的借方进行编制。汇总收款凭证是在对各账户对应的贷方分类之后进行汇总编制的。总分类账根据各汇总收款凭证的合计数进行登记，分别记入"库存现金""银行存款"总分类账户的借方，并将汇总收款凭证上各账户贷方的合计数分别记入有关总分类账户的贷方。汇总收款凭证的格式如图 8-42 所示。

汇总收款凭证

借方科目：_____   年 月   汇收字第 号

贷方科目	金额			合计	总账页数	
	1—10 日收款凭证 第 号至第 号	11—20 日收款凭证 第 号至第 号	21—31 日收款凭证 第 号至第 号		借方	贷方
合计						

会计主管：   审核：   记账：   制单：

图 8-42 汇总收款凭证的格式

2. 汇总付款凭证的编制

汇总付款凭证根据"库存现金"和"银行存款"账户的贷方进行编制。汇总付款凭证是在对各账户对应的借方分类之后进行汇总编制的。总分类账根据各汇总付款凭证的合计数进行登记，分别记入"库存现金""银行存款"总分类账户的贷方，并将汇总付款凭证上各账户借方的合计数分别记入有关总分类账户的借方。汇总付款凭证的格式如图 8-43 所示。

汇总付款凭证

贷方科目：_____ 　　　　　　　　　　　年　月　　　　　　　　　　汇付字第　号

借方科目	金　额				总账页数	
	1—10 日付款凭证 第　号至第　号	11—20 日付款凭证 第　号至第　号	21—31 日付款凭证 第　号至第　号	合　计	借方	贷方
〜〜〜	〜〜〜	〜〜〜	〜〜〜	〜〜〜	〜〜〜	〜〜〜
合计						

会计主管：　　　　　审核：　　　　　　　记账：　　　　　　　制单：

图 8-43　汇总付款凭证的格式

3. 汇总转账凭证的编制

汇总转账凭证通常根据所设置账户的贷方进行编制。汇总转账凭证是在对所设置账户相对应的借方账户分类之后进行汇总编制的。总分类账根据各汇总转账凭证的合计数进行登记，分别记入对应账户的总分类账户的贷方，并将汇总转账凭证上各账户借方的合计数分别记入有关总分类账户的借方。值得注意的是，在编制的过程中贷方账户必须唯一，借方账户可一个，也可多个，即转账凭证必须一借一贷或多借一贷。汇总转账凭证的格式如图 8-44 所示。

汇总转账凭证

贷方科目：_____ 　　　　　　　　　　　年　月　　　　　　　　　　汇转字第　号

借方科目	金　额				总账页数	
	1—10 日转账凭证 第　号至第　号	11—20 日转账凭证 第　号至第　号	21—31 日转账凭证 第　号至第　号	合　计	借方	贷方
〜〜〜	〜〜〜	〜〜〜	〜〜〜	〜〜〜	〜〜〜	〜〜〜
合计						

会计主管：　　　　　审核：　　　　　　　记账：　　　　　　　制单：

图 8-44　汇总转账凭证的格式

如果在一个月内某一贷方账户的转账凭证不多，可不编制汇总转账凭证，直接根据单个的转账凭证登记总分类账。

8.4.3 汇总记账凭证账务处理程序应用举例

【例8-3】 根据模块二中的【例8-1】资料，假定长江有限责任公司采用汇总记账凭证账务处理程序进行会计核算。由于和记账凭证账务处理程序相比，汇总记账凭证账务处理程序在账务处理程序的前3个步骤和后两个步骤都是相同的，所以本例重点说明汇总记账凭证的编制和总账的登记，其他账务处理内容从略。

1. 编制汇总收款凭证（以借方科目"银行存款"为例）

汇总收款凭证如表8-6所示。

表8-6 汇总收款凭证

借方科目：银行存款　　　　　　　　　　　202×年9月　　　　　　　　　　　汇收字第 × 号

贷方科目	金 额				总账页数	
	1—10日收款凭证 第1至第2号	11—20日收款凭证 第 号至第 号	21—30日收款凭证 第 号至第 号	合 计	借方	贷方
应收账款	180 000			180 000		
主营业务收入	2 100 000			2 100 000		
应交税费	273 000			273 000		
合 计	2 553 000			2 553 000		

会计主管：×××　　　审核：×××　　　记账：×××　　　制单：×××

2. 编制汇总付款凭证（以贷方科目"银行存款"为例）

汇总付款凭证如表8-7所示。

表8-7 汇总付款凭证

贷方科目：银行存款　　　　　　　　　　　202×年9月　　　　　　　　　　　汇付字第 × 号

借方科目	金 额				总账页数	
	1—10日付款凭证 第1至第4号	11—20日付款凭证 第5至第7号	21—30日付款凭证 第 号至第 号	合 计	借方	贷方
应付账款	85 100			85100		
原材料	45 000	300 000		345 000		
应交税费	34 956	39 000		73 956		
制造费用	12 000			12 000		
管理费用	3 000			3 000		
销售费用	1 200			1 200		
库存现金		2 000		2 000		
应付职工薪酬		69 000		69 000		
合 计	181 256	410 000		591 256		

会计主管：×××　　　审核：×××　　　记账：×××　　　制单：×××

3. 编制汇总转账凭证（以贷方科目"应付职工薪酬"为例）

汇总转账凭证如表8-8所示。

表8-8　汇总转账凭证

贷方科目：应付职工薪酬　　　　　　　　　　202×年9月　　　　　　　　　　汇转字第×号

借方科目	金额				总账页数	
	1—10日转账凭证第　号至第　号	11—20日转账凭证第　号至第　号	21—30日转账凭证第3号至第3号	合计	借方	贷方
生产成本			38 000	38 000	×	×
制造费用			4 000	4 000		
管理费用			15 000	15 000		
销售费用			12 000	12 000		
合计			69 000	69 000		

会计主管：×××　　　审核：×××　　　记账：×××　　　制单：×××

4. 根据汇总记账凭证登记总账

本例以"银行存款"和"应付职工薪酬"总账为例，其他总账登记过程从略。"银行存款"总账如图8-45所示。"应付职工薪酬"总账表图8-46所示。

总分类账

账户名称：银行存款　　　　　　　　　　　　　　　　　　　第　页

202×年		凭证		摘要	借方金额										贷方金额										借或贷	余额									
月	日	字	号		百	十	万	千	百	十	元	角	分		百	十	万	千	百	十	元	角	分			百	十	万	千	百	十	元	角	分	
8	31			月末余额																				借		5	2	1	0	5	5	0	0	0	
9	30	汇转	×	1—30日发生额		2	5	5	3	0	0	0	0				5	9	1	2	5	6	0	借		7	7	6	3	5	5	0	0	0	
9	30	汇付	×	1—30日发生额																				借		7	1	7	2	2	9	4	0	0	

图8-45　"银行存款"总账

总分类账

账户名称：应付职工薪酬　　　　　　　　　　　　　　　　　第　页

202×年		凭证		摘要	借方金额										贷方金额										借或贷	余额									
月	日	字	号		百	十	万	千	百	十	元	角	分		百	十	万	千	百	十	元	角	分			百	十	万	千	百	十	元	角	分	
9	30	汇付	×	1—30日发生额			6	9	0	0	0	0	0			6	9	0	0	0	0	0	0	贷			6	9	0	0	0	0	0		
9	30	汇转	×	1—30日发生额												6	9	0	0	0	0	0	0	平											Ø

图8-46　"应付职工薪酬"总账

8.4.4　汇总记账凭证账务处理程序的评价

1. 汇总记账凭证账务处理程序的特点

汇总记账凭证账务处理程序的特点是先根据记账凭证编制汇总记账凭证，再根据汇总记账凭证登记总分类账。

汇总记账凭证
账务处理程序
的评价

2. 汇总记账凭证账务处理程序的优点与缺点

汇总记账凭证账务处理程序的优点是减轻了登记总分类账的工作量，能反映各账户之间的对应关系；缺点是当转账凭证较多时，编制汇总转账凭证的工作量较大，并且按每个贷方账户编制汇总转账凭证，不利于会计核算的日常分工。

3. 汇总记账凭证账务处理程序的适用范围

汇总记账凭证账务处理程序适用于经营规模较大、经济业务较多的单位，尤其适用于现金业务较多，转账业务较少的单位。

项目小结

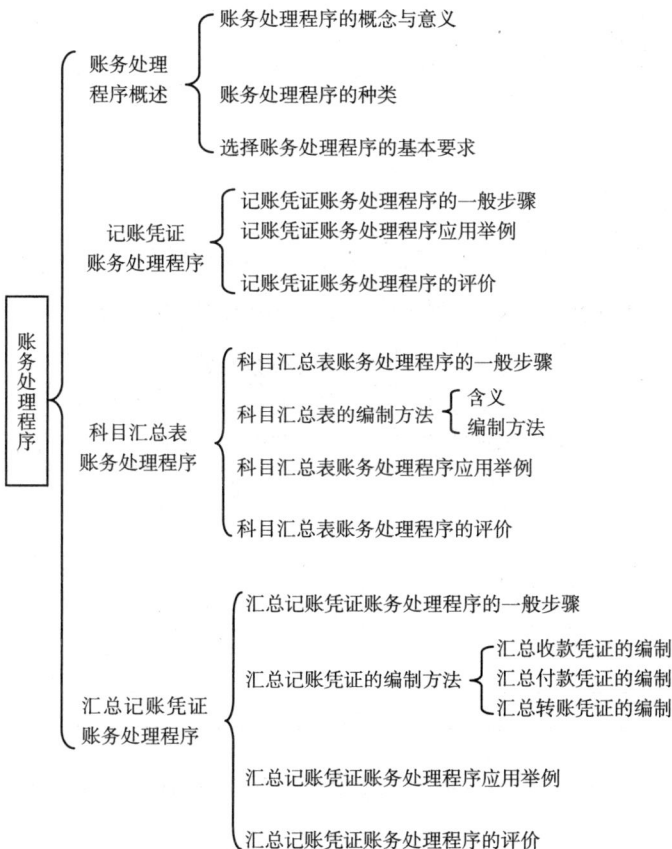

实践活动

【活动目标】

熟练运用记账凭证账务处理程序、科目汇总表账务处理程序和汇总记账凭证账务处理程序。

【活动要求】

分别采用记账凭证账务处理程序、科目汇总表账务处理程序和汇总记账凭证账务处理程序完成下列账务处理。

① 根据表 8-52 和表 8-53 设置总账账户及有关的明细账户，登记月初余额。

② 根据上述经济业务填制记账凭证。

③ 登记库存现金日记账和银行存款日记账。

④ 登记有关明细账（根据表 8-54 所列明细账，其他从略）。

⑤ 登记总账。

⑥ 编制试算平衡表。

⑦ 编制资产负债表和利润表。

【活动过程】

【资料】红星公司 202×年 3 月初的总分类账户和明细分类账户余额如图 8-47 所示。

总分类账户期初余额表

单位：元

账户名称	借方余额	账户名称	贷方余额
库存现金	6 000	累计折旧	50 000
银行存款	40 000	短期借款	40 000
原材料	4 000	长期借款	90 000
生产成本	20 000	实收资本	200 000
库存商品	30 000	盈余公积	20 000
固定资产	300 000		
总　计	400 000	总　计	400 000

(a)

部分明细分类账户期初余额表

单位：元

账户名称	金额
原材料——A 材料	4 000
生产成本——×产品	20 000
库存商品——×产品	30 000

(b)

图 8-47　红星公司 201×年 3 月初的总分类账户和明细分类账户余额

该公司 3 月份发生的经济业务如下。

① 3 月 2 日，购入 2 000 千克 A 材料，单价为 8 元／千克，价款为 16 000 元，增值税为 2 080 元，价税合计 18 080 元，材料已经验收入库，货款以银行存款支付。

②3月8日，李某出差预借差旅费为3 000元。

③3月10日，销售1 000件×产品，单价为50元／件，价款为50 000元，发生的增值税销项税额为6 500元，价税合计56 500元，货物已发出，价款存入银行。

④3月15日，用800元现金支付销售×产品的运费。

⑤3月20日，为生产×产品领用500千克A材料，单价为8元／千克，共计4 000元。

⑥3月25日，李某出差回来，报销差旅费为2 500元，归还余款为500元。

⑦3月31日，以银行存款支付本月保险费用为1 200元。

⑧3月31日，以银行存款支付借款利息为800元。

⑨3月31日，计提本月应交城市维护建设税为309.40元，应交教育费附加为132.60元。

⑩3月31日，结转已售×产品成本，已知×产品单位成本为30元，共计30 000元。

⑪3月31日，将本月50 000元主营业务收入转入"本年利润"的贷方。

⑫3月31日，将本月30 000元主营业务成本转入"本年利润"的借方。

⑬3月31日，将本月发生的442元税金及附加、800元销售费用、800元财务费用、3 700元管理费用转入"本年利润"的借方。

⑭3月31日，计算本月应交所得税（所得税税率为25%）。

⑮3月31日，将本月所得税费用转入"本年利润"的借方。

⑯3月31日，结转本年利润。

【活动评价】

本活动评价的主要内容包括记账凭证账务处理程序的应用、科目汇总表账务处理程序的应用和汇总记账凭证账务处理程序的应用。

活动评价表参见书后附录A。

附录 A

_____活动评价表

项　目	分　值	得　分
合　计		

自我评价	表现优秀方面	
	表现不足方面	
	我的改进措施	

活动内容或技能测评

小组评价	组员评价	
	组长建议	

组长签名：

教师总评	

教师签名：

　　本评价表测评分为 100 分，测评内容与各分值由任课教师根据此项目具体教学内容和实践活动情况分别列出。本评价表为开放式表格，可剪下后根据教学实际需要复印多份使用。